Mulheres que o feminismo não vê

Classe e raça

COLEÇÃO
CAIRU

Mulheres que o feminismo não vê
Classe e raça

PATRÍCIA SILVA

MULHERES QUE O FEMINISMO NÃO VÊ
CLASSE & RAÇA
© Almedina, 2024

AUTORA: Patrícia Silva

DIRETOR DA ALMEDINA BRASIL: Rodrigo Mentz
EDITOR: Marco Pace
EDITORA DE DESENVOLVIMENTO: Luna Bolina
PRODUTORA EDITORIAL: Erika Alonso
ASSISTENTES EDITORIAIS: Laura Pereira, Patrícia Romero e Tacila Souza

REVISÃO: Tereza Gouveia
DIAGRAMAÇÃO: Almedina
DESIGN DE CAPA: Daniel Rampazzo
COORDENADOR DA COLEÇÃO CAIRU: Bruno Garschagen

ISBN: 9786554272582
Maio, 2024

Dados Internacionais de Catalogação na Publicação (CIP)
(Câmara Brasileira do Livro, SP, Brasil)

Silva, Patrícia
   Mulheres que o feminismo não vê : classe e raça / Patrícia Silva.
   – São Paulo : Edições 70, 2024. – (Cairu)

   Bibliografia.
   ISBN 978-65-5427-258-2

   1. Ciências sociais 2. Direitos reprodutivos 3. Elite (Ciências sociais)
   4. Feminismo – Aspectos sociais 5. Mulheres - Sufrágio
   6. Racismo I. Título. II. Série.

24-198119   CDD-305.42

Índices para catálogo sistemático:

1. Feminismo: Sociologia 305.42
Eliane de Freitas Leite – Bibliotecária – CRB 8/8415

Este livro segue as regras do novo Acordo Ortográfico da Língua Portuguesa (1990).

Todos os direitos reservados. Nenhuma parte deste livro, protegido por copyright, pode ser reproduzida, armazenada ou transmitida de alguma forma ou por algum meio, seja eletrônico ou mecânico, inclusive fotocópia, gravação ou qualquer sistema de armazenagem de informações, sem a permissão expressa e por escrito da editora.

EDITORA: Almedina Brasil
Rua José Maria Lisboa, 860, Conj.131 e 132, Jardim Paulista | 01423-001 São Paulo | Brasil
www.almedina.com.br

Para as mulheres que não se calam.

"Sob todos os aspectos, o fardo é sempre maior sobre aquele que quer derrubar uma opinião já quase fundamental. Este tem de ter muita sorte e uma capacidade fora do comum, se é que conseguirá alguém para ouvi-lo."

(John Stuart Mill, em *A sujeição das mulheres*)

"O apoio negro à censura parece mais forte quando o assunto é a exposição pública de falhas, transgressões ou erros cometidos por figuras políticas negras."

(bell hooks, em *Cultura fora da lei*)

Sumário

Introdução 13

CAPÍTULO 1 – Elitismo e racismo no movimento sufragista. 33

CAPÍTULO 2 – Mulheres sem o "problema sem nome" – classe & raça 65

CAPÍTULO 3 – Eugenia, aborto e feminismo. 119

CAPÍTULO 4 – Movimentos de mulheres para além do feminismo. 185

Conclusão. 237

Referências 243

Introdução

"Se falar do racismo atrapalha a felicidade feminista,
então vamos atrapalhar a felicidade feminista."
(*Sarah Ahmed*, em Living a Feminist Life)

Há algum tempo, eu assisti pela milésima vez ao clássico musical *Mary Poppins*, que narra a história da família Banks na Londres de 1910: George (rígido banqueiro), Winifred (esposa de George e sufragista[1]) e Jane e Michael (filhos do casal). A família tinha três empregadas: uma faxineira (Ellen), uma cozinheira (Senhora Brill) e uma babá (Mary Poppins).

Winifred era uma sufragista empenhada na causa feminista, mesmo sem o apoio de seu marido. Apesar de ter três empregadas, Winifred não gerenciava bem sua casa: seus filhos desapareciam com frequência (e ela parecia não se importar muito); tinha a causa – a defesa pelo sufrá- gio – como dedicação principal. E é por isso que a família precisava do trabalho de Mary Poppins.

Uma cena do filme despertou minhas reflexões sobre o trabalho a ser apresentado neste livro. A cena é a seguinte: após entrar pela casa

---

[1] Sufragista é a denominação dada a ativistas que lutavam pelo direito de votar e de ser votada.

cantando *Sister Suffragette*[2], Winifred contou a suas empregadas sobre a tarde de ativismo que teve. Encerrou com a seguinte frase: *"Vocês deveriam estar lá!".* Mas o questionamento que pode ser feito é: como? Como aquelas mulheres, assalariadas, poderiam se juntar a Winifred, no meio da tarde, para lutar por uma ideia ainda abstrata – pelo menos para as mulheres fora das classes médias e elite – como o voto?

É importante contextualizar: Winifred era uma mulher branca, rica, casada e com dois filhos. Ou seja, ela dispunha de tempo e recursos financeiros para engajar-se na militância feminista. Em outra cena, sua empregada, Ellen, arrumou uma cesta de ovos para que Winifred pudesse jogá-los no primeiro-ministro da Inglaterra. Ellen também ajudava Winifred a colocar em seu corpo a faixa *"Votos para mulheres".* Em nenhum desses dois momentos Winifred perguntou se Ellen gostaria de acompanhá-la na manifestação que prometia reivindicar os direitos de *todas* as mulheres.

O filme precisa ser analisado conforme o contexto social de uma época e de uma nação específica e, claro, a liberdade criativa de roteiristas. Mas, ainda assim, não é possível perder de vista um ponto muito importante que emerge no filme *Mary Poppins*: desde seu início, o movimento feminista foi organizado e protagonizado por mulheres brancas e de

---

[2] *Sister Suffragette* é uma canção de protesto pró-sufrágio escrita e composta por Richard M. Sherman e Robert B. Sherman (uma dupla conhecida como Sherman Brothers). Foi cantada pela atriz Glynis Johns quando interpretou o papel de Mrs. Winifred Banks para o filme *Mary Poppins*. A letra menciona Emmeline Pankhurst, que, com suas filhas Christabel e Sylvia, fundou a Women's Social and Political Union, em Manchester, Inglaterra. Algumas das palavras da canção são: "Somos claramente soldados em anáguas/E destemidas guerrilheiras pelos votos das mulheres/Embora adoremos os homens individualmente/Concordamos que, como grupo, eles são bastante estúpidos! /Livrem-se das algemas de ontem!/Ombro a ombro na briga!/As filhas de nossas filhas nos adorarão, e cantarão em coro agradecido, bom trabalho, irmã sufragista!". Disponível em: https://www.wikiwand.com/en/Sister_Suffragette. Acesso em: 20 jul. 2022.

classes sociais abastadas. Seus ativismos foram possíveis, entre outros fatores, graças à exploração da mão de obra de outras mulheres, e não é equivocado supor que estas últimas eram pobres e negras (ou não brancas).

O filme *Mary Poppins* foi lançado em 1964, e sua história é ambientada na cidade de Londres de 1910. Você pode achar anacrônica esta análise considerando as dimensões raça e classe, se tentarmos fazê-la atualmente.[3] Mas eu prometo que não é. Note: até hoje em dia, os protestos sociais de grande impacto com foco em questão de gênero[4] (como o movimento #MeToo[5]) são fomentados por mulheres brancas e das classes média e alta. Numa linguagem simples, pode-se afirmar

---

[3] É importante apontar: não estou utilizando o filme como comprovação de um argumento; estou exibindo-o aqui como uma alegoria que apresenta, por meio de uma narrativa cinematográfica, uma problemática importante dentro do movimento feminista. O uso do filme neste texto é, portanto, um mero recurso didático.

[4] Neste livro, utilizarei os termos gênero e sexo como sinônimos, mesmo admitindo que existe uma longa discussão acadêmica que busca distinguir os dois termos. Principalmente quando o assunto é gênero e sexo, a sociedade e os estudiosos ainda estão debatendo e entendendo os conceitos sobre "ser homem" e "ser mulher". Disponível em: https://www.terra.com.br/amp/nos/qual-a-diferenca-entre-genero-sexo-e-orientacao-sexual-conheca-os-principais-termos,8ff55a863eddc5eb18f5c28c444f8a35hm8gakf1.html; acesso em: 14 abr. 2024. Como o foco deste trabalho está na discussão sobre racismo e elitismo, não vejo óbice em fazer essa equivalência (que é habitual no discurso informal cotidiano), admitindo, contudo, que sexo seria um dado mais autêntico por ser biologicamente acidental. Essa simplificação não indica um rebaixamento das ideias, mas uma estratégia de deixar o texto acessível, sem adentrar em problematizações que são periféricas ao problema central da discussão do livro.

[5] Em outubro de 2017, centenas de milhares de mulheres no mundo começaram a usar a hashtag #MeToo (em inglês, eu também) para denunciar a violência sexual e de gênero, um movimento que continua agitando as águas em toda parte, embora ainda tenha um longo caminho pela frente. A ação começou em 15 de outubro de 2017, quando a atriz americana Alyssa Milano publicou uma mensagem no Twitter usando #MeToo, convidando outras vítimas a fazerem o mesmo. Disponível em: https://gauchazh.clicrbs.com.br/donna/noticia/2022/09/metoo-prestes-a-completar-cinco-anos-movimento-segue-impactando-a-sociedade-cl8n2ry3v009g01ebgq21ii7a.html. Acesso em: 22 jul. 2022.

que os atos reivindicatórios do movimento feminista nascem de cima para baixo: uma elite de ativistas estabelece a pauta do que deve ou não ser reivindicado por todas as mulheres. Essa dinâmica demonstra quão elitista é o movimento feminista.

Em *Teoria feminista: da margem ao centro*, a teórica feminista bell hooks corrobora essa premissa ao afirmar que

> (...) **Se as mulheres brancas de classe média puderam fazer de seus interesses o foco principal do movimento feminista, empregando uma retórica que tornava sua condição sinônimo de opressão, isso ocorreu graças a seus privilégios de raça e classe social,** em especial ao fato de viverem longe dos constrangimentos sexistas que vigoram no mundo das mulheres da classe trabalhadora. Quem estava lá para exigir uma mudança de vocabulário? Qual outro grupo de mulheres nos Estados Unidos tinha o mesmo acesso a universidades, editoras, mídia e recursos financeiros? **Se mulheres negras de classe média tivessem iniciado um movimento em que rotulassem a si mesmas de "oprimidas", ninguém as teria levado a sério.** Tivessem criado fóruns públicos e feito discurso sobre sua "opressão", teriam sido criticadas e atacadas por todos os lados. Mas não foi o que ocorreu com as feministas brancas da burguesia, pois elas podiam falar para um grande público de mulheres que, assim como elas, ansiavam por mudanças em sua vida (2019b, pp. 33-34, destaques meus).

Movimentos como o #MeToo reclamam a ideia de mulheres como "irmandade". Para bell hooks, essa ideia serve para mascarar o oportunismo da mulher branca burguesa. A baronesa e acadêmica britânica Alisson Wolf (CBE)[6] argumenta que, embora campanhas contra assé-

---

[6] Mais Excelente Ordem do Império Britânico.

dio e violência sexual tenham ganhado visibilidade na grande mídia, elas também se concentram nas experiências da elite. Wolf afirma: "Tem havido uma obsessão com o que está acontecendo em Oxford ou Berkeley porque envolve 'pessoas como nós'".[7] Entre os principais lugares de destaque ocupados por mulheres no Ocidente[8] não encontraremos um que não esteja sendo controlado por feministas.

O descaso das feministas com a questão racial não é injustificado: elas usam privilégios de classe e raça para que possam permanecer livres do trabalho pesado (ou compreendido socialmente como um trabalho de desvalor), como cuidar da casa e dos filhos. O advento de vertentes do feminismo (liberal, negro, marxista, interseccional, radical, decolonial, ecofeminismo, etc.) só confirma seu caráter excludente e não sua pluralidade, como ouvimos comumente. Para que tantas vertentes se há o entendimento de mulheres como "irmandade"? Lima Barreto, na crônica intitulada "Marginália", afirma que "(...) a nossa religião feminista mal nasceu, cindiu-se. Há diversas seitas e cada qual mais ferozmente inimiga da outra".[9]

A semelhança de sexo é insuficiente para desenvolver sentimento de pertença e solidariedade entre as mulheres, como sempre aconteceu entre trabalhadores, negros e outras minorias políticas e étnico-raciais. O feminismo tornou-se bastante fluido nos últimos anos e um depositório fácil para qualquer pauta bem lapidada; sua diversidade teórica não parece suficiente para falar em "feminismos", uma vez que as pautas

---

[7] Disponível em: https://www.thetimes.co.uk/article/obsessions-of-wealthy-female-elite-betray- feminism-pxx5schm65s. Acesso em: 10 jul. 2022.

[8] Nesta obra, estou chamando de Ocidente os países que fazem parte, geograficamente, do hemisfério ocidental, conjunto de lugares localizados a oeste do Meridiano de Greenwich. Contudo, é importante não perder de vista que, pela perspectiva política, Ocidente é um conceito mutável e centro de muito debate entre especialistas, associado a existência de determinadas instituições sociais como democracia liberal, economia de mercado e tradição judaico-cristã.

[9] *Apud* Vasconcellos, 1992, p. 257.

decisivas a respeito dos sexos seguem inalteradas entre as vertentes. Como já bem explicou bell hooks (2019):

> (...) O feminismo tem sua linha oficial, e **as mulheres que anseiam por uma estratégia diferente, por fundamentos distintos, são normalmente proscritas e silenciadas.** A crítica interna e a busca por ideias alternativas não são encorajadas (...) (p. 37, destaques meus).

Este livro pretende abordar *o racismo e o elitismo do movimento feminista.* Sabe-se que, nos últimos anos, uma profícua literatura antifeminista floresceu, apresentando uma potente contranarrativa à ideia hegemônica de que o feminismo é o melhor (ou único) caminho para todas as mulheres do mundo.

Contudo, é necessário dizer que a literatura antifeminista, ainda que tenha sido competente em denunciar os excessos do movimento feminista no que diz respeito à ofensa à cristandade, à hipersexualização e à vulgarização das mulheres, e à emasculação dos homens, não foi igualmente hábil em evidenciar um quadro que parece óbvio para todas nós, mulheres negras e pobres, que nos dedicamos a estudar questões de raça e gênero: historicamente, o feminismo marginalizou mulheres pobres e negras (para ser ainda mais acurada, mulheres não brancas); *são as mulheres que o feminismo não vê.*

Por ironia do destino, tanto o feminismo quanto o antifeminismo deixaram de ver mulheres não brancas e/ou pobres: o primeiro deixou de observar as necessidades e demandas dessas mulheres, reproduzindo o racismo e o elitismo que diz combater de modo a obter a tal igualdade entre homens e mulheres; o segundo deixou de pontuar que os erros do primeiro devem ser analisados também à luz das dimensões raça[10]

---

[10] Nesta obra, trabalharei com a definição de raça produzida pelo sociólogo Allan G. Johnson (1997) em sua obra *Dicionário de Sociologia: Guia Prático da Linguagem*

e classe.[11] Tentando contribuir para o preenchimento desse vácuo, decidi escrever este livro. Como já disse a inesquecível escritora americana, vencedora do prêmio Nobel de Literatura, Toni Morrinson: "Se há um livro que você quer ler, mas não foi escrito ainda, então você deve escrevê-lo".[12]

Diferentemente de obras feministas que comumente contam com o apoio material e moral de coletivos feministas, instituições de ensino superior e organizações internacionais, a pesquisa deste livro foi subsidiada e realizada inteiramente por mim; cada livro importado e cada assinatura de jornais estrangeiros e revistas, que não são itens baratos, foram comprados unicamente com meus próprios recursos financeiros. Foi uma mulher negra que patrocinou este livro. Vale dizer que já é fato conhecido nos bastidores de produção intelectual que feministas lutam contra subsídios para pesquisadores que intentam descobrir informações que elas não querem que as pessoas saibam; Tommy J. Curry, professor da Universidade de Edinburgh, relatou sofrer linchamento público e

---

Sociológica: "Raça tem sido freqüentemente definida como um grupamento, ou classificação, baseado em variações genéticas na aparência física, sobretudo na cor da pele. (...) a raça existe como um conjunto socialmente construído de categorias, usadas sobretudo como fundamento para a desigualdade e a opressão social".

[11] Nesta obra, trabalharei com a ideia de classe como sinônimo de estratificação social. Para tanto, utilizarei a definição apresentada no *Dicionário do pensamento social do século XX*, editado por William Outhwaite e Tom Bottomore (1996): "(...) Na tradição do pensamento social, classe social é um conceito genérico utilizado no estudo da dinâmica do sistema social, enfatizando mais o aspecto de relação do que o de distribuição da estrutura social. Nesse sentido, as classes são consideradas não apenas como agregados de indivíduos, mas como grupos sociais reais, com sua própria história e lugar identificável na organização da sociedade. Não obstante, a ideia de que as classes sociais podem ser equiparadas a agregados de indivíduos determinados por nível semelhante de educação, renda ou outras características de desigualdade social ainda persiste (...)".

[12] Disponível em: https://www.trt4.jus.br/portais/escola/bibliotecagens. Acesso em: 01 out. 2023.

ter financiamentos negados por tentar conduzir pesquisa sobre homens negros fora do paradigma feminista.[13]

É importante sinalizar que este livro não pretende provar se há ou não racismo e elitismo no feminismo; várias ativistas e intelectuais já se dedicaram a essa tarefa. A professora da Universidade da Flórida Louise Michelle Newman (1999), em sua obra *White Women's Rights*, afirma que "(...) o racismo não foi apenas um espetáculo secundário infeliz nas performances de teoria feminista. Pelo contrário, era o centro das atenções (...)" (p. 183, tradução minha). Na edição n.º 247 da revista *Cult*, publicada em julho de 2019, a professora Djamila Ribeiro afirma: *"As feministas negras estão denunciando tanto o racismo no movimento feminista como o machismo do homem negro"* (p. 291, destaque meu) A ativista americana Mikki Kendall (2022), em seu livro *Feminismo na periferia*, relata que muitas das retóricas feministas são racistas ou classistas: "(...) estamos falando de um movimento que foi criado para representar todas as mulheres; porém ele já está frequentemente focado em mulheres que já têm a maioria de suas necessidades alcançadas" (p. 7). A respeitadíssima teórica marxista americana Nancy Fraser afirmou em uma entrevista para o portal *BBC News Brasil*,[14] publicada em 26 de junho de 2023, que "o feminismo atual é um grito distante para a grande maioria e faz eco apenas para essas mulheres muito privilegiadas, que possuem o luxo de dizer que nós não precisamos nos preocupar com classes, cor ou temas econômicos, apenas com gênero". Para uma reportagem[15] do

---

[13] O paradigma feminista domina a área de estudos de gênero no mundo. Os estudos sobre homens também são, comumente, realizados considerando o feminismo. Curry fala sobre isso no vídeo disponível em: https://www.youtube.com/watch?v=loVO2k9_jL8&t=5s. Acesso em: 15 out. 2023.

[14] Disponível em: https://www.bbc.com/portuguese/articles/cv211rld5ggo. Acesso em: 22 out. 2023.

[15] Disponível em: https://www1.folha.uol.com.br/cotidiano/2019/04/feminismo-e-mais-bem-avaliado-entre-homens-que-entre-mulheres-diz-datafolha.shtml. Acesso em: 26 out. 2023.

jornal *Folha de S.Paulo*, publicada em 14 de abril de 2019, a pesquisadora do Centro Brasileiro de Análise e Planejamento (Cebrap), Regina Stela Corrêa Vieira, afirma que "o feminismo de Hollywood é preocupado com valores que não dialogam com os de uma empregada doméstica, que até 2013 não tinha jornada de trabalho limitada". Logo, parece-me trivialidade estabelecer que *sim, houve – e ainda há – racismo e elitismo no movimento feminista.*

Este livro pretende responder a uma pergunta muito simples: **Como o racismo e o elitismo aparecem na história do movimento feminista?** A pergunta é simples, mas a resposta é complexa. De princípio, é importante anunciar que, nesta obra, entende-se o **racismo**[16] como "1. Teoria ou crença que estabelece uma hierarquia entre as raças (etnias). 2. Doutrina que fundamenta o direito de uma raça, vista como pura e superior, de dominar outras. 3. Preconceito exagerado contra pessoas pertencentes a uma raça (etnia) diferente, geralmente considerada inferior. 4. Atitude hostil em relação a certas categorias de indivíduos"; **elitismo** como "1. Domínio e poder que favorecem uma elite. 2. Ideal ou estilo de vida baseado no sistema de elite com defesa de seus valores e direitos. 3. Discriminação social, cultural e econômica proveniente do elitismo"[17]; e **feminismo** como:

> (...) um conjunto complexo de ideologias políticas usadas pelo movimento feminista para promover a causa da igualdade das mulheres com os homens e pôr fim à teoria sexista e à prática de opressão social. Em sentido mais amplo e mais profundo, constitui

---

[16] Nesta obra, trabalharei com o significado atribuído na maioria dos dicionários de língua portuguesa à palavra racismo. Disponível em: https://michaelis.uol.com.br/moderno-portugues/busca/portugues-brasileiro/racismo/. Acesso em: 27 set. 2023.

[17] Nesta obra, trabalharei com o significado atribuído na maioria dos dicionários de língua portuguesa à palavra elitismo. Disponível em: https://michaelis.uol.com.br/palavra/E5Qw/elitismo/. Acesso em: 27 set. 2023.

uma grande variedade de enfoques usados para observar, analisar e interpretar as maneiras complexas como a realidade social dos sexos e a desigualdade entre eles são construídas, impostas e manifestadas, desde em ambientes institucionais mais vastos aos detalhes do dia a dia da vida das pessoas. Esses enfoques geram não só teorias sobre as vidas psicológica, espiritual e social e suas consequências — da música, literatura e ritual religioso a padrões de violência e distribuição desigual de renda, saúde e poder (...).[18]

Para construir o livro, olhei com especial dedicação para a segunda onda[19] do movimento feminista: o entendimento de que diferentes grupos sociais possuem diferentes valores, experiências e crenças foi disseminado no movimento feminista por feministas negras como bell hooks, Angela Davis e Sueli Carneiro, que promoveram duras críticas durante a segunda onda do movimento. O núcleo central das críticas das feministas negras era (é?): o feminismo não reconhece que a mulher negra enfrenta preconceitos e estereótipos que a mulher branca não enfrenta.

Ainda que esta obra guarde especial atenção à segunda onda do feminismo, não deixarei de abordar o racismo e o elitismo que emergem

---

[18] Definição de feminismo elaborada pelo sociólogo Allan G. Johnson (1997) em sua obra *Dicionário de Sociologia: guia prático da linguagem sociológica*.

[19] A organização da história do feminismo em ondas tem intenção prioritariamente didática. De todo modo, boa parte dos estudiosos organiza o movimento feminista em três ondas: a) **primeira onda** – meados do século XIX ao início do século XX. Principal pauta: conquista do direito ao voto feminino; b) **segunda onda**: entre 1960 e 1980. Principais pautas: legalização do aborto e liberdade sexual; e c) **terceira onda**: a partir do final dos anos 1980. Principais pautas: interseccionalidade, entendimento de gênero como algo socialmente construído e pauta queer. A **quarta onda**, que tem seu início marcado após o ano de 2012, é caracterizada por uma manifestação digital do ativismo e tem sido tema de discussões periféricas e ainda embrionárias, sem grandes produções acadêmicas; a existência de uma quarta onda do feminismo não é consenso entre as pesquisadoras. Por essa razão, a quarta onda não será tratada neste livro.

na primeira onda do movimento. Também tratarei, ainda que de forma breve, de uma epistemologia conhecida pelo nome de *"mulherismo africana"*, que, a meu ver, parece um encaminhamento muito mais saudável que o feminismo para mulheres negras que têm o anseio de participar de coletivos do ativismo social que tratam sobre gênero e raça.

Além desta introdução e da conclusão, o livro está organizado em quatro capítulos.

No capítulo 1 – Elitismo e racismo no movimento sufragista –, discuto como o racismo e o elitismo estiveram presentes na primeira onda do feminismo. Muitas pessoas acreditam que posições racistas e elitistas só passaram a existir a partir da segunda onda; não é verdade.

No capítulo 2 – Mulheres sem o "problema sem nome" – classe & raça –, apresento como o racismo e o elitismo estiveram imbricados na segunda onda do feminismo, que, a meu ver, é a mais importante de sua história. Os cânones feministas fomentados na segunda onda dão o tom geral do ativismo feminista até hoje.

No capítulo 3 – Eugenia, aborto e feminismo –, apresento como a eugenia marcou a intelectualidade e política feminista durante boa parte do século XX e quais foram as consequências disso.

No capítulo 4 – Movimentos de mulheres para além do feminismo –, apresento como o feminismo prejudicou as famílias negras e como a Revolução Sexual, mote da segunda onda feminista, acarretou efeitos negativos para as mulheres e, em especial, para as mulheres pobres e negras. Apresento, ainda, a epistemologia conhecida como *mulherismo africana*, que já conta com muitas adeptas aqui no Brasil.

E, por fim, a conclusão.

Antes de entrar no texto do livro propriamente, eu gostaria de demarcar que esta não é uma obra antifeminista; trata-se, antes de tudo, de uma obra que intenta exibir as contradições do movimento feminista no que toca às dimensões raça e classe. Eu sou uma autora que, publicamente, se coloca como uma crítica do feminismo e de suas consequências há anos. Essa demarcação, devo dizer, não implica deliberada rejeição à rica produção de homens e mulheres que se empenharam nos últimos anos em produzir textos antifeministas. Percebo-me como uma aliada de antifeministas brasileiras sérias que lutam batalhas muito justas, como a pauta pró-vida. Aliás, não apenas mulheres são antifeministas: Lima Barreto, um dos maiores escritores da literatura brasileira, classificou-se textualmente como antifeminista[20] em mais de uma ocasião.

É importante dizer que, apesar das críticas duras que realizo, reconheço que a literatura produzida por feministas como bell hooks, Angela Davis, Sueli Carneiro, Lélia Gonzalez, Djamila Ribeiro e Patricia Hill Collins é rica e fundamental para se compreender a situação da mulher negra (sob o olhar da política, da sociologia, da subjetividade etc.). Apesar das discordâncias que guardo em relação à epistemologia feminista e sua consequente aliança – política ou ideológica – com os pensamentos marxista e progressista, para mim, o feminismo negro é a vertente mais madura do movimento feminista como um todo. Lamento que sua produção seja tão negligenciada pelo feminismo em geral; isso talvez aconteça porque as mulheres negras não são vistas como iguais dentro do movimento feminista. bell hooks (2019) já denunciou a condescendência de feministas brancas com ela e outras mulheres não brancas e chegou a afirmar que, "nos Estados Unidos, o feminismo nunca foi protagonizado pelas mulheres que mais sofrem com a opressão sexista" (p. 27). Para o *Universa*,[21] Djamila Ribeiro afirmou que mulheres negras sofrem racismo das feministas brancas e apontou que ela própria foi alvo de ataques dessas feministas.

Foi através da leitura atenta e disciplinada dos textos produzidos por feministas negras que eu consegui me posicionar, de forma consciente,

---

[20] Disponível em: https://oglobo.globo.com/cultura/livros/antifeminista-lima-barreto-condenou-feminicidio-na-imprensa-21619774. Acesso em: 26 set. 2023.

[21] Disponível em: https://www.youtube.com/watch?v=XnvBtJS95os. Acesso em: 28 out. 2023.

como uma *mulher não feminista*. Com elas, também aprendi que não é necessário ser feminista para tomar parte na defesa dos interesses das mulheres, assim como não é necessário ser ativista do movimento negro para ser antirracista. É possível ser uma mulher forte, independente e bem-sucedida sem ser feminista e sendo conservadora. Faz-se urgente que ativistas, que comumente reclamam para si e unicamente para si o direito de contar a história das mulheres, entendam que seus movimentos organizados – institucionalmente ou não – não têm exclusividade na defesa de determinadas causas. O combate à violência doméstica, por exemplo, é uma pauta do movimento feminista que conta com meu apoio e, aposto, com o de toda pessoa inteligente e com o coração em funcionamento. Ninguém gosta de ser alvo de violência; o primeiro instinto humano é se defender.

Reconheço, ainda, que as minhas críticas podem não corresponder a casos isolados de ativistas; quando anuncio o racismo e o elitismo no feminismo, não estou sugerindo que todas as ativistas feministas, individualmente, são racistas ou elitistas. Parece-me, inclusive, estatisticamente improvável um cenário como esse. Ao demarcar o viés racista e elitista do movimento feminista, estou apontando para uma lógica geral do movimento com base em sua história, na literatura acadêmica produzida e na prática ativista.

As mulheres pobres e negras (ou não brancas) – *aquelas que o feminismo não vê* – que rejeitam o movimento feminista não estão equivocadas; historicamente, o feminismo marginalizou mulheres como nós. Nessa última oração, utilizo o pronome *nós* para demarcar meu ponto de vista (ou, como dizem atualmente, meu lugar de fala): eu sou uma mulher negra, oriunda de família pobre e que viu na escolarização um caminho possível de mobilidade social ascendente; através da formação escolar, coloquei-me na classe média. A esse conjunto de caraterísticas soma-se outra muito importante: eu sou católica romana, religião que, após a adoração a Cristo, tem devoção à mulher mais poderosa do mundo:[22] Santa Maria, mãe de Deus. A Virgem Maria é um baluarte que nos auxilia a permanecer mais próximos de Cristo. Não é à toa que nós a chamamos de Nossa Senhora.

É fato conhecido de todos nós que a Igreja Católica é a maior e mais consistente adversária da principal pauta do feminismo hoje: o aborto. Não é possível ser feminista e ser contra o aborto ao mesmo tempo; portanto, não é possível ser católica e feminista ao mesmo tempo. Além disso, o movimento já manifestou sua inclinação anticatólica em muitas ocasiões ao redor do globo – o grupo terrorista Femen[23] é, provavelmente, o capitão do anticatolicismo dentro do movimento feminista contemporâneo – e se apoiou em preceitos fundamentalmente anticristãos ao longo de sua história. A icônica feminista americana Gloria Steinem, por exemplo, já manifestou seu desejo de extinção do teísmo no mundo: "Até o ano 2000, vamos, espero eu, criar nossos filhos a acreditar no potencial humano, não em Deus".[24] O conjunto das características biográficas que expus anteriormente, especialmente minha cosmovisão cristã, me afasta de qualquer possibilidade de integração com o ativismo feminista.

Há outro motivo, um pouco mais cândido, para eu não me alinhar ao movimento feminista: (in)felizmente, eu acredito que as mulheres

---

[22] Essa declaração não é apenas produto de uma católica devota. O jornalista Maureen Orth chamou a Virgem Maria de mulher mais poderosa do mundo em uma reportagem publicada em 2015 na National Geographic. Disponível em: https://www. nationalgeographic.com/magazine/article/virgin-mary-worlds-most-powerful-woman. Acesso em: 30 out. 2023.

[23] Femen é um grupo terrorista do movimento feminista criado por Anna Hutsol na Ucrânia, com sede em Paris, França. Geralmente, as feministas dizem que o Femen não representa o feminismo por ser radical demais. Mas suas integrantes dizem que o grupo constitui o novo feminismo através de um "terrorismo pacífico". Disponível em: https://www.rfi.fr/br/franca/20120918-ativistas-do-femen-abrem-campo-de-treinamento-em-paris. Acesso em: 10 abr. 2024.

[24] Campagnolo, 2019, p. 300.

são melhores que os homens. Penso que somente as feministas acham o contrário, pois estou confiante de que a maioria dos homens sábios já sabe disso, ou pelo menos desconfia. A história mostra que a civilização optou por poupar vidas femininas em situações de conflitos ou catástrofe porque as mulheres valem mais para a continuidade da espécie. É importante pontuar que não estou sugerindo que homens são desnecessários. Pelo contrário: nossa civilização não estaria no nível que se encontra hoje sem homens. O que estou argumentando é que, nas sociedades saudáveis, as mulheres íntegras reinam fortes e virtuosas sobre os homens, pois fazem crescer crianças fortes e virtuosas. Ainda que exista algum grau de legitimidade no argumento de que "os homens dominam a vida pública ou política", não é possível perder de vista que as mulheres têm domínio das coisas que importam por serem eternas: o meio social e a família. Em entrevista cedida ao jornalista Adalberto Piotto[25] em 2014, o antropólogo Roberto DaMatta afirmou que a instituição família, especialmente no Brasil, funciona sob o matriarcado. Se somos melhores e gozamos de uma igualdade ontológica, por que eu haveria de querer me igualar aos homens em outros aspectos? O escritor americano e ganhador do prêmio Nobel de Literatura William Golding (1911-1993), autor da obra clássica *O senhor das moscas*, disse uma vez:[26]

> Acho que as mulheres estão loucas quando pretendem ser iguais aos homens, elas são muito superiores e sempre foram. Qualquer coisa que você dê a uma mulher, ela fará disso algo maior. Se você lhe dá esperma, ela lhe dará um bebê. Se você lhe dá uma casa, ela lhe dará um lar. Se você lhe dá comida, ela lhe dará uma refeição.

---

[25] Disponível em: https://www.youtube.com/watch?v=-EOWVc3zpcM&t=953s. Acesso em: 28 de fevereiro de 2024.

[26] Disponível em: https://www.youtube.com/watch?v=vYnfSV27vLY. Acesso em: 30 out. 23.

Se você lhe dá um sorriso, ela lhe dará o seu coração. A mulher multiplica e amplia o que é dado a ela.

Talvez, a presente obra seja a segunda publicação brasileira a reunir as distorções do movimento feminista[27] e, provavelmente, a primeira publicação nacional a documentar o racismo e o elitismo de tal movimento sob o olhar de uma *outsider* (mulher não feminista). É meu objetivo que este trabalho seja o ponto de partida para outras acadêmicas e pesquisadoras que queiram desafiar os cânones feministas.

Modestamente, acredito também que o livro pode ser um material interessante para as feministas; conhecer os erros do passado (e do presente!) é o passo mais importante para não os repetir. Eu não espero que elas concordem na íntegra com meu texto, mas espero que tenham cabeças abertas para considerar uma perspectiva diferente e celebrar que uma mulher negra conseguiu expor seu pensamento. Nelson Rodrigues estava correto em afirmar que "nada compromete mais, e nada perverte mais do que a unanimidade".[28] Em tempos que aqueles que discordam do *statu quo* são tratados como dragões a serem abatidos em detrimento de um saudável diálogo de ideias, ter uma cabeça aberta é estar na vanguarda. Como afirma a historiadora francesa Elizabeth Roudinesco, "direitos podem se tornar pequenas ditaduras pessoais".[29]

---

[27] Estimo que a primeira obra nacional intencionalmente com posições contrárias ao feminismo seja *Feminismo: perversão e subversão* (2019), da historiadora Ana Caroline Campagnolo. Por sua vez, estimo também que Lima Barreto tenha sido o primeiro escritor brasileiro a se declarar antifeminista em crônicas publicadas em diversos jornais, como "Carta aberta" (1921) e "O feminismo em ação" (1922).

[28] Rodrigues, Nelson. *Só os profetas enxergam o óbvio*. Rio de Janeiro: Nova Fronteira, 2020, p. 60.

[29] A frase aparece na edição n.º 282 da revista *Cult*, em entrevista de Rudinesco a Lucia Valladares. Na entrevista, Rudinesco chama a atenção para a radicalização da vida social e política e para a contribuição do excesso de reivindicações identitárias para a emergência de um pensamento retrógrado mundial.

Ao contrário de muitos trabalhos produzidos por antifeministas (e críticos do feminismo, para ser mais precisa), minha crítica não tem o capricho de intentar o combate ao feminismo; manifesta, contudo, o ímpeto firme e resiliente de combater a ideia, de viés autoritário e petulante, de que mulheres são compulsoriamente feministas (querendo ou não!) e que só é possível defender mulheres e suas dignidades se estivermos vinculadas ao movimento feminista. O meu ímpeto sedimenta os porquês da minha crítica ao feminismo, que se apoia em suas numerosas divergências internas. Para alcançar esse objetivo, estou disposta a correr o risco de ter a minha capacidade intelectual ridicularizada e a minha vida privada colocada sob o escrutínio do ativismo feminista, que não é conhecido por atitudes misericordiosas, posturas compassivas e condutas leais direcionadas a seus adversários e críticos, especialmente quando estes são mulheres. (Audre Lorde dizia que mulheres reservam vozes de fúria e decepção para usarem entre si. bell hooks também não mentiu ao dizer que as mulheres aprenderam a odiar umas às outras, o que fica evidente nas violentas e brutais críticas que costumam fazer entre si.)[30] A feminista é mais cruel com a mulher não feminista do que com um homem que representa o estereótipo clássico do sexismo, do machismo e da misoginia. Com base na minha experiência pessoal, posso dizer que a feminista negra consegue ser ainda mais cruel com mulheres negras que criticam o feminismo; elas replicam conosco a dinâmica de subordinação e condescendência que recebem das feministas brancas.

Por elevado senso narcísico, aguda intolerância à alteridade e demasiado compromisso com os cânones defendidos pela ala masculina branca da esquerda,[31] as feministas – brancas e negras – também não

---

[30] Lorde, 2020, p. 200; hooks, 2019b, p. 106.

[31] Neste livro, utilizarei os temos "esquerda" e "progressismo" como sinônimos, admitindo que o último é mais adequado do que o primeiro para descrever o campo político em que a grande maioria das vertentes do feminismo é desenvolvida.

encorajam a diversidade de pensamento entre suas próprias parceiras de ativismo:

> (...) Mulheres brancas encontraram no movimento feminista uma solução libertadora para seus dilemas pessoais. Por terem obtido benefícios diretos com o movimento, elas não se sentem tão inclinadas a lhe dirigir críticas ou a proceder a um exame rigoroso de sua estrutura quanto aquelas que não percebem esse impacto do feminismo em suas vidas pessoais ou na vida das mulheres como um todo. E aquelas mulheres que, mesmo não sendo brancas, se sentem representadas e afirmadas dentro do movimento também parecem se comportar como se apenas suas ideias, seja sobre o feminismo negro, seja sobre outras questões, fossem as únicas legítimas do movimento. **Em vez de encorajar a pluralidade de opiniões, o diálogo crítico, a controvérsia, tentam sufocar, a exemplo das mulheres brancas, qualquer dissidência** (hooks, 2019b, p. 37-38, destaques meus).

Tocar na temática proposta aqui é como colocar a mão numa casa de marimbondos. Digo isso porque sei que mulheres que ousaram questionar publicamente o feminismo e denunciar suas distorções tiveram suas vidas privadas atacadas e, por vezes, suas carreiras destruídas por outras mulheres que, em nome de seus feminismos, julgam saber o que é melhor para a mulher do lado. As ativistas feministas parecem habitar uma bolha e passam a crer honestamente que o que elas pensam é o que qualquer ser humano racional pensa. E é por isso que eu sei que serei cruelmente atacada por ter escrito este livro. Inclusive, feministas comprometidas com uma honesta produção intelectual também foram vítimas de perseguição de outras feministas por exporem o racismo que existe dentro do movimento. Ainda assim, eu mantive meu compromisso de escrever este livro; curvar-se à ideologia ou à agremiação

Introdução

política, qualquer que seja, sempre estará fora de cogitação. Talvez seja a hora de correr o risco de ser picada. Mesmo ciente de que muitas portas nos âmbitos acadêmico e profissional se fecharão para mim após a publicação desta obra, estou confiante de que o presente livro será uma rica fonte de consulta para antifeministas, não feministas e pessoas que apenas desejam conhecer a história da exclusão de mulheres pobres, negras e de outras minorias étnico-raciais promovida por um dos mais longevos movimentos político-ideológicos do mundo: o feminismo.

CAPÍTULO I

Elitismo e Racismo no Movimento Sufragista

Não podemos fazer com que os homens [brancos] *vejam que as mulheres* [brancas] *sentem a humilhação de suas mesquinhas distinções de sexo, precisamente como o negro sente as de cor. Não há atenuação de nossas injustiças ao dizer que não somos socialmente ostracizadas como ele* [o homem negro] *é, enquanto somos politicamente ostracizadas como ele não é.*

(*Elizabeth Cady Stanton, em* The Degradation of Disfranchisement)[1]

É impossível falar sobre a história do feminismo sem mencionar o direito ao voto. A maioria dos pesquisadores coloca os protestos pelo sufrágio feminino ocorridos entre meados do século XIX e início do século XX como o marco fundador do feminismo; trata-se, portanto, da primeira onda do movimento,[2] que começou com a Convenção de Direitos das Mulheres de 1848, realizada na cidade de Seneca Falls, nos Estados Unidos da América:

---

[1] Tradução minha. Disponível em: https://www.degruyter.com/document/doi/10.18574/nyu/9780814785270.003.0028/html?lang=en. Acesso em: 28 set. 2023.

[2] Esse entendimento, ainda que predominante, não é consenso. A feminista Kate Millett (2000), em *Sexual Politics*, afirma que a luta pelo sufrágio minguou o objetivo principal do feminismo: abalar o patriarcado. Para ela, o feminismo começa após o sufrágio.

Os historiadores geralmente apontam essa convenção do século XIX como a semente para o movimento feminista. Ela é considerada o ponto de partida da primeira onda do feminismo, também conhecida como movimento sufragista ou campanha para obter o direito ao voto das mulheres (McCulley, 2017, p. 48).

A convenção foi organizada por cinco mulheres que se tornaram as principais líderes do movimento sufragista nos Estados Unidos: Elizabeth Cady Stanton (1815-1902), Lucretia Mott (1793-1880), Martha Coffin Wright (1806-1875), Mary Ann McClintock (1800--1884) e Jane Hunt (1812-1889). Após um tempo de campanha, o direito ao voto foi concedido em 1920, através da 19ª Emenda à Constituição americana.

Em outros países, a concessão do direito ao voto para as mulheres deu-se após certa espera e não foi consequente, necessariamente, às ações impetradas pelo movimento feminista; vários movimentos orientados pelo liberalismo clássico, já defendiam o sufrágio universal antes do feminismo. A Nova Zelândia foi o primeiro país do mundo a conceder o voto para as mulheres, em 1893. Em seguida, no ano de 1902, a Austrália; a Noruega, em 1907. Em 1918, foi a vez de Áustria, Alemanha, Polônia, Lituânia, Reino Unido[3] e Irlanda;[4] a Suécia, em 1921. A França, notoriamente um dos países mais feministas do mundo[5],

---

[3] As sufragistas britânicas receberam uma vitória parcial em 1918: mulheres com mais de 30 anos receberam o direito ao voto; em 1928, veio a concessão para todas as mulheres. Em: https://operamundi.uol.com.br/hoje-na-historia/24976/hoje-na-historia-1945-mulheres-votam-pela-primeira-vez-para-a-assembleia-francesa. Acesso em: 01 out. 2023.

[4] Disponível em: https://www.pewresearch.org/short-reads/2020/10/05/key-facts-about-womens-suffrage-around-the-world-a-century-after-u-s-ratified-19th-amendment/. Acesso em: 30 set. 2023.

[5] A França é considerada por muitos o berço das ideias feministas e, recentemente, fez história ao incluir o direito ao aborto em sua Constituição. Disponível em:

Elitismo e Racismo no Movimento Sufragista

concedeu voto às mulheres apenas em 1945! O voto foi concedido às mulheres brasileiras em 1932, treze anos antes das mulheres francesas. Sobre a situação peculiar do voto das francesas, na obra *A mulher na sociedade de classes*, a respeitada pesquisadora Heleieth Saffioti (2013) aponta que

> Nem as manifestações feministas desvinculadas do socialismo, nas quais a questão feminina, tornada autônoma, impele à busca de soluções utópicas, nem o feminismo subordinado à causa operária e, por isso mesmo, mais realista, tiveram êxito na destruição do Código Napoleônico. A mulher francesa continuaria presa a uma legislação anacrônica por muito mais tempo que as mulheres de numerosos outros países (...) (p. 166).

Há três pontos que o movimento feminista contemporâneo deixa de exibir quando aborda a questão do sufrágio feminino: 1) nem todos os homens tinham o direito de votar; 2) o movimento de mulheres contra o sufrágio era quase tão extenso quanto o movimento de mulheres pró- -sufrágio; 3) as principais lideranças sufragistas eram elitistas e racistas.

Pode ser uma novidade para muita gente, mas a verdade é que nem todos os homens podiam votar! À época que sufragistas protestavam pelo direito ao voto nos EUA, por exemplo, 40% dos homens brancos[6] não tinham o direito de votar; poucos estados concediam direito de voto aos homens negros. O direito ao voto estava associado à posse de propriedades e/ou à prestação obrigatória de serviços militares ao Estado (o dever de servir pelo direito de votar). Em "The Right to Vote and the Rise of Democracy, 1787-1828", o pesquisador da Universidade de Oxford Donald Ratcliffe (2013) afirma que

---

https://noticias.uol.com.br/ultimas-noticias/rfi/2024/03/04/franca-entra-para-a-historia-como-o-primeiro-pais-a-increver-direito-ao-aborto-na-constituicao.htm. Acesso em: 10 abr. 2024.

[6] Ratcliffe, 2013, p. 221.

> As atitudes culturais estavam mudando (...) para que o direito ao voto fosse visto como o direito natural dos homens que apoiavam o governo, cumpriam seu dever cívico, arriscavam suas vidas pela república ou trabalhavam duro para se tornarem proprietários, independentemente de sua riqueza (p. 237, tradução minha).

No Brasil, a situação não foi muito diferente. No Brasil Imperial (1822-1889), propriamente em 1824, ocorreu a primeira eleição nacional para a Assembleia Legislativa. Participaram somente os homens com 25 anos (ou 21 anos, se casados), com renda anual mínima de 100 mil-réis para votar e de 200 mil-réis para ser votado[7] (voto censitário). As mulheres, os homens livres com renda inferior ao mínimo exigido e os escravos não participavam do processo eleitoral. Ser alfabetizado não era uma exigência. Entre o final do Império e início da Primeira República (1889-1930), saber ler e escrever passou a ser uma exigência, depois que a Câmara e o Senado aprovaram a Lei Saraiva em 1881;[8] tinham direito ao voto todos os homens alfabetizados maiores de 21 anos.[9] Conforme indicam os pesquisadores Ana Emília Ferreira e Carlos Carvalho, em seu artigo "Escolarização e analfabetismo no Brasil: estudo das mensagens dos presidentes dos estados de São Paulo, Paraná e Rio Grande do Norte (1890-1930)",[10] no final do século XIX, a taxa de analfabetismo no Brasil era de 82,3%. Os anos da Primeira República também localizam o período pós-abolição da escravatura, promulgada em 1888. A população negra, recém-liberta, tinha pouco

---

[7] Disponível em: https://www.cnnbrasil.com.br/politica/do-voto-por-renda-ao-sufragio-universal-a-historia-das-eleicoes-no-brasil/. Acesso em: 10 abr. 2024.

[8] Fonte: Agência Senado.

[9] Disponível em: https://www12.senado.leg.br/noticias/materias/2016/11/04/por-100-anos-analfabeto-foi-proibido-de-votar-no-brasil. Acesso em: 19 abr. 2024.

[10] Disponível em: https://sites.pucgoias.edu.br/pos-graduacao/mestrado-doutorado-educacao/wp-content/uploads/sites/61/2018/05/Ana-Em%C3%ADlia-Cordeiro-Souto-Ferreira_-Carlos-Henrique-de-Carvalho.pdf. Acesso em: 01 out. 2023.

acesso à alfabetização. Logo, quando as mulheres receberam o direito ao voto em 1932, muitos homens negros – e, claro, mulheres negras – não atendiam aos critérios escolares para exercício do voto. O voto dos analfabetos só foi permitido em 1985[11].

É importante dizer, também, que nem todas as mulheres estavam proibidas de votar antes do sufrágio. O estado americano de Nova Jersey no início do século XIX, por exemplo, permitia o voto de mulheres viúvas que tivessem propriedades.[12]

A reivindicação pelo sufrágio universal, que foi pauta de diversos movimentos sociais antes do feminismo, era uma questão de exercício de plena cidadania, não de sexo. Muitos homens apoiaram o sufrágio feminino, como o filósofo John Stuart Mill e os políticos brasileiros José Antônio Saraiva e Cesar Zama.[13] Até a Igreja Católica, instituição bimilenar imerecidamente difamada pelo feminismo, apoiou o sufrágio: "(...) Em 1919, Bento XV havia se declarado a favor do sufrágio feminino (...)" (Saffioti, 2013, p. 168) O apoio ao voto feminino, portanto, não foi um pioneirismo nem uma exclusividade do movimento feminista.

O segundo ponto é largamente discutido pela historiadora Ana Caroline Campagnolo (2019; 2021), em suas obras *Feminismo: perversão e subversão* e *Guia de bolso contra mentiras feministas*, e pode causar estranheza em neófitos nos estudos sobre as mulheres. Afinal, hoje em dia o direito ao voto parece um direito óbvio a ser defendido, mas nem sempre foi assim. A noção do que o voto representava era muito abstrata

---

[11] Disponível em: https://www.tse.jus.br/comunicacao/noticias/2016/Novembro/consti tuicao-de-1985-garantiu-o-direito-ao-voto-aos-eleitores-analfabetos. Acesso em: 28 fev. 2024.

[12] "Estamos reconstruindo as histórias há muito esquecidas das primeiras mulheres eleitoras da América e exploraremos como a próxima geração de sufragistas apoiou-se nos ombros das mulheres que foram pioneiras no voto.", afirmou a Dr.ª Marcela Micucci, curadora do Museu da Revolução Americana. Disponível em: https://www.amrevmuseum. org/exhibits/when-women-lost-the-vote-a-revolutionary-story. Acesso em: 10 abr. 2024.

[13] Campagnolo, 2021, p. 70.

para a maioria das mulheres, especialmente as mais pobres e com baixo nível de escolarização.

No filme *As sufragistas*,[14] lançado em 2015, há uma cena em que a personagem principal, Maud Watts, presta uma espécie de depoimento em uma sessão governamental. Lloyd George, o homem responsável pela condução da sessão, pergunta a Maud: *"O que o voto significa para você, sra. Watts?"*. Maud responde: *"Nunca imaginei que ganharíamos o voto, por isso nunca considerei o que isso implicaria"*. A fala de Maud, que era uma lavadeira, pode ser compreendida como uma percepção geral das mulheres sobre o voto. Até se envolver com as militantes feministas, Maud era indiferente à pauta. Ela tinha um casamento feliz e era a mãe amorosa de um filho pequeno; nunca pensou em votar. Seu casamento foi dilacerado por seu ativismo. As mulheres tinham – *e ainda têm!* – necessidades distintas daquelas elencadas pelas sufragistas, como afirma Saffioti (2013):

> Para as operárias, porém, a questão não se resumia na obtenção das capacidades civis e políticas e no direito à instrução. Para quem trabalha até 10 horas da noite, recebendo ínfimos salários, a problemática feminina assume outros contornos (...) (p. 182).

Chesterton (2013), em *O que há de errado com o mundo*, confirma a percepção de que a questão do voto não era uma preocupação para as mulheres comuns:

> (...) Limitemo-nos a dizer que essas mulheres particulares querem um voto e a perguntarmos-lhes o que é um voto. Se perguntarmos a essas senhoras o que é um voto, obteremos uma resposta

---

[14] Mais uma vez, é importante apontar: não estou utilizando o filme como comprovação de um argumento; estou exibindo-o aqui como uma alegoria que apresenta, através de uma narrativa cinematográfica, uma problemática importante dentro do movimento feminista. O uso do filme neste texto é, portanto, um mero recurso didático.

bastante vaga. A rigor, essa é a única pergunta para a qual elas não estão preparadas (...) (p. 129).

Com base no estudo da professora da Universidade de Northampton, Julia Bush (2007), Campagnolo (2019) aponta que as mulheres antissufragistas compunham um grupo de mais 42 mil membros na Inglaterra; eram tão numerosas quanto as mulheres favoráveis ao sufrágio.[15] Nos EUA, a situação não era muito distinta: o movimento antissufragista era tão atuante quanto o movimento sufragista. A atuação era tão forte que "surge, nos Estados Unidos, como já existia na Inglaterra, o Partido Antissufragista, atuante desde 1871 (...)" (p. 90).

O movimento antissufrágio apoiava-se no entendimento de que as mulheres estavam isentas de responsabilidades políticas e legais, como alistar-se ao Exército e prestar serviços ao tribunal do júri. Como já apontei anteriormente, o direito ao voto estava associado a deveres civis e posse de propriedades:

> (...) Em 1912, Grace Duffeld Goodwin (1869-?) publicou *Antissufrágio: dez boas razões*, onde aponta que as mulheres estão isentas de responsabilidades políticas e legais, como servir no Exército ou sentar-se em júris. Muitas responsabilidades pesadas, como "prover para a família", pagar dívidas e ir para a cadeia por crimes menores, são poupadas do sexo feminino. Se uma esposa "se envolve em negócios ilegais, a lei responsabiliza [o marido], e não ela". Por que as mulheres querem desistir desse tipo de proteção legal para ter direitos iguais de voto? (Campagnolo, 2019, p. 91).

Chesterton (2013) percebia a reivindicação pelo sufrágio circunscrita a determinados grupos de mulheres:

---

[15] Campagnolo, 2019, p. 89.

Mulheres que o Feminismo não Vê

(...) Se, por exemplo, todas as mulheres resmungassem por um voto, elas o conseguiriam em um mês. Mas novamente há que lembrar que seria necessário fazer com que todas as mulheres resmungassem. E isso nos leva ao termo da superfície política da questão. A objeção à filosofia das sufragistas é simplesmente a de que maioria dominante das mulheres não concorda com elas. Estou ciente de que alguns sustentam que as mulheres deveriam ter votos, a maioria delas querendo ou não, mas esse é seguramente um caso estranho e infantil de instituição de uma democracia formal para destruição da democracia real. O que a maioria das mulheres poderia decidir, se não consegue decidir nem seu lugar ordinário no Estado? Essas pessoas estão praticamente dizendo que as mulheres podem votar tudo, exceto o sufrágio feminino (p. 101).

No Brasil, a participação feminina nas manifestações pelo direito ao voto também foi baixa. A votação na primeira campanha eleitoral da feminista Bertha Lutz (1894-1976), candidata a uma vaga na Assembleia Nacional Constituinte de 1934,[16] foi inexpressiva e mal--sucedida:

O evento mais famoso (talvez o pioneiro) do que as feministas chamam de "luta pelo voto no Brasil" foi uma marcha organizada por Leolinda Daltro, que contou com a presença de apenas

---

[16] Conhecida como a maior líder na luta pelos direitos políticos das mulheres brasileiras, Bertha Lutz foi candidata, em 1933, pela Liga Eleitoral Independente, a uma vaga na Assembleia Nacional Constituinte de 1934, pelo Partido Autonomista do Distrito Federal. Bertha Lutz não conseguiu eleger-se, mas obteve a primeira suplência no pleito seguinte e acabou assumindo o mandato de deputada na Câmara Federal em julho de 1936, devido à morte do titular, Cândido Pessoa. Fonte: Agência Senado. Disponível em: https://www12.senado.leg.br/noticias/entenda-o-assunto/bertha-lutz. Acesso em: 01 out. 2023.

cem mulheres. Apenas cem mulheres! Outros momentos históricos demonstram o desinteresse das mulheres da época. Foi só em 1916 que a Câmara recebeu "a primeira manifestação formal de uma mulher solicitando direitos políticos", apresentada por uma professora chamada Mariana de Noronha Horta (ou seja, mulheres podiam estudar). A própria Bertha Lutz, não tendo sido eleita após anos defendendo os "direitos da mulher", é prova desse desinteresse: ela se candidatou em 1933 e não recebeu votos suficientes (ou seja, as mulheres que já podiam votar não quiseram eleger uma mulher que dizia ter conquistado o direito ao voto (Campagnolo, 2021, p. 66).

Por sua vez, a médica Carlota Pereira de Queiroz (1892-1982) foi a primeira mulher a se eleger, pelo estado de São Paulo, deputada federal no Brasil, em 1934, nunca teve atuação na luta sufragista e se recusava a assumir o rótulo de feminista. Também em 1934, o Brasil elegeu a primeira parlamentar negra: a professora e jornalista Antonieta de Barros (1901-1952), eleita deputada estadual por Santa Catarina, o estado brasileiro com a menor proporção de negros. Assim como Queiroz, Barros também não se considerava feminista:

> É sabido que Antonieta não se considerava feminista, talvez por sua formação religiosa e ideológica e também por conflitos com o feminismo hegemônico da época. Apesar disso, pode-se afirmar que suas reivindicações nos diferentes espaços que ocupou foram essenciais para o enfrentamento ao machismo e para o avanço das conquistas das mulheres em Santa Catarina e no Brasil. (...) (Silva; Luciano, 2022, p. 291)

A realidade nunca perde a oportunidade de mostrar-se irônica: enquanto Lutz, um ícone feminista, teve votação inexpressiva, Queiroz, que é descrita como conservadora e nacionalista, foi eleita,[17] registrando seu nome na história brasileira como a pioneira entre as mulheres, ao lado de Barros, que era católica, e foi a primeira parlamentar negra do Brasil e a primeira mulher a ser eleita em Santa Catarina. Aparentemente, as mulheres tinham melhores resultados eleitorais quando estavam conscientemente afastadas do feminismo...

A pensadora Simone de Beauvoir (2019), feminista da segunda onda, inclusive aponta, em sua obra publicada originalmente em 1949, *O segundo sexo*, que o movimento feminista não teria conquistado os direitos que reclama como suas conquistas:

> (...) Os proletários fizeram a revolução na Rússia, os negros no Haiti, os indochineses bateram-se na Indochina: a ação das mulheres nunca passou de uma agitação simbólica; só ganharam o que os homens concordaram em lhes conceder; elas nada tomaram; elas receberam. Isso porque não têm os meios concretos de se reunir em uma unidade que se afirmaria em se opondo. Não têm passado, não têm história nem religião própria; não têm, como os proletários, uma solidariedade de trabalho e interesses; não há sequer entre elas essa promiscuidade espacial que faz dos negros dos EUA, dos judeus dos guetos, dos operários de Saint-Denis ou das fábricas Renault uma comunidade (...) (2019, pp. 15-16, volume 1).

Alguns pesquisadores sustentam que a entrada das mulheres no mercado de trabalho no lugar de homens que foram convocados a participarem de atividades de guerra foi mais efetiva que o movimento sufragista para a redução das desigualdades entre os sexos:

---

[17] Disponível em: https://aventurasnahistoria.uol.com.br/noticias/reportagem/historia-biografia-carlota-pereira-de-queiroz-a-primeira-deputada-do-brasil.phtml. Acesso em: 10 abr. 2024.

As atividades bélicas iniciadas em 1914 sustam o movimento sufragista. As mulheres foram então chamadas a desempenhar as atividades que até então constituíam apanágio dos homens. Tornou-se compulsório o registro das mulheres com idade entre 18 e 50 anos, independentemente de seu estado civil, para seu posterior encaminhamento aos empregos que os homens haviam deixado vagos com a guerra. A situação de guerra estendeu, pois, a todas as mulheres em idade de trabalhar a possibilidade de se provarem iguais aos homens no sistema de produção de bens e serviços. **Mais, talvez, do que o movimento sufragista, este foi um elemento decisivo para diminuir as diferenças políticas entre os sexos.** Com efeito, findo o conflito, o direito de voto seria concedido a uma parcela das inglesas, isto é, àquelas que contassem mais de 30 anos e fossem proprietárias ou esposas de proprietários (Saffioti, 2013, pp. 175-176, destaques meus).

Há historiadores que corroboram o que foi dito por Saffioti (2013) e argumentam que o papel desempenhado pelas mulheres britânicas durante a Primeira Guerra Mundial contribuiu mais para a concessão do direito ao voto na Inglaterra do que as ações extremas das sufragistas. Nos campos, nas fábricas, nos escritórios e nas lojas, as mulheres assumiram postos deixados pelos homens que partiram para o *front*. Seu papel na sociedade foi indelevelmente transformado. O historiador Joshua Goldstein, um dos consultores do filme *As sufragistas*, concorda com essa perspectiva.[18]

A sugestão de que o sufrágio feminino foi um direito concedido, e não conquistado, também pode ser implicada no cenário brasileiro. Celina Guimarães Viana (1890-1972), primeira mulher brasileira a ter título de eleitor concedido através da Lei nº 660/1927, era uma professora potiguar. Em 1927, aos 29 anos de idade, tornou-se, na verdade, a

---

[18] Disponível em: https://www2.jornalcruzeiro.com.br/materia/856698/ha-100-anos-mulheres-britanicas-conquistavam-direito-ao-voto. *Jornal Cruzeiro do Sul*. Acesso em: 01 out. 2023.

Mulheres que o Feminismo não Vê

primeira eleitora da América Latina e agradeceu ao marido – não ao movimento feminista – por tal conquista:

> Eu não fiz nada! ***Tudo foi obra de meu marido***, que empolgou--se na campanha de participação da mulher na política brasileira e, para ser coerente, começou com a dele, levando meu nome de roldão. Jamais pude pensar que, assinando aquela inscrição eleitoral, o meu nome entraria para a história. E aí estão os livros e os jornais exaltando a minha atitude. O livro de João Batista Cascudo Rodrigues – *A mulher brasileira – direitos políticos e civis* – colocou-me nas alturas. Até o cartório de Mossoró, onde me alistei, botou uma placa rememorando oacontecimento. **Sou grata a tudo isso que devo exclusivamente ao meu saudoso marido**[19] (destaques meus).

O movimento sufragista também não conseguiu superar as diferenças de classe e raça entre as mulheres; essas diferenças foram meramente incluídas, momentaneamente, dentro do objetivo comum do sufrágio (assim como hoje são incluídos nos argumentos pró-aborto). O elitismo, o paternalismo típico de classe média e o racismo apresentaram sua expressão completa dentro do movimento feminista de primeira onda. É sobre isso que trata o terceiro ponto – as principais lideranças sufragistas eram elitistas e racistas –, que será discutido neste capítulo.

1.1. Uma questão de classe

Provavelmente, as feministas ficarão insatisfeitas com o que abordarei neste capítulo; o elitismo e o racismo das sufragistas fazem parte

---

[19] Vainsencher, Semira Adler. Celina Guimarães Viana. *Pesquisa Escolar Online*. Recife: Fundação Joaquim Nabuco, 2008. Disponível em: https://pesquisaescolar.fundaj.gov.br/pt-br/artigo/celina-guimaraes-viana/. Acesso em: 10 abr. 2024.

de um tema sensível para a história do movimento. Mas o fato é que as principais lideranças sufragistas eram elitistas e racistas. O movimento sufragista foi um movimento político empreendido por mulheres brancas das classes média e alta, e contou com financiamento substancial de homens da elite. Esse cenário pode ser notado, com suas variações regionais, na maior parte dos países do Ocidente. De uma forma ou de outra, o feminismo de primeira onda fortaleceu a supremacia de classe e raça sobre as relações entre os sexos, dificultando a emancipação de mulheres pertencentes a grupos minoritários.

Em *Suffragette Fascists*, o historiador britânico Simon Webb (2020) aponta que a Woman Social Political Union (WSPU), organização fundada pela sufragista Emmeline Pankhurst (1858-1928) na Inglaterra, era protofascista e violenta, não medindo esforços para atingir seus objetivos (inclusive vitimar trabalhadores inocentes). É importante lembrar que, naquele contexto, homens pobres também não podiam votar na Inglaterra. As ações das sufragistas britânicas eram marcadas por muita violência, que atingiam, majoritariamente, indivíduos da classe trabalhadora:

> Todas as vítimas das sufragistas contra o sistema postal britânico eram homens comuns da classe trabalhadora executando trabalhos subalternos. Ironicamente, por causa de sua classe, esses homens usualmente também não tinham direito ao voto, assim como as sufragistas. Eles eram vistos pelas ativistas da WSPU como dano colateral em sua luta (Webb, 2020, p. 69, tradução minha).

Ainda que eu considere debatível a categorização das sufragistas britânicas como fascistas, a obra de Webb (2020), no contundente capítulo intitulado "The Suffragettes' War on the Working Class", traz um marcador importante sobre o ativismo feminista. Baseando-se na própria literatura das sufragistas, Webb (2020) mostra que, contrariamente à crença comum, a Women's Social and Political Union (WSPU) opôs-se explicitamente ao sufrágio universal, reivindicando, em vez disso, o voto apenas para mulheres e homens das classes média e alta. Note: a WSPU sempre foi um grupo de classe média; tinha apenas uma mulher da classe trabalhadora, Annie Keney.[20] Webb (2020) afirma que

> As sufragistas tinham nenhum interesse em lutar pelo direito de mulheres e homens de classe trabalhadora de votarem nas eleições do Parlamento, insistindo antes nos interesses de seu próprio estrato social, as classes médias instruídas e proprietárias. Os interesses das classes trabalhadoras eram frequentemente tratados com desprezo (p. 61, tradução minha).

Pankhurst e sua organização eram elitistas que queriam "votos iguais" para as mulheres das camadas sociais abastadas, e não "voto universal" para todas as mulheres, independentemente de raça ou classe. Webb (2020) exibe o interesse das sufragistas em roupas com cores coordenadas e joias de movimento. O custo desses itens estava muito além das possibilidades dos homens e mulheres da classe trabalhadora.

Embora representassem a maioria do trabalho feminino na Inglaterra, as trabalhadoras domésticas estavam ausentes dos eventos públicos do movimento sufragista. Por que isso aconteceu? Em primeiro lugar, muitas vezes, trabalhavam longas horas, tornando difícil, se não impossível, assistir a qualquer evento das sufragistas. Na introdução deste livro, citei o filme *Mary Poppins*, que ajuda a exemplificar graficamente essa realidade. Em segundo lugar, as trabalhadoras domésticas estavam à mercê de seus empregadores, que poderiam não ser compreensivos com a reivindicação. Em terceiro lugar, há aquelas que podem não ter apoiado a ação militante das sufragistas. Enquanto as mulheres de classes média e alta estavam livres de tempo e de responsabilidades, podendo fazer

---

[20] Webb, 2020, p. 28.

marchas e participar de reuniões, as empregadas domésticas da classe trabalhadora tinham que dar seu apoio – ou não – à margem do movimento. Hoje em dia, a situação da mulher trabalhadora em relação ao movimento feminista não é muito diferente... em várias partes do mundo!

No Brasil, o cenário não era dissemelhante. Podemos localizar cinco grandes nomes entre as lideranças sufragistas brasileiras: a bióloga Bertha Lutz (1894-1976); a professora Leolinda Daltro (1859-1935); a professora Maria Lacerda de Moura (1887-1945); a educadora Nísia Floresta (1810-1885); e a advogada Almerinda Gama (1899-1999). Essas cinco mulheres receberam escolarização de alto nível para os padrões nacionais da época e tinham profissões típicas da classe média. Das cinco, apenas uma era negra: Almerinda.

O perfil elitizado das sufragistas brasileiras não passou despercebido do perspicaz olhar do escritor Lima Barreto (1881-1922),[21] que se declarou textualmente antifeminista em mais de uma ocasião. Lima Barreto, homem negro e pobre, e um dos maiores escritores da literatura brasileira, não poupou o movimento feminista; produziu muitas crônicas criticando-o e satirizando-o. A perspectiva de Lima não deve ser ignorada; é extremamente útil para a construção de uma análise crítica ao movimento feminista brasileiro do início do século XX. Não descartando melhor dado historiográfico, podemos dizer que Lima Barreto foi o primeiro antifeminista brasileiro.

Em *O doutor Frontin e o feminismo*, Barreto ataca a ativista feminista Leolinda Daltro e sua preocupação com os índios. Em *O nosso feminismo*, Barreto expõe os "berreiros" de Bertha Lutz e os "escândalos" de Leolinda Daltro. Na crônica "O feminismo invasor", publicada em 21 de janeiro de 1922 na revista *A.B.C.*, Lima Barreto satiriza a atuação de

---

[21] As crônicas de Lima Barreto citadas neste livro estão disponíveis no domínio público e na coletânea: *Toda crônica*. Rio de Janeiro: Agir, 2004. Volumes 1 e 2.

Bertha Lutz através da personagem Dona Adalberta Luz, uma mulher onipotente e solitária, que se dividia entre a mesa e o público para dirigir a assembleia, votar suas próprias propostas, indicar-se e assumir a representação de si mesma.[22] Barreto retrata Lutz como uma mulher muito autoritária que não aceita ideias das militantes. Curiosamente, essa percepção foi confirmada pela militante Elene Rocha, que declarou que "a Dra. Bertha Lutz era uma líder muito absorvente, que não aceitava as ideias das militantes" (Vasconcellos, 1992, p. 257).

Lima Barreto transforma, em suas crônicas, a Liga pela Emancipação Intelectual da Mulher, fundada em 1919, em "Liga Pela Manumissão da Mulher Branca". O pesquisador Henrique Sergio Silva Corrêa (2010) explica o nome da Liga na crônica de Barreto:

> O termo "manumissão" põe em questão o caráter desse movimento, já que manumitir é uma ação executada de cima para baixo, como o senhor alforriando seu escravo. "Mulher Branca" aponta para as participantes desse movimento feminista de mulheres brancas e burguesas, que pouco tinham em comum com as mulheres proletárias, estas sim, de todas as cores. O autor parece recriar, na crônica, a forma autoritária com que Lutz comandava sua liga. Em tom de galhofa, ridiculariza as conquistas da liga, relacionadas apenas ao vestuário, ao combate às "rivais" e à liberdade de se pendurar nos bondes; e o voto feminino, uma das principais reivindicações do movimento, que seria aprovado, mas que para isso seria necessário organizar capangagem própria e fundar um jornal de combate (abordando moda, vestidos e culinária).(p. 9)[23]

---

[22] Lopes, 2008, p. 79.

[23] CORRÊA, Henrique Sergio Silva. A construção da mulher sob a ótica de Lima Barreto na revista *A.B.C.* Evento Fazendo Gênero 9 Diásporas, Diversidades, Deslocamento, 2010. Texto disponível em: http://www.fg2010.wwc2017.eventos.dype.

Barreto, mais uma vez, não estava errado. Segundo a ativista feminista Branca Alves, a "Liga pela Emancipação da Mulher era composta de um grupo pequeno de mulheres que se conheciam entre si (...) e que pertenciam às famílias da burguesia" (Alves, 1980 *apud* Vasconcellos, 1992, p. 258).

A fundamentação do antifeminismo de Lima Barreto está assentada no caráter elitista do feminismo, sua conivência com a política do oportunismo institucional e com a corrupção governamental, e no seu questionamento a respeito da "legitimidade das reivindicações sustentadas pelo movimento feminista coevo – qualificado pelo autor como 'feminismo burocrata' –, centradas em torno do direito de voto e do acesso a cargos públicos" (Engel, 2009, p. 369).

Lima Barreto satirizou o feminismo burocrático, criticando seu caráter burguês, cada vez mais distante das mulheres pobres. Para ele, o feminismo intentava alcançar cargos públicos. Foi opositor ao voto feminino; acreditava que a precariedade e a violência do sistema eleitoral faziam com que este não fosse capaz de alterar a situação social da maior parte da população no Brasil. Barreto evidencia o que nós, críticos do feminismo, falamos há tempos: o feminismo brasileiro – assim como o feminismo americano ou inglês – era e ainda é um movimento de mulheres brancas de classes média e alta.

Nos Estados Unidos, o movimento sufragista também estava assentado em fundamentos elitistas. A professora da Universidade da Flórida Louise Michelle Newman (1999), em sua obra *White Women's Rights*, mostra que as sufragistas brancas do norte, que estavam cada vez mais contrariadas com problemas de imigrantes e trabalhistas, uniram-se a sufragistas brancas do sul. Saffioti (2013) afirma que

---

com.br/resources/anais/1278311405_ARQUIVO_trabalhocompletohenriquecorrea. pdf. Acesso em: 01 out. 2023.

O feminismo norte-americano apresenta características bem diversas das do francês. Na América, nenhuma vinculação estreita entre o movimento de libertação da mulher e o socialismo condiciona a emancipação feminina à coletivização da propriedade. A grande maioria das líderes feministas pertenciam aos estratos sociais médios e pretendiam ampliar o campo de sua atuação, cavar espaço num mundo androcêntrico, inovar pela expansão da estrutura capitalista. Os horizontes do feminismo americano são delimitados, pois, pelo capital (...) (p. 181).

As sufragistas americanas argumentavam que as mulheres brancas de classes média e alta iriam fortalecer os valores brancos da classe média (porque as classes "melhores" de mulheres votariam em números muito maiores do que as classes "piores" de mulheres e homens combinados).

1.2. Uma questão de raça

Em *Teoria Feminista: da margem ao centro*, bell hooks (2019b) argumenta que a ênfase nas mulheres como uma irmandade oculta o oportunismo da mulher branca burguesa. Tal oportunismo aparece de forma muito evidente no filme *Anjos rebeldes*, produzido em 1995. Alice Paul, protagonista do filme, era uma líder sufragista americana que organizava um protesto no momento da visita do presidente Wilson. Para aumentar o contingente de mulheres no protesto, Alice convidou algumas mulheres negras. A líder das mulheres negras, Ida Wells-Barnett, foi notificada de que elas deveriam marchar ao fundo do protesto, por demanda de grupos feministas do sul.

No filme, Ida recusou o pedido; só marchariam juntas, lado a lado. Ela disse:

"Se não marcharmos juntas agora, o que acontecerá conosco, negras, quando vocês puderem votar?". Alice lembra a Ida que a questão prioritária é o sufrágio; a questão racial seria resolvida em outro momento. As mulheres negras dariam visibilidade à demanda das feministas brancas, mas não teriam garantia de receber o mesmo benefício.

Talvez seja surpresa para alguns, mas Alice Paul e Ida Wells-Barnett são personagens reais e essa cena, de fato, aconteceu![24] Alice Paul (1885--1977) e Lucy Burns (1872-1966) foram duas importantes sufragistas americanas. Ida Wells-Barnett (1862-1931) foi uma ativista negra essencial para a libertação das mulheres negras.

A jornalista americana Koa Beck (2021), em *O feminismo branco: das sufragistas às influenciadoras e quem elas deixam para trás*, explica que

> a insistência de Paul a respeito do sexismo se tornaria apenas uma divisão fundamental e duradoura entre feministas brancas e, literalmente, todas as outras pessoas; leia-se feminismo queer, não brancos e da classe trabalhadora (p. 66).

As mulheres negras deram visibilidade à demanda das feministas brancas, mas não tiveram garantia de receber o mesmo benefício. A luta pelo voto das mulheres era, na verdade, a luta pelo voto das mulheres brancas. Beck (2021), ao analisar exatamente o caso relatado anteriormente, assinala que o feminismo demonstraria cada vez mais que "(...) há uma diferença enorme entre pensar que pessoas negras norte-americanas deveriam ser livres e acreditar que deveriam ter oportunidades iguais às pessoas brancas"(p. 62).

---

[24] É importante que o leitor compreenda que o fato retratado na cena do filme aconteceu, mas roteiristas e produtores usam liberdade criativa e podem vir a inserir mais elementos dramáticos do que a situação em si.

No livro *Feminismo para os 99%: um manifesto*, as autoras Cinzia Arruzza, Tithi Bhattacharya e Nancy Fraser (2019) abordam a questão racial na história do movimento feminista. Segundo elas,

> influentes sufragistas brancas fizeram reclamações explicitamente racistas depois da Guerra Civil dos Estados Unidos, quando os homens negros obtiveram o direito ao voto e elas não (...) (p. 76).

Nos EUA, os homens negros ganharam o direito ao voto[25] em 1870 (através da 15ª Emenda); as mulheres brancas, em 1920 (através da 19ª Emenda);[26] e as mulheres negras, apenas em 1965, com a promulgação do sufrágio universal (através do Voting Rights Act de 1965). Os homens ganhavam o direito ao voto após servirem à nação em combate militar; alguns políticos acharam hipocrisia que homens negros fossem habilitados a lutarem pelo país e não poderem votar. Eis o motivo da concessão do direito ao voto, que, no caso dos homens negros, veio mais tarde do que para os demais homens americanos. *"Somos bons o suficiente para usar balas e não somos bons o suficiente para usar cédulas?"*,

---

[25] Uma curiosidade: o Partido Democrata defendia os interesses de ex-proprietários de escravos e tentou impedir a extensão do voto à população negra masculina do sul. O Partido Republicano defendeu a extensão do voto para homens negros livres (Davis, 2016, pp. 83; 89).

[26] Aqui cabe uma explicação: a 19ª Emenda concedeu direito ao voto a todas as mulheres. Contudo, os estados tinham autonomia para legislar. Naquele contexto, parte dos estados americanos estava sob as leis Jim Crow, leis estaduais e locais que impunham a segregação racial no sul dos Estados Unidos. Então, na prática, as mulheres negras americanas só conseguiram exercer o direito ao voto em 1965. Em alguns estados, o voto do homem negro era também dificultado pelas leis Jim Crow. O filme *Selma*, produzido em 2015, demonstra graficamente esse cenário e as ações empreendidas por ativistas negros como Martin Luther King Jr. para revertê-lo.

diziam as lideranças negras em congresso realizado em 1864, na cidade de Syracuse, no estado americano de Nova York.[27]

Segundo Newman (1999), a 15ª Emenda elevou o racismo no movimento sufragista a outro patamar:

> A cisão dentro do movimento pelo sufrágio da mulher branca após a Guerra Civil às vezes foi caracterizada em termos de um "colapso" de uma "unidade pré-guerra abolicionista dos direitos das mulheres e dos direitos dos negros", e os estudiosos argumentaram que esse colapso foi acompanhado por um "novo racismo dentro do movimento do sufrágio feminino (p. 65, tradução minha).

As sufragistas,[28] que por décadas argumentaram que as distinções raciais não deveriam ser relevantes para a concessão do direito ao voto, começaram a pensar sobre a cidadania em relação ao futuro da raça branca, quando, sobretudo, as questões globais começaram a moldar discussões domésticas sobre as questões das mulheres.

Koa Beck (2021) aponta que o movimento sufragista, além de lançar declarações racistas sobre a conquista do voto pelos homens negros, também prejudicou as mulheres negras:

> (...) esse movimento prejudicou profundamente as mulheres negras. Mesmo depois que o sufrágio feminino foi garantido em 1920, com a aprovação da Décima Nona Emenda, as leis Jim Crow,

---

[27] Disponível em: https://americanhistory.si.edu/blog/black-male-suffrage. Acesso em: 20 jun. 2022.

[28] A historiadora americana Stephanie Jones-Rogers afirma que as mulheres brancas, naquele contexto social, eram 40% dos proprietários de escravos no sul dos EUA. Disponível em: https://www.washingtonpost.com/nation/2019/08/02/they-were-her-property-brutal-southern-belles-who-benefited-american-slavery/. Acesso em: 01 out. 2023.

como os testes de educação formal, as *grandfathers clauses* [cláusulas do avô], as taxas de votação, bem como as ameaças de violência e a intimidação por parte da Ku Klux Klan tiveram sucesso em manter as mulheres negras fora das eleições por décadas (pp. 64-65).

Entre as décadas de 1870 e 1890, as sufragistas brancas usaram teorias da evolução para apoiar uma nova justificativa para sua suposta superioridade. As novas definições do que é ser uma cidadã fizeram uso de crenças mais antigas na superioridade moral das mulheres brancas, mas também se basearam em uma convicção crescente de que eram necessárias qualidades raciais de mulheres brancas para neutralizar a influência dos homens imigrantes e negros. As mulheres brancas de classe média não hesitaram em usar essa concepção de suas formas de superioridade moral de raça, classe e gênero para reforçar suas reivindicações.

O racismo no movimento sufragista americano vem de antes da concessão do direito ao voto para homens negros. Newman (1999) argumenta que as crenças na supremacia branca moldaram profundamente os argumentos e as estratégias das lideranças do movimento feminista de primeira onda. Na sua conhecida obra *Mulheres, raça e classe*, originalmente publicada em 1981, a filósofa comunista Angela Davis (2016) dedica um capítulo inteiro para discutir o racismo no movimento sufragista feminino.

No *The New York Times*,[29] o jornalista Brent Staples publicou, em 28 de julho de 2018, um texto intitulado "How the Suffrage Movement Betrayed Black Women", que confirma a tese de Beck (2021). Segundo Staples, historiadores como Elsa Barkley Brown, Lori Ginzberg e Rosalyn Terborg-Penn forneceram um retrato implacável do movimento sufragista, que é comumente negligenciado pelo feminismo

---

[29] Disponível em: https://www.nytimes.com/2018/07/28/opinion/sunday/suffrage-movement-racism-black-women.html. Acesso em: 20 jun. 2022.

contemporâneo. Elizabeth Cady Stanton, uma das principais articuladoras do movimento, é exposta pelos historiadores citados anteriormente como uma racista. Davis afirma, inclusive (2016, p. 79), que as declarações de Stanton são indiscutivelmente racistas. Stanton manifestou publicamente em discursos suas visões preconceituosas sobre homens negros, a quem ela caracterizou como *sambos*[30] e estupradores potenciais. Davis (2016) expõe trecho do conteúdo oportunista e racista da carta que Stanton enviou para o editor do *New York Standard* em 26 de novembro de 1865:

> Embora esta seja uma questão sobre a qual os políticos ainda vão se desentender por cinco ou dez anos, o homem negro continua, de um ponto de vista político, muito acima das mulheres brancas instruídas dos Estados Unidos. As mulheres mais representativas da nação deram o melhor de si nos últimos trinta anos para garantir liberdade para o povo negro; e, enquanto ele ocupou o ponto mais baixo da escala dos seres, nós estivemos dispostas a defender suas reivindicações; mas agora que o portão celestial dos direitos civis move lentamente suas dobradiças, uma questão séria que se coloca é se agimos bem ao nos afastarmos para ver "sambo" ser o primeiro a entrar no reino. (...) Na verdade, é melhor ser escrava de um homem branco instruído do que de um infame negro ignorante (...) (Stanton *et al.*, 1987 *apud* Davis, 2016, p. 79).

Sobre a conquista do direito ao voto pelos homens negros, Staples explica que

---

[30] A doutoranda libanesa Ruby Hamad (2020, pp. 156-157), em seu livro *White Tears/ /Brown Scars: How White Feminist Betrays Women of Color*, explica que "sambo" era um termo pejorativo usado para designar pessoas descendentes de indígenas e africanas; o termo vem do espanhol "zambo".

(...) pessoas razoáveis podem, é claro, discordar sobre os méritos de quem deve primeiro votar – mulheres ou homens negros. Stanton, em vez disso, embarcou em um discurso do tipo Klan contra a emenda. Ela alertou que as mulheres brancas seriam degradadas se os homens negros as precedessem na franquia. Historiadores admiradores descartaram isso como um interlúdio infeliz em uma vida exemplar. Em contraste, a historiadora Lori Ginzberg argumenta persuasivamente que o racismo e o elitismo eram características duradouras da constituição e filosofia da grande sufragista (tradução minha).

Anna Howard Shaw (1847-1919), outra grande sufragista americana, manifestou-se sobre a conquista dos votos pelos homens negros:

Vocês colocaram o voto nas mãos de seus homens negros, tornando-os superiores políticos às mulheres brancas. Nunca na história do mundo os homens fizeram de ex-escravos os senhores políticos de suas ex-proprietárias! (tradução minha)[31]

Para fazer coro com Stanton e Shaw, a sufragista Susan B. Anthony (1820-1906) também fez declarações públicas de tom racista e elitista,[32] incluindo apoio ao congressista escravagista James Brook.[33] Da perspectiva dessas ativistas, a 15ª Emenda ameaçava introduzir uma nova hierarquia baseada em gênero que ignorava distinções de educação, virtude e refinamento, qualidades que Stanton e Shaw acreditavam que existiam em maior grau e preponderância entre mulheres brancas devido ao

---

[31] Disponível em: https://www.edpost.com/stories/the-suffragettes-were-not-allies-to-black-women- they-were-racist. Acesso em: 09 jul. 2022.

[32] Davis, 2016, p.84.

[33] Brook era aliado das sufragistas pela conquista do voto feminino, mas era escravagista (Davis, 2016, p. 88).

Elitismo e Racismo no Movimento Sufragista

desenvolvimento mais "avançado" de sua raça. Segundo Newman (1999), os homens negros eram favoráveis ao sufrágio feminino (diferentemente das sufragistas brancas, que viam o voto do homem negro como ameaça):

> Como se viu, Stanton estava enganada em sua crença de que homens negros seriam mais hostis ao sufrágio das mulheres do que os homens brancos. Muitos homens negros viram a questão do sufrágio da mulher como outro componente de sua própria luta pela igualdade racial. Não houve resistência organizada ao sufrágio da mulher entre homens negros. (...) Muitos negros acreditavam que o sufrágio da mulher representava uma maneira para aumentar o poder político e o *status* dos negros em geral, uma vez que se presumiu, corretamente, que as mulheres negras votariam na aliança com homens negros, em vez de formar um grupo de interesse político com mulheres brancas (...) (p. 63, tradução minha).

Por sua vez, mulheres negras em geral percebiam os homens negros como aliados e protetores contra uma cultura racista; elas apoiaram a 15ª Emenda, pois consideravam o voto dos homens negros vantajoso para a comunidade negra.

Apesar dos momentos de cooperação inter-racial, entre as décadas de 1870 e 1920, o movimento feminista foi amplamente segregado. Muitas lideranças brancas rejeitavam as preocupações das mulheres negras – como miscigenação, estupro inter-racial e linchamento –, pois entendiam tais demandas como "questões raciais", irrelevantes para o principal objetivo do movimento feminista. Por exemplo, em 1921, Alice Paul,[34] presidente do National Woman's Party[35], recusou a demanda de Addie

---

[34] Newman, 1999, p. 6.

[35] O National Woman's Party foi uma organização política feminina formada em 1913 para defender o sufrágio feminino. Encerrou seu funcionamento com atividades

Hunton[36] (1866-1943), ativista negra, sobre a privação de direitos que atingiam mulheres negras do sul: Paul considerava mais apropriado que esse problema fosse encaminhado por uma organização racial, e não por uma organização feminista. A recusa de feministas brancas de pautar, dentro do partido,[37] as experiências específicas de opressão das mulheres negras indicava que o movimento feminista permaneceria predominantemente branco.

Situações como a descrita anteriormente motivaram o levante de mulheres negras antifeministas como Linda LaRue, Rennee Ferguson e Joyce Ladner:[38] "(...) mulheres negras mais veementes em seu antifeminismo foram as mais ferozes (...)" (hooks, 2022, p. 292). Bom, erradas elas não estavam...

Mary Church Terrell[39] (1863-1954), ativista americana negra e conservadora, acreditava que "as mulheres brancas agiam como cúmplices dos homens brancos nos linchamentos"[40] (hooks, 2022, p. 280):

---

apolíticas e sem fins lucrativos em 2020. National Woman's Party – Alice Paul Institute. Acesso em: 01 out. 2023.

[36] Addie Waites Hunton foi uma sufragista, ativista, escritora, organizadora política e educadora. Em 1889, tornou-se a primeira mulher negra a se formar no Spencerian College of Commerce. Disponível em: https://www.blackpast.org/african-american-history/hunton-addie-waites-1866-1943/. Acesso em: 01 out. 2023.

[37] hooks (2022) afirma que "(...) A mais militante facção do movimento de mulheres na década de 1920, o Partido Nacional da Mulher, era tanto racista quanto classista. Ainda que o partido tivesse se comprometido a trabalhar para conquistar a total igualdade para as mulheres, ele trabalhou ativamente para promover somente os interesses das mulheres brancas das classes média e alta. (...)" (hooks, 2022, p. 271).

[38] O leitor pode desconhecer as autoras citadas, pois não aparecem, com frequência, em fontes confiáveis. bell hooks (2022) cita esses nomes na obra *E eu não sou uma mulher?* para descrever e exemplificar as posições de mulheres negras que eram veementes em seu antifeminismo. Linda LaRue foi autora da obra *Black Liberation and Women's Lib.* Renee Ferguson foi autora da obra *Women's Liberation Has a Different Meaning for Blacks.* Joyce Ladner foi autora de *Tomorrow's Tomorrow.*

[39] Com a ajuda de Nannie Helen Burroughs e Ida B. Well, Terrell estabeleceu a Associação Nacional de Mulheres de Cor, em 1896.

(...), mas que tremenda influência para a lei e a ordem, e que poderoso adversário para a violência coletiva seriam as mulheres brancas do Sul, se elas se erguessem na pureza e no poder de sua mulheridade, para implorar o pai, ao marido e aos filhos que não mais manchassem as mãos com o sangue do homem negro (Terrel, 1912 *apud* hooks, 2022, p. 268).

A jornalista e sufragista negra Josephine St. Pierre Ruffin (1842-1924)

(...) tentou trabalhar com organizações de mulheres brancas e descobriu que as mulheres negras não poderiam depender do incentivo de mulheres brancas racistas para participar totalmente do movimento de reforma das mulheres (hooks, 2022, p. 258).

Nos anos 1980, feministas negras como bell hooks e Angela Davis denunciaram como o feminismo levava em consideração apenas experiências de mulheres brancas de classes média e alta como normas, e as mulheres negras e da classe trabalhadora eram tratadas como figuras marginais. Newman (1999) argumenta que para as ativistas brancas as ativistas negras serviram como uma promessa de que seria possível "melhorar" a raça negra e como uma indicação de que restrições físicas de feminilidade vivenciadas pelas mulheres brancas imobilizadas podiam ser superadas. Por exemplo, o famoso discurso da abolicionista cristã Sojourner Truth (1797-1883),[41] *E eu não sou uma mulher?*, foi "ficcionalizado" pela feminista branca Frances Dana Gage (1808-1884).

---

[40] O jornalista Ben Railton considera que as mulheres tiveram uma participação ativa nos linchamentos empreendidos contra negros. Disponível em: https://www.saturdayeveningpost.com/2019/03/considering-history-the-role-of-women-in-the-lynching-epidemic/. Acesso em: 01 out. 2023.

[41] Sojourner Truth foi uma extraordinária abolicionista e ativista pelos direitos das mulheres. Nasceu Isabella Baumfree em 1797, Ulster County, Nova York; foi escrava

Em *E eu não sou uma mulher? Mulheres negras e feminismo,*[42] bell hooks (2022) retoma o contexto do famoso discurso da abolicionista Sojourner Truth:

> quando Sojourner Truth se colocou diante da segunda convenção anual do movimento pelos direitos das mulheres, em Akron, Ohio, em 1852, as mulheres brancas que julgavam ser inadequado para uma mulher negra falar em uma plataforma pública na presença delas gritaram: "Não a deixem falar! Não a deixem falar! Não a deixem falar!" (p. 252).

Ainda segundo hooks (2022),

> (...) o movimento do século XIX pelo direito das mulheres poderia ter proporcionado um fórum para as mulheres negras abordarem suas queixas, mas o racismo das mulheres brancas barrou a participação delas por completo no movimento (p. 255).

O que bell hooks deixou de mencionar, assim como várias feministas negras,[43] é que o discurso de Truth foi alterado por Gage. A respeitadís-

---

até 1826, quando fugiu. Adotou o nome Soujourner Truth em 1843, quando se tornou cristã metodista. Percorreu os EUA falando contra a escravidão e se juntou à Northampton Association of Education and Industry, uma das paradas da Underground Railroad. A associação defendia a abolição da escravatura, os direitos das mulheres, a tolerância religiosa e o pacifismo. Em Massachusetts, ela conheceu William Lloyd Garrison e Frederick Douglass.

[42] Essa obra foi publicada originalmente em 1981. bell hooks (2019), em *Erguer a voz: pensar como feminista, pensar como negra*, afirma que, na época da publicação original de *E eu não sou uma mulher?*, raça não era um assunto popular entre feministas (p. 306). Ela conta que o manuscrito foi rejeitado por inúmeras editoras e só foi aceito quando feministas brancas decidiram que era hora de falar sobre questão racial (p. 310).

[43] Eu li, pelo menos, uma obra das principais teóricas do feminismo negro americano e brasileiro. Entre as autoras lidas por mim, a única que citou a problemática das versões

sima historiadora americana e professora da Universidade de Princeton, Nell Irvin Painter (1996), em sua obra *Sojourner Truth: a Life, a Symbol*, argumenta que Gage inventou o dialeto atribuído a Truth para transformá-la em uma heroína negra com conotações folclóricas, o que transcendeu as imitações físicas e psicológicas da feminilidade branca comum:

> "Não sou uma mulher?" foi uma invenção de Gage. Se Truth tivesse dito isso várias vezes em 1851, como no artigo de Gage, Marius Robinson, que estava familiarizado com a dicção de Truth, certamente teria notado. Mesmo se ele fosse um mau entendedor, poderia ter errado uma vez, talvez até duas. Mas não quatro vezes, como no relatório de Gage. Esta questão retórica insere a negritude no feminismo e o gênero na identidade racial. Uma das poucas mulheres negras regulares no circuito feminista e antiescravista, Truth estava fazendo no relatório de Gage o mesmo trabalho simbólico de sua presença pessoal nessas reuniões: ela era o pivô que ligava duas causas – das mulheres (presumivelmente brancas) e de negros (supostamente homens) – através de um corpo feminino negro. Uma frase resume o significado da emblemática Sojourner Truth hoje: "não sou uma mulher?" (p. 171, tradução minha).

Fisicamente, a versão de Truth criada por Gage era de uma mulher negra alta, enorme e imponente, com vestido cinza e turbante branco sob um chapéu rústico. Essa caracterização física, associada com a repetição da frase "não sou uma mulher?", capturou e seduziu a audiência progressista[44] que lia os textos de Gage.

---

do discurso de Truth foi a filósofa Djamila Ribeiro, no seu famoso livro *O que é lugar de fala?*, publicado em 2017.

[44] É essencial dizer que a versão real de Truth era extraordinária. Não havia necessidade de criar uma versão! Ela exibia uma vitalidade incomum entre os ex-escravos; era uma mulher que confiava nos dons do Espírito Santo. A versão criada por Gage excede

Mulheres que o Feminismo não Vê

É interessante notar que Gage não apenas mudou todas as palavras de Truth, mas escolheu representá-la com uma versão estereotipada do sotaque comum entre os escravos negros do sul dos EUA, em vez do distinto sotaque dos descendentes de holandeses[45] que viviam no estado de Nova York, região em que Truth vivia (ela foi escravizada por colonos holandeses; o holandês era sua primeira língua, e estudiosos indicam que ela falava com sotaque holandês[46]). As ações de Frances Gage foram premeditadas e serviram ao movimento pelo sufrágio na época; no entanto, para os padrões éticos de jornalismo, suas ações foram uma deturpação grosseira das palavras e da identidade de Sojourner Truth. Ao mudar as palavras de Truth e seu sotaque para o de uma escrava estereotipada do sul, Frances Gage efetivamente apagou a herança holandesa de Truth; mas esse trabalho colocou Gage na vanguarda[47] do progressismo americano.

Painter (1996) afirma que não é possível saber exatamente o que Truth disse na convenção em Akron. Contudo, ela aponta que historiadores profissionais tendem a julgar que a versão, plenamente disponível em inglês, do reverendo Marius Robinson (1806-1878), que estava na audiência da Convenção dos Direitos da Mulher em Akron, é a mais confiável, por ter sido elaborada em data mais próxima daquela em que Truth discursou originalmente. Admiradores contemporâneos inclusive teóricas feministas internacionalmente reconhecidas e referenciadas

---

nas doses de drama e transforma o discurso original de Truth em um espetáculo sensacionalista quatro vezes mais longo que o original (Painter, 1996, p. 169).

[45] The Sojourner Project fez gravações com mulheres negras descendentes de holandeses, como Sojourner Truth, na intenção de trazer mais autenticidade ao discurso de Truth. Disponível em: https://www.thesojournertruthproject.com/the-readings. Acesso em: 01 out. 2022.

[46] Disponível em: https://www.loc.gov/exhibits/odyssey/educate/truth.html – %3A~% 3Atext%3DDutch%20was%20her%20first%20language%2Cof%20the%20Bible%20 by%20heart. Acesso em: 01 out. 2022.

[47] Painter, 1996, p. 175.

– preferem adotar a versão de Gage, mesmo tendo sido escrita em 1863, doze anos após o discurso de Truth.[48] É necessário notar que Marius Robinson e Sojourner Truth eram bons amigos e foi documentado que eles revisaram a transcrição de seu discurso antes de publicá-lo. Pode-se inferir dessa reunião pré-impressão que, mesmo que ele não tenha capturado todas as palavras de Truth, ela deve ter abençoado sua transcrição e dado permissão para imprimir seu discurso no *Anti-Slavery Bugle*,[49] um jornal abolicionista de Ohio, que funcionou entre 1845 e 1965.

O apagamento da verdadeira fala de Truth por uma feminista branca sustenta os apontamentos de hooks (2019b), que denunciam o silenciamento de mulheres negras por parte de feministas brancas:

> (...) Nossa presença nas atividades do movimento não contava, pois as mulheres brancas estavam convencidas de que a "verdadeira" negritude significava falar o dialeto dos negros pobres, ter baixa instrução, se comportar como quem cresceu nas ruas e uma porção de outros estereótipos. (...) **Éramos ouvidas apenas se nossa fala ecoasse os sentimentos ligados ao discurso dominante** (p. 41, destaques meus).

O movimento sufragista britânico não tem referências muito distintas do americano em relação à reprodução do racismo. Embora o movimento britânico não fosse tão explicitamente discriminatório quanto o americano, havia – como ainda há – racismo. Na Inglaterra, o movimento sufragista estava em seu auge ao mesmo tempo que o Império Britânico estava em seu auge; as visões imperialistas muitas vezes se infiltravam em suas fileiras.

---

[48] Painter, 1996, p. 174.

[49] Informação obtida no site do The Sojourner Truth Project: https://www.thesojourner truthproject.com/compare-the-speeches/. Acesso em: 12 jun. 2022.

Webb (2020) identifica uma forte corrente de preconceito antissemita na WSPU. Emmeline Pankhurst foi uma ferrenha defensora do imperialismo britânico e conduziu suas ações ativistas não apenas pelas injustiças contra as mulheres, mas também pelo dano que o governo causou à raça. Segundo Webb (2020), sua filha Christabel[50] chegou a usar o jornal da WSPU para pedir o envio de residentes britânicos nascidos na Alemanha aos campos de concentração. Depois da Primeira Guerra Mundial, o ativismo da família Pankhurst tinha por vezes uma entonação claramente antissemita. A sufragista americana Alice Paul recebeu influência direta de Pankhurst.

Todo o histórico de racismo e elitismo do movimento feminista exibido aqui pode parecer, para aqueles com pouca boa vontade, que se trata de devaneio de uma mulher negra conservadora. E não é! Os apontamentos foram apesentados com referências bibliográficas de acadêmicos de várias regiões do globo, incluindo acadêmicas feministas. Para encerrar este capítulo, trago uma citação de autoras vinculadas à vertente do feminismo marxista que reconhecem o passado racista do movimento: "as feministas para os 99% reconhecem abertamente essa vergonhosa história e estão determinadas a romper com ela (...)" (Arruzza; Bhattacharya; Fraser, 2019, p. 77). A luta pelo sufrágio assumiu um tom racista, concordando com a supremacia branca – e abandonando os interesses das mulheres negras e pobres –, quando se tornou politicamente conveniente fazê-lo. Essa traição de confiança abriu uma brecha entre feministas negras e brancas que persiste até hoje.

---

[50] Segundo Campagnolo (2021), Emmeline e Christabel estavam tão empenhadas em sua batalha ideológica que expulsaram a filha/irmã Sylvia da WSPU e enviaram a outra filha/irmã Adela para a Austrália.

CAPÍTULO 2

Mulheres sem o "Problema Sem Nome" — Classe & Raça

"Como muitas mulheres negras e outras mulheres de cor viam as mulheres brancas de classes privilegiadas beneficiando-se economicamente dos ganhos feministas na força de trabalho mais do que qualquer outro grupo, isso simplesmente reafirmou que o feminismo era uma coisa de mulher branca." (*bell hooks, em* Where We Stand: Class Matters)

"Se o 'feminismo' é apresentado como a mais nova tendência entre mulheres da elite como Beyoncé, essa mesma lógica também funciona em outro sentido: as mulheres de elite são, e sempre foram, quem criam as tendências no feminismo." (*Koa Beck, em* Feminismo branco: das sufragistas às influenciadoras e quem elas deixam para trás)

A primeira onda do feminismo tratou da luta pela conquista do direito ao voto. Uma vez que esse direito foi concedido, o movimento feminista precisou se reinventar e estabelecer novas pautas e frentes de atuação. O momento de reestruturação foi marcado por esvaziamento do ativismo organizado;[1] há quem afirme que o feminismo vacilou e quase desapareceu durante os anos da Grande Depressão e da Segunda

---

[1] Saffioti, 2013.

Guerra Mundial.[2] O ponto é que a energia das ativistas feministas foi, primeiramente, cooptada pelo consumismo da era do *jazz* (1920- 1930)[3] e, depois, enterrada em décadas de depressão econômica e guerra.

O feminismo precisou, então, ser reorganizado; assim surgiu a segunda onda do movimento, também chamada de neofeminismo por algumas estudiosas[4] e de Movimento de Libertação das Mulheres por outras,[5] e que cobre o período entre metade das décadas de 1940 e 1980. Foi um momento de solidificação dos direitos concedidos na primeira onda e de reflexão e ação política de mulheres contra "as barreiras invisíveis que as impediam de transformar tais direitos em conquistas reais" (Toste; Sorj, 2021, p. 111).

Impulsionado pelas condições do trabalho fabril feminino e perspectivas emancipacionistas, o feminismo de segunda onda objetivou: a) afirmar novas reivindicações e demandas de direitos; b) interrogar os domínios do político; e c) abordar dois aspectos da vida feminina: o produtivo e o reprodutivo. O ativismo de segunda onda, cujo mote era "o pessoal é político",[6] dá continuidade às expectativas das feministas de primeira onda, acrescentando

> (...) a questão da autonomização da sexualidade feminina; a maternidade não é o único horizonte das mulheres e, mais ainda, o

---

[2] *O livro do feminismo*, 2019.

[3] O sociólogo alemão Theodor Adorno (1903-1969) critica toda música popular de sua época; o *jazz* é criticado de maneira radical em razão de sua mercantilização cultural.

[4] Fougeyrollas-Schwebel, 2009.

[5] Davis, 2016.

[6] O "pessoal é político" é um slogan político utilizado pelo movimento feminista durante sua segunda onda. Refere-se à ideia de transformar os problemas pessoais das mulheres em problemas sociais e políticos; o que acontece no privado precisaria ser politizado, entendido como problema que atinge a todas as mulheres. Naquele contexto, o slogan foi entendido como um desafio à família nuclear e aos valores familiares. A frase foi cunhada pela feminista Carol Hanisch.

desejo da 'não maternidade', após o advento da contracepção feminina – a pílula começa a ser acessível na metade dos anos 60 –, começa a se exprimir de maneira positiva e não mais como uma carência (Fougeyrollas-Schwebe, 2009, p. 145).

Nesse período, a radicalização do feminismo atingiu o ápice: estabeleceu a batalha contra o patriarcado, desafiou a construção social da feminilidade e promoveu duras críticas à família tradicional. Ativistas como a intelectual australiana Germaine Greer (1939-), a feminista americana Kate Millett (1934-2017), a feminista canadense Shulamith Firestone (1945-2012), a feminista marxista russa Alexandra Kollontai (1872-1952) e a filósofa francesa Simone de Beauvoir (1908-1986) são nomes importantes para orientar o feminismo de segunda onda, cuja influência permanece até hoje. A discussão intelectual promovida na segunda onda deixou como legado diversos conceitos como gênero, patriarcado, teto de vidro e divisão sexual do trabalho.[7]

Germaine Greer é autora do livro *A mulher eunuco*, publicado originalmente em 1970, uma das obras-chave para o ativismo feminista. Com uma linguagem sexual apelativa, a tese central de Greer é de que as mulheres são social, sexual e culturalmente castradas. Na obra, ela defende que as mulheres questionem padrões sociais, desafiem instituições como o casamento e se libertem sexualmente.

Kate Millett é autora do livro *Sexual Politics*, obra fundamental para se compreender a segunda onda feminista. Com um paroquialismo típico de classe média e um agudo desleixo metodológico,[8] a obra traz uma

---

[7] Toste; Sorj, 2021, pp. 111-112.

[8] O problema metodológico da obra é igualar o sexo à categoria classe, na tentativa de produzir uma teoria feminista à luz do marxismo. Tratar o sexo como uma classe por si só tende a obscurecer a classe econômica – junto com raça e sexualidade. Millett, assim como outras feministas, ignorava as diferenças cruciais entre mulheres – negras e brancas, trabalhadoras e ricas – em nome da ideia ficcional de "Irmandade". O crítico

análise do poder patriarcal sob a égide da teoria marxista e apresenta a noção de que os homens institucionalizaram o poder sobre as mulheres, e que esse poder é socialmente construído; apresenta contribuição para a definição da dominação masculina como uma forma política e institucional de opressão. Em *E eu não sou uma mulher?*, bell hooks (2022) considera o livro de Millett um trabalho de quase quinhentas páginas que é "de várias maneiras, extremamente pedante" (p. 33). Subscrevo a opinião de bell hooks. A teoria apresentada por Millett é o fundamento para uma nova vertente do pensamento feminista que ficou conhecida como feminismo radical. Millett defendia a libertação sexual, a abolição da família nuclear e do casamento e a legalização do aborto.

Seguindo a tendência do feminismo radical, Shulamith Firestone publicou, em 1970, *The Dialectic of Sex: The Case for Feminist Revolution*, considerada um clássico da segunda onda. Conhecida como a "bola de fogo" por seu ativismo abrasado, Firestone apresentou, na obra, uma reinterpretação de Karl Marx, Friederich Engels e Sigmund Freud para argumentar que um "sistema de classes sexuais" era mais profundo do que qualquer outra divisão social ou econômica; a erradicação do sexismo demandaria uma profunda reorganização social. A obra foi dedicada a Simone de Beauvoir.

Para Firestone, a estrutura familiar tradicional estava no centro da opressão das mulheres. Exigir leis e proteção igual para as mulheres dentro do sistema político existente era um interesse ultrapassado para a autora: ela desejava demolir completamente o sistema existente e substituí-lo por um radical. Defendia também a eliminação das diferenças – não desigualdades! – de gênero; em sua visão, a eliminação do privilégio masculino era insuficiente.

---

literário americano Irving Howe (1920-1993) foi um dos críticos mais rígidos de Millett,, acusando a obra *Sexual Politics* de reducionismo histórico, simplificação grosseira e monismo sexual.

Mulheres sem o "Problema Sem Nome" — Classe & Raça

A tese de Firestone é de que as origens da opressão das mulheres estão na biologia, no fato de que são as mulheres e não os homens que gestam. A solução encontrada por ela é revolucionária: se a biologia que é o problema, então a biologia deve ser alterada, através de uma intervenção tecnológica que teria como fim a remoção completa do processo reprodutivo do corpo das mulheres. Sua proposta incluía o desenvolvimento de úteros artificiais e a abolição da família nuclear. O radicalismo da obra é tão acentuado que a única explicação para tanto são os rompantes juvenis da autora (Firestone tinha 25 anos quando escreveu a obra e sofria de esquizofrenia).

Ironicamente, Firestone abandonou o movimento feminista à época que o livro *The Dialectic of Sex: The Case for Feminist Revolution* foi publicado, alegando conflitos de personalidade e o elitismo dentro do movimento.[9] Mesmo com a participação de representantes do marxismo, o movimento feminista não foi capaz de empreender efetiva mudança em relação aos privilégios de classe.[10] A obra de Firestone foi considerada crucial para a segunda onda, mas hoje em dia é tida como ultrapassada pela grande maioria das vertentes feministas.

Em 1907, na Primeira Conferência Internacional de Mulheres realizada em Stuttgart (Alemanha), Alexandra Kollontai expressou, como uma das conclusões da Revolução de 1905, a necessidade do desenvolvimento da agitação e da propaganda entre as mulheres russas. A revista *Rabôtnitsa*, que contava com Kollontai em seu conselho editorial, publicou sua primeira edição em 16 de março de 1914. A edição relatava uma tendência à passividade, ausência de iniciativa e de perseverança na luta, indiferença geral pela vida pública e baixa alfabetização política entre as mulheres trabalhadoras.[11]

---

[9] Halbert, 2004, p. 117.
[10] hooks, 2019b, p. 103.
[11] Torre *et al.* 2022.

Na qualidade de Comissária do Povo para a Proteção Social do governo soviético,[12] Alexandra Kollontai lutou pelo direito ao voto, ao aborto e ao divórcio, salários iguais para homens e mulheres e creches públicas. Defendia o amor livre, desconectado das implicações materiais existentes na instituição casamento. Com a obra *Revolução sexual e a revolução socialista*, Kollontai também é peça-chave para o ativismo feminista. Seu ativismo lembra, em certa medida, o ativismo da feminista americana Charlotte Perkins Gilman, que também propunha "creches--escola e grandes refeitórios que retirassem de cada mulher individual a tarefa cotidiana de reprodução da vida" (Toste; Sorj, 2021, p. 115).

Greer, Kollontai, Millett e Firestone receberam, direta ou indiretamente, influência de Simone de Beauvoir. Na clássica obra *O segundo sexo*, Beauvoir traz contribuições basilares para a formação do novo pensar feminista. No segundo volume da obra, Beauvoir analisa as experiências das mulheres desde a infância; coloca o casamento, a maternidade e a sexualidade sob uma perspectiva filosófica. É nessa parte da obra que Beauvoir exibe sua tese central: as mulheres não nascem femininas, pois a feminilidade é socialmente construída. Para a filósofa, a menina é ensinada a renunciar à própria autonomia para se conformar num mundo intestinamente masculino.

Filiada à corrente de pensamento conhecida como existencialismo,[13] Beauvoir dialogava com o marxismo e acreditava na liberdade individual de escolher o próprio caminho. Para ela, as mulheres devem bus-

---

[12] O primeiro governo bolchevique afirmou o desejo de criar uma rede de creches, jardins de infância, lavanderias e cantinas para libertar as mulheres das tarefas domésticas. Disponível em: https://www.esquerda.net/dossier/kollontai-comissaria-do-povo-para-protecao-social-numa-revolucao-feminista/80094. Acesso em: 18 de out. 2023.

[13] Beauvoir foi casada com o filósofo francês Jean-Paul Sartre (1905-1980), o principal representante do existencialismo. O pensamento de Sartre inspirou jovens a desafiarem atitudes tradicionalistas e autoritárias dominantes na França nas décadas de 1950 e 1960; é citado ainda como influência crucial nos protestos de Paris de maio de 1968.

car autonomia e liberdade por meio de um trabalho gratificante, uma atividade intelectual produtiva e liberdade sexual, além de justiça social e econômica.

O entendimento do trabalho como meio para obtenção da autonomia e da liberdade feminina passou a ecoar. O filósofo e socialista utópico francês Charles Fourier (1772-1837), que cunhou o termo feminismo, defendia uma nova ordem mundial baseada em autonomia corporativa por homens e mulheres em condições de igualdade. Fourier acreditava que todo trabalho deveria ser aberto às mulheres; sua proposição se espalhou rapidamente pela Europa e pelos Estados Unidos. Na Inglaterra, feministas passaram a reivindicar igualdade salarial. Na Itália, argumentavam que o trabalho das mulheres no lar deveria ser remunerado.

As feministas de segunda onda acreditavam que as mulheres eram condicionadas socialmente a ocuparem determinados espaços sociais em razão de sua condição biológica; o ativismo apoiou-se então na ação de romper esse entendimento. Para elas, o patriarcado – sistema político e social universal de poder do homem sobre a mulher – era a principal arma de opressão contra as mulheres, capaz de preservar o domínio do masculino na esfera pública e na força produtiva:

> No século 20, a mulher trabalhadora (negra, branca, imigrante etc.) ampliava sua participação nas lutas de classe e na organização política e sindical. Enfrentava-se o discurso conservador que preconizava um destino natural para a mulher: ser mãe e esposa, mantendo o conceito de família como instituição básica e universal (Nogueira, 2022, p. 7).

A ressignificação do papel da mulher estendeu-se da força produtiva para a sociedade em geral: passou-se a questionar as funções sociais da mulher. O movimento feminista, com apoio de intelectuais como o filósofo irlandês William Thompson (1775-1833), passou a reivindicar que as mulheres fossem libertadas da "escravidão doméstica".

O feminismo passou a compreender o exercício das funções de mãe e esposa como escravidão doméstica, que só poderia ser rompida com o ingresso das mulheres nas posições de poder e prestígio da força de trabalho (a presença feminina era maior em trabalhos precários). O questionamento das feministas estava conectado ao fato de que a maioria das mulheres que trabalhavam fora de casa era motivada pela necessidade de subsistência, não pelo interesse em se tornarem profissionais ou desenvolverem uma carreira. A partir desse momento, podemos identificar uma subversão que estabeleceu o novo "inferior" para as mulheres: o ambiente doméstico passou a ser depreciado, e a esfera pública passou a ser supervalorizada. Como afirmou Chesterton (2013),

> (...) a mulher assinou a sua rendição pública ao homem. Admitiu séria e oficialmente que o homem sempre tivera razão; que a casa pública (ou parlamento) era de fato mais importante do que a casa privada; que a política não era (como as mulheres sempre sustentaram) uma desculpa para beber cerveja, mas uma solenidade sagrada perante a qual as novas adoradoras deveriam ajoelhar-se; que os patriotas tagarelas das tabernas não eram só admiráveis, mas também invejáveis (...) (p. 127).

Na década de 1950, durante a Guerra Fria (1947-1991) entre os Estados Unidos e a União Soviética – e seus aliados –, o cultivo de uma família nuclear perfeita em conjunto com uma imagem idealizada de uma dona de casa suburbana feliz foi parte de uma batalha ideológica maior entre os dois países. Com isso, as mulheres, especialmente as mulheres brancas das classes média e alta, entraram armadas nessa batalha para representar uma sociedade americana superior que idealizava a feminilidade e a vida familiar; as feministas entendiam que se esperava que as mulheres vivessem em regozijo com a própria feminilidade sem ousar vislumbrar outras possibilidades:

> (...) Os especialistas lhes explicavam como fisgar e manter um homem, como amamentar os filhos e fazer o desfralde; como lidar com a rivalidade entre irmãos e a rebeldia adolescente; como comprar uma lava-louça, assar pão, cozinhar escargots e construir uma piscina com as próprias mãos; como se vestir, aparentar e agir de forma mais feminina e tornar o casamento mais excitante; como evitar que o marido morresse jovem e que os filhos virassem delinquentes. Ensinavam-lhes a ter pena das mulheres neuróticas, masculinizadas e infelizes que queriam ser poetas, físicas ou presidentas. Aprendiam que as mulheres realmente femininas não desejavam carreira, educação superior, direitos políticos (...) (Friedan, 2021, p. 13).

Mas as feministas estavam comprometidas com a desconstrução dos papéis sociais que colocavam as mulheres nesse cenário. A fuga materna em massa do lar passou a ser o maior objetivo feminista. Um novo problema foi instalado.

2.1. O "problema sem nome"

> "Não podemos mais ignorar a voz dentro das mulheres que diz: 'Quero algo mais que meu marido, meus filhos e meu lar'." (Betty Friedan, 2021, p. 33)

Durante a Segunda Guerra Mundial (1939-1945), quando milhões de homens foram para a linha de combate, as mulheres assumiram muitas das carreiras dominadas por eles, preenchendo papéis importantes na vida pública; precisaram abandonar, por força das circunstâncias, valores tipicamente vitorianos. As mulheres foram convocadas por governos para suprir a falta de contingente no mercado de trabalho: "(...) primeiro, para tarefas e ofícios administrativos; depois, produção de bens de consumo; por fim, trabalho em indústrias de bens intermediários" (Creveld, 2023, p. 119). Depois da guerra, os homens voltaram, e as mulheres desistiram desses papéis para retornarem às funções de esposas e mães bondosas e delicadas em tempo integral. Os subúrbios americanos[14] cresciam. Os homens que retornavam da guerra esperavam que as mulheres estivessem à sua disposição e esperavam delas total devoção e carinho. Por sua vez, as mulheres também compartilhavam a mesma perspectiva. Pelo menos, esse era o entendimento da psicóloga feminista americana Betty Friedan (1921-2006), responsável por difundir o conceito conhecido como "mística feminina":

> A mística feminina diz que a coisa mais valiosa para as mulheres, e a única com a qual devem estar comprometidas, é a realização

---

[14] Em 1947, William Levitt viu a oportunidade da empresa da família – a Levitt & Sons, fundada em 1929 por seu pai, Abraham, e seu irmão, Alfred – construir moradias para atender à demanda dos milhões de soldados que retornavam ao país após o fim da Segunda Guerra Mundial com o desejo de comprar uma residência para suas famílias. Foi nesse cenário que os Levitt adquiriram o terreno de uma antiga fazenda de cebolas de cerca de 1 mil acres em Long Island (Nova York), a aproximadamente 40 quilômetros de Manhattan (Nova York), e deram início ao seu projeto de edificar 17 mil habitações Para isso, a companhia adaptou o modelo criado por Henry Ford para montar seus automóveis, com a divisão dos processos construtivos em 27 etapas distintas.Casas similares dispostas ao longo de uma rua tranquila e separadas por jardins bem-cuidados forneciam a imagem e o conceito de uma comunidade planejada e segura erguida próxima a grandes centros urbanos; assim difundiu-se o conhecido subúrbio americano, que difere do conceito de subúrbio brasileiro: o primeiro é um local predominantemente de classe média branca e o segundo, de camadas populares pretas e pardas. Disponível em: https://somoscidade.com.br/2021/05/levittown-o-modelo-fordista-de-fazer-suburbios-dos-estados-unidos/. Acesso em: 28 fev. 2024.

de sua própria feminilidade. Segundo ela, o maior erro da cultura ocidental durante a maior parte de sua história foi a desvalorização dessa feminilidade. Diz que a feminilidade é tão misteriosa e intuitiva e próxima da criação e da origem da vida que a ciência do homem talvez nunca consiga compreendê-la. Mas apesar de especial e diferente, não é de maneira nenhuma inferior à natureza do homem; pode até ser, em alguns aspectos, superior. O erro, diz a mística, a raiz dos problemas femininos no passado é o fato de as mulheres invejarem os homens, tentarem ser como eles, em vez de aceitar a própria natureza, que encontra satisfação apenas na passividade sexual, na dominação masculina e no amor maternal (2021, p. 46).

Angela Davis (2016), em *Mulheres, raça e classe*, afirma que o cenário que Friedan denominou como mística feminina tem raízes nas "(...) condições sociais da burguesia e das classes médias, a ideologia do século XIX estabeleceu a dona de casa e a mãe como modelos universais de feminilidade" (p. 231).

No início do século XX, o ideário da mística feminina foi largamente difundido entre as revistas femininas, corporações, escolas e várias instituições da sociedade americana. A construção da chamada imagem feminina teria beneficiado anunciantes e grandes corporações muito mais do que ajudado famílias e crianças. As mulheres, assim como qualquer outro ser humano, naturalmente queriam aproveitar ao máximo seu potencial. Para Friedan, essas instituições eram responsáveis por pressionar implacavelmente as meninas a se casarem jovens e se encaixarem numa imagem feminina pré-fabricada.

Na clássica obra feminista *A mística feminina*,[15] publicada originalmente em 1963, Betty Friedan (2021) explica como foi construída e

---

[15] Apesar de não ser um tratado sociológico ou um manifesto político, o livro é considerado o clássico fundador da segunda onda do feminismo e é até hoje apontado como um precursor do movimento feminista contemporâneo.

Mulheres que o Feminismo não Vê

mantida a norma social que, segundo sua visão, define a mulher a partir de uma existência oca, consumista e devotada ao lar, ao marido e aos filhos, à qual ela estaria predestinada em razão do seu sexo – a mística feminina.

A obra expõe a tensão entre a realização pública e a domesticidade, e a raiva internalizada que muitas mulheres de classe média sentiam. Friedan aproveitou essa discórdia e se alavancou como uma grande liderança feminista nos anos 1960 e 1970. A autora argumenta que a mística feminina era reproduzida por homens e mulheres:

> A dona de casa suburbana era o sonho de toda jovem estadunidense e causava inveja, diziam, em mulheres ao redor do mundo. A dona de casa estadunidense, libertada, pela ciência e pelos eletrodomésticos modernos, do trabalho duro, dos riscos do parto e das doenças de suas avós, era saudável, bonita, educada, preocupada apenas com o marido, os filhos e o lar. Havia encontrado a verdadeira realização feminina. Dona de casa e mãe, era respeitada como parceira completa e em pé de igualdade com o marido no mundo dele. Era livre para escolher automóveis, roupas, eletrodomésticos, supermercados e tinha tudo o que as mulheres sempre sonharam (p. 16).

Articulando o conceito de mística feminina a uma pesquisa realizada com suas antigas colegas do Smith College,[16] Friedan identificou um sintoma social que implicava uma infelicidade generalizada, a que denominou "problema sem nome". Betty Friedan observou a infelicidade de muitas donas de casa que estavam tentando se encaixar na ima-

---

[16] Smith College é uma faculdade privada de Artes Liberais para mulheres, fundada em 1871, localizada em Northampton, Massachusetts. Friedan cursou a graduação em psicologia nessa instituição; formou-se em 1942. Gloria Steinem, outra feminista importante para a segunda onda, também se graduou por essa instituição em 1956.

gem criada pela mística feminina e apresentou pesquisas que mostraram que o cansaço das mulheres era resultado do tédio. O "problema sem nome" foi uma das ideias mais influentes na década de 1960, que acabou levando a um renascimento do movimento feminista nos EUA.

Segundo Friedan, um vazio existencial acometia as mulheres americanas. Esse vazio não poderia ser suprido por um casamento perfeito, pelo alto padrão de vida ou por filhos, e teria elevado os índices de alcoolismo e transtornos mentais nos Estados Unidos após a Segunda Guerra.

> Cada dona de casa suburbana lidava com ele [o problema sem nome] sozinha. Enquanto arrumava as camas, fazia compras, escolhia o tecido para forrar o sofá, comia sanduíches de pasta de amendoim com as crianças, fazia as vezes de motorista de escoteiros, deitava ao lado do marido à noite... temia fazer a si mesma a pergunta silenciosa: "Isso é tudo?" (Friedan, 2021, p. 13).

Friedan entendia que o "problema sem nome" seria solucionado se as mulheres se tornassem participativas na força produtiva. Em sua perspectiva, quando as mulheres ignoraram seu potencial, o resultado não foi apenas uma sociedade ineficiente, mas também uma infelicidade generalizada, incluindo depressão e suicídio. Estes, entre outros sintomas, eram efeitos graves causados pelo "problema sem nome".

A premissa revolucionária de *A mística feminina* – de que as mulheres poderiam, e deveriam, ser mais do que donas de casa e mães em tempo integral – parece tão datada que é quase pitoresca e ajudou a difundir "(...) a notícia de que a maternidade não é um objetivo profissional adequado para as mulheres instruídas" (Venker; Schlafly, 2015, p. 127). Mas sua subversividade duradoura não é mera coincidência. Em alguns círculos, a obra foi criticada por minar a estrutura familiar tradicional; em outros, foi criticada por não a minar o suficiente.

Embora Friedan tenha sido creditada por ajudar a fundar o movimento feminista de segunda onda, algumas ativistas a consideravam mansa demais para liderar uma revolução. Friedan não queimava sutiã, afinal! Ela depilava as pernas, usava maquiagem, vestia-se com estilo, não mostrava a hostilidade habitual que outras feministas tinham em direção aos homens (mas nunca escondeu sua lesbofobia,[17] chegando a tipificar as mulheres lésbicas como *lavender menace*[18]) e, segundo reportagem da revista *Time* publicada em 2000,[19] insistiu que não era necessário renunciar à feminilidade para alcançar a igualdade entre os sexos. Diz-se que Friedan expressou que gostaria de ter a seguinte frase em sua lápide:[20] *"Ela ajudou mulheres a se sentirem melhores por serem mulheres e, portanto, mais capazes de amar livre e plenamente os homens"*.[21]

E as críticas não pararam por aí.

---

[17] Barbara Smith, ativista lésbica feminista negra que em 1974 fundou o Combahee River Collective, afirmou: "Friedan realmente capturou a repressão e a opressão das mulheres de classe média, mas deixou muitas de nós de fora". Disponível em: https://www.nytimes.com/2021/02/03/us/betty-friedan-feminism-legacy.html. Acesso em: 20 out. 2023.

[18] Em português, o termo significa "ameaça lavanda" e foi cunhado por Betty Friedan para alertar as lideranças feministas sobre o perigo das mulheres lésbicas no movimento; para Friedan, as mulheres lésbicas poderiam manchar a imagem das mulheres feministas por serem conhecidas como "odiadoras de homens". Paralelamente, um grupo de feministas radicais lésbicas protestou em 1970 contra a exclusão de lésbicas e suas pautas dentro do movimento feminista. Segundo Gress (2022, p. 88), esse grupo decidiu se chamar "Lavender Menace". Disponível em: http://web-static.nypl.org/exhibitions/1969/radicalesbians.html. Acesso em: 18 out. 2023.

[19] Disponível em: https://content.time.com/time/magazine/article/0,9171,43570,00.html (Acesso em 11/04/24)

[20] Coontz, 2011, p. 33, tradução minha.

[21] Apesar disso, em sua lápide consta a frase "Se não agora, quando?". "Disponível em: https://www.nastywomenwriters.com/happy-100th-birthday-to-betty-friedan/. Acesso em: 19 out. 2023.

2.2. Mulheres que não têm o "problema sem nome"

"Enfatizar o trabalho como chave da libertação das mulheres fez com que muitas mulheres feministas brancas engajadas sugerissem que as mulheres que trabalhavam estavam 'já libertadas'. Na verdade, estavam dizendo para a maioria das mulheres empregadas que 'o movimento feminista não é para vocês'. Ao formular a ideologia feminista desse modo, como se ela fosse irrelevante para as mulheres que trabalham, as mulheres brancas e burguesas na verdade estavam excluindo essas outras mulheres do movimento. Com isso, elas puderam moldar o movimento feminista de forma a fazê-lo servir aos interesses de sua classe, sem ter de confrontar o impacto, positivo ou negativo, que as reformas feministas propostas teriam sobre a classe trabalhadora feminina."

(hooks, 2019b, *p. 151*)

A obra *A mística feminina* é visceralmente pessoal e carece de cuidado metodológico e referência na realidade, considerando as dimensões raça e classe. Como o livro de Kate Millett, o livro de Friedan exibe um enorme paroquialismo de classe média; é, no máximo, um grito de raiva muito circunscrito sobre a forma como mulheres inteligentes e com alto nível escolar foram mantidas fora da série A[22] da vida profissional americana. A socióloga Wendy Simonds[23] considerou a obra o primeiro livro de autoajuda para mulheres. Betty Friedan estava irritada com a maneira como a sociedade americana parecia ver todas as mulheres como simples máquinas de consumo prontas para comprar novos eletrodomésticos para o lar.

---

[22] Como no futebol, que organiza seus campeonatos em séries com os melhores times ocupando a série A, a força de trabalho também tem postos baixos, médios e superiores; estes últimos correspondem ao que chamo de série A. Há estudiosos que chamam de *mainstream.*

[23] Coontz, 2011, p. 20.

Quando escreveu a obra, Friedan apresentava-se como uma dona de casa apolítica suburbana e uma escritora *freelancer* que trabalhava principalmente para revistas femininas. O livro não é problemático por abordar questões pertinentes apenas às mulheres brancas de classes média e alta; essas mulheres, claro, têm legitimidade para expor suas questões. O que torna o livro problemático é a ideia de que a realidade retratada lá representa, universalmente, todas as mulheres: nem todas nós temos o "problema sem nome".

Na obra, Friedan retrata a década de 1950 como um período de passividade e conformismo. Contudo, como vimos no início deste capítulo, à época já havia mudanças revolucionárias em andamento que abriram caminho para o sucesso de *A mística feminina*. A taxa de emprego entre as mulheres estava aumentando rapidamente, assim como a escolarização. Apesar de uma realidade em mudança, o crescimento maciço da televisão e das revistas femininas ajudou a promulgar uma "mística feminina".

Embora a obra tenha virado referência para o feminismo – e continue sendo referência até hoje –, não ficou imune a críticas. No seu aniversário de cinquenta anos, em 2013, o jornal *The New York Times*[24] fez um editorial sobre a obra, assinado pela jornalista Gail Collins. Além dos elogios de mulheres brancas de classes média e alta à obra, o editorial cuidou de apresentar as principais críticas que, a meu ver, são pertinentes e confirmam que a tese de Friedan causou mais problemas do que benefícios às mulheres. Nas palavras de Collins,

> Os críticos – e muitos fãs – sentem-se obrigados a apontar as coisas que *A mística feminina* ignora, e têm razão em ficar um pouco confusos de que, embora Friedan estivesse escrevendo durante o

---

[24] Disponível em: https://www.nytimes.com/2013/01/27/magazine/the-feminine-mystique-at-50.html. Acesso em: 21 out. 2023.

movimento pelos direitos civis, ela mal menciona as mulheres negras. As mulheres da classe trabalhadora aparecem principalmente em algumas sugestões de que as mulheres casadas que querem trabalhar podem querer contratar uma empregada doméstica ou uma babá. Notavelmente, Friedan conseguiu escrever um livro inteiro acusando a sociedade americana por suas atitudes em relação às mulheres sem discutir suas leis. (...) *A mística feminina* é um grito de raiva muito específico sobre a forma como mulheres inteligentes e instruídas foram mantidas fora do *mainstream* da vida profissional americana e consideradas pouco mais do que um conjunto de órgãos reprodutivos nos calcanhares. É sumamente, especificamente pessoal (...)[25] (tradução minha).

Para este livro, elenco três críticas: 1) autoritarismo e desprezo por mulheres que eram felizes nos papéis sociais de esposa e mãe; 2) os homens não eram tão felizes assim; e 3) ausência de análise das realidades das mulheres negras e pobres.

A respeito da primeira crítica, ao ler os comentários de Friedan sobre quão limitado era o papel de dona de casa, lembrei-me de imediato de uma cena do filme *O sorriso de Monalisa*, lançado em 2002 e estrelado por Julia Roberts. A protagonista era a professora Katherine Watson, recém-graduada em História da Arte, que lecionava numa escola de elite para mulheres. De pensamento progressista e feminista, Katherine desafiava suas jovens alunas que pareciam se contentar com seu destino: graduar-se e casar-se. Joan Brandwyn, uma de suas brilhantes alunas, estava prestes a ficar noiva e realizar o papel para o qual a instituição a preparava: esposa e dona de casa. Katherine descobre o desejo secreto de Joan: tornar-se advogada. Ela a encoraja a se inscrever no processo

---

[25] Disponível em: https://www.nytimes.com/2013/01/27/magazine/the-feminine-mystique-at-50.html. Acesso em: 21 out. 2023.

seletivo para a Universidade de Yale, prestigiosa instituição que faz parte da respeitadíssima Ivy League.[26] Joan se inscreve e conquista a pré-aprovação. Entretanto, ao fim da sua jornada, ela desiste da graduação e escolhe se dedicar ao seu casamento. Katherine não esconde sua decepção ao ouvir a notícia. Mesmo o feminismo dizendo que defende a escolha da mulher, Katherine ficou desapontada com a escolha de sua aluna de ser esposa e mãe:

Joan: Foi uma escolha minha. Não ir. Ele teria apoiado.

Katherine: *Mas você não precisa escolher.*

Joan: Não, eu tenho que fazer. Quero uma casa, quero uma família. Não é algo que vou sacrificar.

Katherine: *Ninguém está pedindo que você sacrifique isso, Joan. Eu só quero que você entenda que você pode fazer as duas coisas.*

Joan: Você acha que eu vou acordar uma manhã e me arrepender de não ser advogada?

Katherine: *Sim, tenho medo de que você o faça.*

Joan: Não tanto quanto eu me arrependeria de não ter uma família. Não estar lá para criá-los. Eu sei exatamente o que estou fazendo e isso não me torna menos inteligente. [pausa] Isso deve parecer terrível para você.

Katherine: *Eu não disse isso. Eu ...*

Joan: Claro que sim. Você sempre faz. Você fica na sala de aula e diz para a gente olhar além da imagem, mas não olha. Para você, dona de casa é alguém que vendeu sua alma por um salão colonial. Ela não tem profundidade, não tem intelecto, não tem interesses.

---

[26] A Ivy League é um grupo formado por oito das universidades mais prestigiadas dos Estados Unidos: Brown, Columbia, Cornell, Dartmouth, Harvard, Universidade da Pensilvânia, Princeton e Yale. Muitas delas também figuram nas listas de melhores universidades do mundo. https://estudarfora.org.br/conheca-as-8-universidadades-que-formam-a-ivy-league/. Acesso em: 17 out. 2023.

[pausa] Você é quem disse que eu poderia fazer o que quisesse. É isso que eu quero.[27]

O feminismo, em geral, tende a assumir que as mulheres que desejam a vida doméstica não tiveram escolhas porque não concebe a possibilidade de felicidade dentro do lar. Friedan tratava com desdém a ocupação de dona de casa; considerava os papéis de mãe e esposa demeritórios para mulheres com alto nível de escolaridade:

> (...) várias passagens implicam que tal trabalho [dona de casa], junto com outros tipos de serviço ou trabalho administrativo, estavam abaixo do talento de suas leitoras. Esse preconceito elitista saiu da mesma Betty Goldstein que, como estudante na Smith College, apoiou ativamente uma campanha para organizar um sindicato de empregadas nos dormitórios do *campus* (Coontz, 2011, p. 105, tradução minha).

Não é incomum localizarmos tragédias pessoais nas histórias de líderes feministas; são essas tragédias que dão o tom da formulação de premissas disruptivas – como aquela que dita que "não é possível ser plenamente feliz no lar" – para todo o movimento. Eu não estou aqui negando que essas mulheres tenham sofrido experiências que nenhum ser humano deveria sofrer; estou aqui pontuando, contudo, que essas experiências representam o caráter disfuncional de seus lares e não correspondem à totalidade das experiências humanas. Também não estou dizendo que as mulheres não devem ter carreiras (aliás, quem sou eu para dizer isso? Eu sou uma mulher com carreira e alto nível de escolarização; eu seria um pôster de sucesso para o feminismo se eu não o criticasse com tanta dedicação!); minha mentalidade é mais liberal do que

---

[27] Diálogo entre Joan e Katherine no filme *O sorriso de Monalisa*.

Mulheres que o Feminismo não Vê

deveria e genuinamente acredito que as pessoas deveriam ter o direito de escolher. O movimento feminista, contudo, parece se esquecer disso. Para mim, Joan foi a mulher mais corajosa de toda a trama: não é nada fácil manter-se firme perante figuras de autoridade como professores.

Em *Teoria Feminista: da margem ao centro*, obra publicada originalmente em 1984 – 21 anos depois da publicação da obra de Friedan –, bell hooks (2019) argumenta que a visão da vida doméstica como um cativeiro ou uma prisão não era compartilhada nem pelas mulheres negras nem pelas mulheres brancas da classe trabalhadora:

> (...) **Historicamente, as mulheres negras têm visto o trabalho no contexto familiar como um labor que humaniza, que afirma sua identidade como mulheres, como seres humanos que expressam amor e carinho, justamente os gestos de humanidade** que a ideologia supremacista branca havia acusado os negros de serem incapazes de expressar. Em contraste com o trabalho feito dentro de casa, num ambiente de cuidados, o trabalho fora de casa geralmente era visto como estressante, degradante e desumanizador. Essas percepções sobre a maternidade e o trabalho fora de casa contrastam agudamente com as do movimento de libertação das mulheres. Em geral, as mulheres negras diziam: "**Queremos ter mais tempo para desfrutar da família, queremos sair do mundo do trabalho alienado**". **As ativistas brancas do movimento de libertação das mulheres, por sua vez, se diziam** "cansadas do **isolamento doméstico**, da relação com os filhos e marido, da dependência emocional e econômica; queremos a liberdade para ingressar no mercado de trabalho". (**É claro que essas vozes não pertencem às mulheres brancas da classe trabalhadora**, que, assim como as mulheres negras, viviam cansadas do trabalho alienado.) (pp. 195-196, destaques meus).

É importante pontuar: desde que o mundo é mundo as mulheres trabalharam e tiveram papel necessário para a manutenção e subsistência da estrutura familial, especialmente aquelas pertencentes às classes populares, como expõe perfeitamente Saffioti (2013):

> A mulher das classes sociais diretamente ocupadas na produção de bens e serviços nunca foi alheia ao trabalho. Em todas as épocas e lugares, tem ela contribuído para a subsistência de sua família e para criar a riqueza social. Nas economias pré-capitalistas, especificamente no estágio imediatamente anterior à revolução agrícola e industrial, a mulher das camadas trabalhadoras era ativa: trabalhava nos campos e nas manufaturas, nas minas e nas lojas; nos mercados e nas oficinas, tecia e fiava, fermentava a cerveja e realizava outras tarefas domésticas. Enquanto a família existiu como uma unidade de produção, as mulheres e as crianças desempenharam um papel econômico fundamental (pp. 61-62).

A socióloga Maria José Rosado Nunes (2022) aponta que as mulheres no Brasil, por exemplo, foram beneficiadas por algumas das iniciativas empreendidas pela Igreja Católica durante sua reforma:

> A análise dos efeitos sociais da mobilização das mulheres na Igreja Católica, através das associações femininas de piedade e da disseminação de colégios católicos para meninas, mostra um quadro bastante contraditório do século XIX. (...) Numa época em que havia poucos lugares permitidos a uma "mulher de família" frequentar, essas entidades religiosas propiciavam ainda um ponto de encontro para mulheres entre si. (...) Assim, consciente ou inconscientemente, as religiosas prepararam outras mulheres para contestarem o lugar que lhes era tradicional atribuído na sociedade (...) (p. 494).

De acordo com Nunes (2022), mulheres como a beata Joana de Gusmão (1688-1780) e madre Jacintha de São José (1715-1768)[28] foram as primeiras a exercerem uma profissão no Brasil do século XIX:

> No fim do século XIX as freiras já se encarregavam de inúmeras tarefas necessárias à sociedade, particularmente no campo da educação, da saúde e da assistência social. Afora as mulheres pobres, as freiras foram as primeiras a exercerem uma profissão, quando ainda a maioria da população feminina era "do lar" (p. 482).

Com constatação similar, a comentadora política americana Kate O'Bierne (1949-2017) afirma que

> (...) muito antes da NOW [sigla em inglês para Organização Nacional das Mulheres] ter realizado seu primeiro encontro organizacional, havia modelos femininos que exemplificavam iniciativa, inteligência e independência (...) a primeira grande rede de trabalho feminina da América era constituída de freiras católicas. Nos anos 1900, elas construíram e fizeram funcionar a maior escola privada do país e vários sistemas hospitalares. Essas mulheres eram enfermeiras, professoras e CEOs (*apud* Gress, 2022, p. 104).

O que o feminismo passou a reivindicar, portanto, não era a inclusão das mulheres na força produtiva; era a ressignificação da atuação da mulher em tal força, atrelada à ideia de independência – e, mais tarde, empoderamento – feminina; segundo Saffioti (2013), a ideia de

---

[28] Beata Joana de Gusmão dedicou-se a construir capelas e a promover atendimentos a crianças. Madre Jacintha de São José foi fundadora do primeiro convento carmelita do Brasil. Para saber mais sobre essas mulheres, recomendo a leitura da obra *Brasileiras célebres*, de autoria de Joaquim Norberto de Sousa Silva, publicada originalmente em 1862.

independência econômica da mulher é "(...) uma noção individualista que nasce com o capitalismo, (...) pois o trabalho se desenvolvia no grupo familial e para ele o mundo econômico não era estranho à mulher" (p. 63). A análise de Saffioti também é feita por bell hooks (2019b):

> **Quando essas mulheres falavam de trabalho, estavam se referindo a carreiras bem-remuneradas, não aos empregos de baixa remuneração, os chamados trabalhos "subalternos".** Elas estavam tão mergulhadas em sua própria experiência que até ignoraram o fato de que a vasta maioria das mulheres (...) já estava trabalhando fora de casa, em empregos que não só não as libertavam da dependência dos homens, como não lhes garantiam a autossuficiência econômica (p. 147, destaques meus).

A lógica de que a emancipação (e, mais tarde, a felicidade) só pode ser encontrada fora do lar tem origem no trabalho do teórico socialista prussiano Friedrich Engels (1820-1895). Em sua clássica obra *A origem da família, da propriedade privada e do Estado*, Engels argumenta que a desigualdade sexual é produto do advento da propriedade privada; acreditava, portanto, que o sexismo seria superado com a implantação do socialismo.

Engels encoraja as mulheres a participarem em grande escala da força produtiva, pois entendia que o serviço doméstico sem remuneração era, por definição, improdutivo:

> Hoje, na maioria dos casos, é o homem que tem que ganhar os meios de vida, alimentar a família, pelo menos nas classes possuidoras; e isso lhe dá uma posição dominadora que não exige privilégios legais especiais. Na família, o homem é o burguês e a mulher representa o proletário (...). Então é que se há de ver que a libertação da mulher exige, como primeira condição, a que, por sua vez, requer

a supressão da família monogâmica como unidade econômica da sociedade (2021, pp. 89-90).

Foi Engels também que apontou que a relação entre homem e mulher representava o primeiro antagonismo de classes da história:

> Em um velho manuscrito inédito, redigido, em 1846, por Marx e por mim, encontro a seguinte frase: "A primeira divisão do trabalho é a que se faz entre o homem e a mulher para a procriação dos filhos". Hoje posso acrescentar: o primeiro antagonismo de classes que apareceu na história coincide com o desenvolvimento do antagonismo entre o homem e a mulher na monogamia; e a primeira opressão de classes, com a opressão do sexo feminino pelo masculino (...) (2021, p. 79).

Para Gress (2022), a libertação da mulher estava completamente ligada ao sucesso do comunismo: "No coração da ideologia marxista havia o propósito de refazer a natureza humana e a sociedade de tal maneira que todo mundo se tornasse igual – ou semelhante – tentando apagar cada diferença natural e social" (p. 63). E é assim que podemos localizar o começo do casamento do pensamento marxista com o feminismo, que influenciou profundamente o ativismo de Friedan.

No livro *A mística feminina*, Betty Friedan se apresentava como uma dona de casa suburbana do início dos anos 1960. Stephanie Coontz (2011), no livro *A Strange Stirring: The Feminine Mystique and American Women at the Dawn of the 1960s*, reproduziu um trecho de outra obra de Friedan – *It Changed My Life* – em que ela expôs como foi desenvolvida sua tese sobre o "problema sem nome":

> Senti as implicações evitáveis do rastro de provas que segui – que, se eu estivesse certa, as próprias suposições nas quais eu e

outras mulheres baseávamos as nossas vidas e nas quais os especialistas nos aconselhavam estavam erradas. Pensei, devo estar louca..., mas o tempo todo também senti essa calma, uma estranha segurança, como se estivesse em sintonia com algo muito maior, mais importante do que eu e que precisava ser levado a sério. A princípio, parecia sozinha nessa consciência (Friedan, 1976 *apud* Coontz, 2011, p. 140, tradução minha).

Contudo, como disse Coontz (2011), a versão de Friedan sobre a própria história é envolvente, mas não é a verdadeira. Friedan trabalhou para uma série de jornais de extrema esquerda e de sindicatos em Manhattan (cidade de Nova York) antes do matrimônio e da maternidade. De 1946 a 1952, ela escreveu para a Federated Press, o principal serviço de notícias de esquerda dos EUA na época, e por seis anos, entre 1946 e 1952, escreveu para o *UE News*, o periódico de notícias do sindicato alinhado ao radical United Electrical, Radio and Machine Workers of America. Lá, Friedan escreveu panfletos pedindo igualdade salarial e o fim da discriminação e sobre mulheres trabalhadoras, incluindo negras e latinas;[29] ou seja, ela era uma militante marxista. Pelo menos é o que aponta o historiador e professor do Smith College Daniel Horowitz. Em sua obra intitulada *Betty Friedan and the Making of The Feminine Mystique*,[30] publicada em 1998, Horowitz aponta que Friedan era uma radical experiente com anos de atividades em política de esquerda. Quando tomou conhecimento de que Horowitz estava pesquisando seu

---

[29] Horowitz (1996;1998) aponta que Friedan, em seus artigos para o *UE News*, discutiu a situação "ainda mais chocante" que as mulheres negras enfrentaram, tendo que lidar com a dupla barreira: serem mulheres e negras. O apagamento dessa experiência em sua obra principal – *A mística feminina* – parece, então, mais um estratagema para desenvolver apelo midiático do que ignorância sobre a temática racial.

[30] Disponível em: https://archive.nytimes.com/www.nytimes.com/books/first/h/horowitz-friedan.html Acesso em: 18 out. 2023.

Mulheres que o Feminismo não Vê

passado radical, Friedan tentou proibi-lo de citar qualquer coisa de seus trabalhos não publicados;[31] chegou a ameaçá-lo de processo, mas não funcionou, e o livro de Horowitz é a melhor biografia publicada sobre a ativista. Friedan temia que o trabalho de Horowitz concedesse instrumentos para opositores argumentarem que o feminismo era parte de um enredo comunista[32] (bom, ela estava certa, porque foi isso mesmo que aconteceu).

O livro de Horowitz revelou ainda que Friedan, então conhecida como Betty Goldstein, havia se envolvido com o ativismo de esquerda radical durante seus anos no Smith College, entre 1938 e 1942. Durante a graduação, ela foi editora de um jornal do *campus* universitário que defendia a não intervenção na Segunda Guerra Mundial e a sindicalização das empregadas domésticas no *campus*. Trocando em miúdos: embora Friedan tivesse uma casa grande, um marido muito bem empregado e três filhos, ela nunca foi a típica dona de casa suburbana. Ela desfrutou de uma carreira paralela de sucesso como jornalista *freelancer*, muitas vezes viajava para suas reportagens e tinha décadas de experiência de ativismo revolucionário associado ao antifascismo, ao sindicalismo e ao radicalismo.

A versão de Friedan de sua vida, que historiadores e jornalistas prontamente aceitaram, escondia[33] a conexão entre sua atividade sindi-

---

[31] Coontz, 2011, p. 142.

[32] Coontz, 2011, p. 101

[33] Como quase tudo na vida, a versão de Friedan sobre sua história gerou efeitos inesperados pela autora. Como as leitoras desconheciam a filiação política e ideológica de Friedan e realmente achavam que ela era uma simples dona de casa que teve um insight sobre emancipação feminina, utilizaram o livro como motivação para articular atividade política fora do espectro da esquerda. Coontz (2011, p. 142) relata que uma mulher se sentiu contemplada com o enredo do livro e decidiu se tornar ativista do Partido Republicano; outra decidiu criar um grupo de estudos com o nome Ayn Rand, proeminente defensora do capitalismo *laissez-faire*. Ao saber disso, Friedan, uma ativista marxista, disse que não gostaria de ser associada a um nome como Rand.

cal dos anos 1940 e início dos anos 1950 e o feminismo que ela articulou nos anos 1960. Sua história como dona de casa apolítica possibilitou que as leitoras brancas do subúrbio se identificassem com a autora e, assim, aumentou o apelo do livro; sua obra a alavancou para o cenário político *mainstream* nacional, de maneira tão avassaladora que seu ativismo jamais sonharia em alcançar.

Sobre a segunda crítica, vale dizer o seguinte: toda discussão levantada por Friedan se sustenta na ideia de que os homens trabalhavam fora do lar porque era mais divertido e real (única!) fonte de felicidade. E, como a vida doméstica era entediante, os homens condenavam as mulheres ao lar – porque eram maus e comprometidos com a manutenção do patriarcado opressor. Esse raciocínio é tão delirante que eu confesso até ter dificuldade para escrevê-lo em 2023... Mas é importante lembrar quem eram as mulheres que reclamavam de marginalização da força produtiva: "O primeiro contingente feminino que o capitalismo marginaliza no sistema produtivo é constituído pelas esposas dos prósperos membros da burguesia ascendente (...)" (Saffioti, 2013, p. 67).

Estou ciente de que permanece no imaginário feminista, ainda hoje, o raciocínio exposto no parágrafo anterior e que é difundido para todo o conjunto de mulheres como a mais pura verdade. E com isso, devo explicar, não estou negando a existência de homens vis, machistas, misóginos e sexistas; espero que todos eles tenham o destino que merecem, seja pela força da lei de Deus, seja pela lei dos homens. O que estou destacando é que homens também sofrem as tais opressões de classe e raça; o sexo masculino não os coloca automaticamente numa casta superior de humanos.

As feministas apontam que há uma opressão sexual no mercado de trabalho por não ocuparem posições de prestígio na mesma proporção

---

Uma outra mulher relatou que o livro foi recomendado por uma Igreja Batista, que reportou ter iniciado os ensinamentos das visões do livro, antes de seu lançamento, para adolescentes mórmons.

que os homens. O que elas convenientemente obliteram é que os empregos dos homens também são precários, em sua maioria: "(...) o trabalho pesado de fato – o *ponos* – em todos os lugares de que se tem notícia, sempre foi destinado quase exclusivamente a homens" (Creveld, 2023, p. 112).

Os trabalhadores de minas de carvão, por exemplo, são majoritariamente homens. Eles passam dias no subsolo minerando carvão, que é essencial para o funcionamento da indústria. Os mineiros, como são chamados esses trabalhadores, são conhecidos mundialmente por exercerem uma das funções mais insalubres e perigosas já desenvolvidas pelo ser humano.[34] Por que eles podem ser maioria na base da força produtiva – que é onde está a precariedade da classe trabalhadora –, e não podem ser maioria no topo? Boa parte dos empregos mais degradantes de que nós temos notícia é ocupada por homens:

> Em geral, as mulheres desempenharam trabalhos mais leves, menos cansativos e mais salubres; sua jornada de trabalho também é diferente da masculina, porque é mais provável que consista em trabalhos de meio turno ou intermitentes (Creveld, 2023, p. 109).
>
> Em resumo, as mulheres sempre tiveram privilégio com relação ao trabalho. Por um lado, devido à maior fragilidade física. Por outro, aos filhos que tivessem de carregar e cuidar, e aos riscos à saúde que elas corressem. Também porque, sendo menos capazes de se defender, procuravam ficar mais próximas de casa (Creveld, 2023, p. 111).

Ademais, considerando a intersecção entre raça e classe, vale questionar: a tal igualdade com os homens que as feministas buscavam era com qualquer homem? Os homens não eram – e continuam não sendo

---

[34] Mandelli, 2022, p. 4.

– iguais entre si. Entre trabalhadores do sexo masculino, há operários e executivos empresariais; os primeiros possuem menos recursos que os segundos. Portanto, é irrazoável considerar que eles igualmente gozam do benefício da tal "estrutura patriarcal":

> Nos Estados Unidos, muitas mulheres acham que o feminismo ou a "libertação das mulheres" (...) é um movimento que tem por objetivo tornar as mulheres socialmente iguais aos homens (...) **Se os homens não são iguais entre si dentro da estrutura de classe patriarcal, capitalista e de supremacia branca, com quais homens as mulheres querem se igualar?** Elas partilham da mesma opinião sobre o que é igualdade? O que está implícito nessa definição simplista de libertação feminina é a desconsideração de raça e classe como fatores que, juntamente com o sexismo, determinam a forma e a intensidade com que indivíduos serão discriminados, explorados e oprimidos. Mulheres brancas e burguesas interessadas nos direitos das mulheres se contentam com esse tipo de definição por razões óbvias (hooks, 2019b, p. 48, destaques meus).

Betty Friedan, de fato, parece não considerar que a vida profissional é cheia de obstáculos e desafios e, com maior frequência do que gostaríamos, não é o Jardim do Edén[35] antes da Queda, como ela faz parecer. Ela aparentemente não considera as dificuldades de uma carreira e extrapolou em todos os limites razoáveis o entendimento do que é um lar, chegando a compará-lo, de modo insensível, com campos de concentração:

---

[35] "O Senhor Deus fez brotar da terra toda sorte de árvores de aspecto agradável, e de frutos bons para comer; e a árvore da vida no meio do jardim, e a árvore da ciência do bem e do mal" (Gênesis 2,9).

> (...) há uma estranha e desconfortável ideia sobre o porquê de uma mulher facilmente perder seu senso de individualidade como esposa dona de casa, em certas observações psicológicas feitas sobre o comportamento de prisioneiros em campos de concentração nazistas (2021, p. 380).

Friedan parece não considerar, ainda, que a maioria das pessoas tem empregos apenas por necessidade de subsistência; o sentimento de satisfação, que ela reclamava ter sido usurpado das mulheres pelos homens, não existe entre a maioria dos trabalhadores. As pessoas trabalham para obter meios de sustentar suas famílias; a satisfação está na vida saudável da família. Trabalhar[36] na força produtiva não é um privilégio; é uma necessidade imperativa da existência: "(...) durante a maior parte da história o trabalho foi visto como um fardo imposto como punição ao homem – um fardo que a maioria das pessoas sempre tentou evitar (...)" (Creveld, 2023, p. 121).

Ademais, o efeito do desemprego em homens é diferente daquele que ocorre em mulheres. Em *O sexo privilegiado*, o historiador Martin van Creveld (2023) argumenta que

> (...) Para elas, resultou, muitas vezes, em privação; para eles, tanto em privação como em castração. Desde jovens, eram impedidos de tornar-se homens. E poderiam acabar como vagabundos ou mendigos, sobretudo caso a família de origem não dispusesse de recursos para mantê-los na escola. Já adultos, eles permaneciam na casa dos pais, ou saíam à procura de trabalho, apenas para voltar de mãos vazias. Mantinham poucas relações sociais, seu prestígio estava menor,

---

[36] Como católica romana e devota de São Bento, eu vejo o trabalho como algo positivo e busco seguir à risca a regra beneditina "*Ora et labora*" (Reza e trabalha, em latim). Contudo, rejeito a tese feminista que aponta o trabalho (enquanto mero ingresso na força produtiva) como mecanismo de superação e realização pessoal.

a autoestima abalada e o casamento instável. Isso tudo só acontecia às mulheres em menor escala, caso acontecesse mesmo (p. 119).

Em sua obra, Creveld (2023) trata de desmentir a ideia de trabalho como privilégio. Ou melhor, como privilégio masculino. No início do terceiro capítulo, ele já demonstra como a sociedade percebe o homem que não trabalha:

> É comum que a pergunta inicial feita a um desconhecido seja com que ele trabalha. O que implica que *não* trabalhar é, se não uma contravenção, no mínimo algo um pouco desonroso. O homem que não trabalha para se sustentar provavelmente será chamado de *playboy* ou parasita; já a mulher, rotulada como *socialite* ou dona de casa (p. 99).

O polêmico filósofo sul-africano David Benatar (2012), em seu livro *The Second Sexism,* argumenta que apontar minoria feminina em cargos superiores como membros do Congresso não é um indicativo de discriminação contra mulheres. Só será um indicativo se houver disposição para considerar que há discriminação contra homens ao notar que eles são a maioria dos encarcerados no sistema prisional; as mulheres são minoria em presídios. O feminismo empreenderá luta contra essa "discriminação" visando à equânime ocupação de homens e mulheres no sistema prisional? Duvido muito.

A terceira e última crítica é o epicentro deste capítulo. Toda vez que releio *A mística feminina,* fico perplexa como a autora passou mais de quinhentas páginas sem abordar classe e raça, e ainda teve a ousadia de entender a realidade da mulher branca de classes média e alta como a realidade de todas as mulheres dos EUA. Mais perplexa fico ao perceber que as feministas até hoje reproduzem essa retórica! Veja: é criticável, porém compreensível, que Friedan tivesse considerado mulheres brancas com ensino superior como ponto de referência para medir o nível de opressão sexista que atinge todo o conjunto de mulheres. Mas feministas contemporâneas repetirem a retórica como se discussão sobre raça e classe não existisse é um grave e distinto sinal de desonestidade intelectual. O trabalho de Friedan é válido e importante para entender a sociologia de um grupo de mulheres, mas implicá-lo como representante da sociologia geral feminina é um perverso ilogismo; as feministas brancas, num processo de autoindulgência e genuíno narcisismo, tendem a atenuar seu próprio racismo.

Um mês após a publicação do livro, Friedan recebeu uma carta[37] da ativista feminista e historiadora Gerda Lerner (1920-2013),[38] parabenizando-a pela publicação. Mas criticou o fato de Friedan endereçar sua tese apenas às mulheres brancas de classe média com nível superior e afirmou que mulheres trabalhadoras, especialmente negras, trabalham sob dois tipos de desvantagens: as impostas pela mística feminina e as impostas pela discriminação econômica. Não há registro da resposta de Friedan, pelo menos nenhuma foi encontrada.[39]

A visão de Lerner sobre a intersecção de raça e classe foi considerada pioneira. No final da década de 1980, a advogada americana Kimberlé Crenshaw desenvolveu e cunhou o conceito de interseccionalidade para explicar a intersecção das opressões que atingiriam as mulheres negras. É importante apontar que a discussão sobre interseccionalidade – não o termo em si – não é um pioneirismo nem de Lerner nem de Crenshaw: em 1892, a socióloga negra Anna Julia Cooper escreveu o livro *A Voice from the South*, considerada uma das obras inaugurais do feminismo negro.[40]

---

[37] A carta está disponível no canal da Universidade Harvard no YouTube: https://www.youtube.com/watch?v=mIYGH3tgAOY. Acesso em: 20 out. 2023.

[38] COONTZ, 2011, p. 101.

[39] Disponível em: https://www.nytimes.com/2021/02/03/us/betty-friedan-feminism-legacy.html. Acesso em: 20 out. 2023.

[40] Por alguma razão, o trabalho de Anna Julia Cooper é ignorado por teóricas feministas. Sua obra, que é considerada pioneira, não tem sequer tradução para a língua

O comentário de Lerner sobre o livro de Friedan não foi fruto do acaso. Gerda Lerner foi uma pesquisadora que recebeu financiamento para produzir pesquisa sobre mulheres negras, fato que foi criticado por bell hooks (2022):

> Gerda Lerner, uma mulher branca nascida na Áustria, editou *Black Woman in White America: A Documentary History* (...) e recebeu um generoso financiamento para ajudar em sua formação acadêmica. Ainda que eu pense que essa antologia seja um trabalho importante, é significante o fato de que, em nossa sociedade, mulheres negras recebam dinheiro de financiamento para pesquisar sobre mulheres negras, mas não me lembro de qualquer momento em que mulheres negras tenham recebido financiamento para pesquisar a história de mulheres brancas (p. 31).

bell hooks certamente foi a crítica mais severa da teoria do "problema sem nome". Acreditava que apenas as mulheres privilegiadas podem se dar ao luxo de imaginar que trabalhar fora de casa seria uma forma de obter emancipação econômica.[41] Em *Teoria Feminista: da margem ao centro*, bell hooks (2019) argumenta que, mesmo com premissas enviesadas, *A mística feminina* foi o precursor do movimento feminista e continua a moldar sua pauta:

> Friedan teve um papel fundamental na formação do pensamento feminista contemporâneo. Sintomaticamente, a perspectiva unidimensional sobre a realidade feminina apresentada em seu livro tornou-se um traço marcante do movimento feminista atual. Como

---

portuguesa. As melhores informações sobre Cooper foram encontradas num trabalho primoroso realizado pelas professoras Verônica Toste e Bila Sorj (2021) na obra *Clássicas do pensamento social*.

[41] *O Livro da Sociologia*, 2015, p. 94.

a própria Friedan antes dele, as mulheres brancas que hoje dominam o discurso feminista raramente se perguntam se a perspectiva que exibem corresponde verdadeiramente à experiência da mulher como grupo. E nem se dão conta do quanto suas perspectivas refletem um viés de classe e raça, mesmo se, em tempos recentes, a consciência desse tipo de viés seja cada vez maior. O racismo emerge constante nos escritos das feministas brancas (...) (pp. 29-30).

Ao discutir sobre o "problema sem nome", hooks (2019) afirma que

A famosa frase de Friedan, "o problema que não tem nome", geralmente citada para descrever a condição da mulher nessa sociedade, na verdade se referia ao drama de um seleto grupo de esposas brancas de classes média e alta, com nível superior – mulheres do lar, entediadas pelas horas de lazer, atividades domésticas, crianças e compras, e que esperavam mais da vida (p. 27).

hooks (2019) ainda demarca, como já foi dito anteriormente neste capítulo, que Friedan compreendia que o "problema sem nome" pode ser superado através da carreira. Questiona sobre quem zelaria pelos filhos das mulheres com carreira enquanto elas estivessem no mercado de trabalho. Ou seja, para mulheres brancas de classes média e alta terem a carreira que elas acham que merecem é necessário "explorar" o trabalho de mulheres negras e pobres, aquelas que não possuem o "problema sem nome":

(...) Friedan termina o primeiro capítulo de seu livro com a seguinte assertiva: "Não podemos continuar ignorando aquela voz dentro das mulheres que diz: 'Quero algo mais do que meu marido, meus filhos e minha casa'". Ela definiu esse "algo a mais" como a carreira. **Ela não discute quem seria chamado a tomar conta** das crianças e manter a casa, no caso de mais mulheres como ela serem liberadas de seu trabalho doméstico e conseguirem ingressar no mundo profissional em condições equivalentes às dos homens brancos. Ela não fala das necessidades das mulheres sem homens, sem filhos, sem um lar. Ela simplesmente ignora a existência de todas as mulheres que não são brancas ou que são brancas, porém pobres. **Ela não diz aos leitores se a vida de uma empregada doméstica, de uma *baby-sitter*, de uma operária, de uma secretária ou de uma prostituta traz mais realizações do que a vida de uma esposa da classe do lazer.** Ela faz de seu drama e do drama das mulheres brancas como ela o sinônimo da condição de todas as mulheres da América. Com isso, disfarçou suas atitudes classistas, racistas e sexistas em relação à população feminina da América (hooks, 2019b, p. 28, destaques meus).

É fato observável a dinâmica de marginalização de mulheres negras e pobres no processo que visava à emancipação das mulheres através do trabalho; algumas mulheres precisavam superar o "problema sem nome" e outras precisavam servir às primeiras. As mulheres negras e as brancas pobres ocupavam – e ainda ocupam – a maioria dos postos em casas de família. De acordo com Coontz (2011, p. 127), a maioria das mães negras com filhos em idade pré-escolar estava na força de trabalho em 1960; as mulheres brancas com filhos na mesma faixa etária estavam numa proporção muito menor que as mulheres negras. Em 1950, 41% de todas as mulheres negras americanas trabalhavam em casas de família:

Se as mulheres brancas recorreram ao trabalho doméstico, a menos que tivessem certeza de não encontrar algo melhor, as mulheres negras estiveram aprisionadas a essas ocupações até o advento da Segunda Guerra Mundial. Mesmo nos anos 1940, nas esquinas de Nova York e de outras grandes cidades, existiam mercados – versões modernas das praças de leilões de escravos – em que as mulheres brancas eram convidadas a escolher entre a multidão de mulheres negras que procuravam emprego (Davis, 2016, pp. 102-103).

Quando Betty Friedan sugere que as mulheres contratem babás e empregadas domésticas para poderem trabalhar fora, ela não discute a necessidade das mulheres contratadas e assume que seu público tinha recursos financeiros para isso (o que comprova o caráter elitista de sua tese). Qual é a perspectiva libertadora no trabalho de empregada doméstica e babá? Ter patrão (ou patroa!) é mais libertador do que ter marido? A advogada americana Sadiyah Karriem, numa palestra[42] para muçulmanos realizada no estado americano do Texas em 2018, expôs perfeitamente essa dinâmica:

> O movimento feminista nunca foi feito para mulheres negras! Olhando a história do movimento feminista, nós vemos que elas estavam lutando para derrubar o patriarcado dos homens brancos. Elas queriam sair de casa! Então, enquanto elas estavam marchando e lutando para saírem de casa, quem estava lá cuidando de seus filhos? Era a mulher negra cuidando das suas tarefas de casa. Era a mulher negra cuidando de seu marido. Era a mulher negra que amamentava seus filhos. (...). Então, o movimento feminista não tem nada a ver com mulheres negras (tradução minha).

Quando bell hooks afirma[43] que as mulheres brancas têm sido cúmplices na perpetuação da dominação patriarcal branca que atinge mulheres negras e brancas pobres, ela não está errada. Angela Davis (2016),

---

[42] Disponível em: https://www.youtube.com/watch?app=desktop&v=Bz0xc7n6kl4. Acesso em: 18 out. 2023.

[43] *O Livro da Sociologia*, 2015, p. 92.

de maneira muito clara, discorre sobre a dinâmica de "exploração" da força de trabalho de mulheres negras por mulheres brancas – inclusive feministas – para conquistarem ascensão profissional:

> As mulheres brancas – incluindo as feministas – demonstraram uma relutância histórica em reconhecer as lutas das trabalhadoras domésticas. Elas raramente se envolveram no trabalho de Sísifo[44] que consistia em melhorar as condições do serviço doméstico. Nos programas feministas "de classe média" do passado e do presente, a conveniente omissão dos problemas dessas trabalhadoras em geral se mostrava uma justificativa velada – ao menos por parte das mulheres mais abastadas – para a exploração de suas próprias empregadas (p. 104).

Ao abordar a terceirização do trabalho doméstico por feministas brancas, Koa Beck (2021), no seu livro *Feminismo branco*, corrobora a afirmação de Davis (2016):

> É essa mesma contradição que tornou as trabalhadoras domésticas essenciais para a egocêntrica e frequentemente capitalista ascensão à igualdade de gênero das feministas brancas – seja em suas casas, em seus ambientes de trabalho ou dentro de suas próprias famílias. Mas a terceirização do trabalho que tradicionalmente trouxe as mulheres brancas para casa não resultou necessariamente em maior reverência, melhores salários ou mais respeito para as pessoas que o executam. Ao longo da história, feministas brancas têm sido reticentes em admitir que sua possibilidade de participar de outras facetas da vida pública depende dessas mulheres (p. 123).

---

[44] Trabalho de Sísifo é uma expressão popular com origem na mitologia grega que indica "trabalho repetitivo e inútil".

No contexto brasileiro, a crítica também se aplica. Lima Barreto, em suas crônicas, tipifica o feminismo como "interesseiro e burocrático", em busca de cargos públicos rendosos:

> Com sua perspicácia, [Lima Barreto] viu que o movimento feminista não advogava a defesa da mulher, o que queria não era a "dignificação da mulher", mas tão somente abrir as portas do mercado de trabalho para as mulheres de classes sociais mais altas. O movimento feminista, na opinião de Barreto, era parcial, limitado; só se preocupava com acessórios. Negligenciava pontos importantes como as reivindicações da classe operária feminina, o problema do ensino, e até mesmo diante do uxoricismo, as nossas feministas mantiveram-se omissas (Vasconcellos, 1992, p. 260).

No contexto em que Friedan escreveu seu livro, a maioria das mulheres estava preocupada com a sobrevivência econômica[45]; mais de um terço das mulheres estava na força de trabalho.[46] Segundo Coontz (2011), nos EUA dos anos 1950, a taxa de pobreza entre famílias negras era perto de 50%. Em 1960, 60% das famílias negras de classe média tinham duas fontes de renda; entre famílias brancas, esse índice cai para 40%. Ao colocar o vazio existencial no centro do debate dos problemas das mulheres, Friedan deixa evidente que "(...) as mulheres vistas por ela como vítimas do sexismo eram as mulheres brancas com ensino superior e condenadas pelo sexismo ao confinamento doméstico" (hooks, 2019b, p. 28). Um ponto que o feminismo tem dificuldade de encarar é: mulheres de classes privilegiadas se apoiam para explorar mulheres pobres, brancas, negras e latinas. O que Friedan tipificou como opressão sexista foi visto pelas mulheres negras – e brancas pobres – como "mais

---

[45] hooks, 2019b, p. 29.
[46] hooks, 2019b, p. 29.

um indicativo das condições privilegiadas em que vivem as mulheres de classes média e alta (...)" (hooks, 2019b, p. 39). Muitas mulheres negras consideravam que o combate ao racismo era mais prioritário do que o combate ao sexismo[47] e à mística feminina. Na verdade, segundo Coontz (2011), as mulheres da classe trabalhadora e as mulheres negras eram muito menos propensas a verem o casamento e a família como incompatíveis com o trabalho e o ativismo político.

Por sua vez, muitas mulheres brancas pobres sentiam inveja do "problema sem nome" que atingia mulheres brancas de classes média e alta que eram donas de casas suburbanas.[48] A maioria das mulheres jovens da classe trabalhadora nos anos 1950 e 1960 não foi à universidade; "elas conseguiam um trabalho antes do casamento e esperavam deixar o trabalho logo após se casarem" (Coontz, 2011, p.135, tradução minha). De acordo com Davis (2016),

> como suas irmãs brancas da classe trabalhadora, que também carregam o fardo duplo de trabalhar para sobreviver e de servir a seu marido e a suas crianças, as mulheres negras há muito, muito tempo, precisam ser aliviadas dessa situação opressiva (p. 233).

Mulheres[49] que não vivenciavam o "problema sem nome" expressaram que a tese de Friedan tinha valor apenas para "mulheres superprivilegiadas",[50] e estava muito distante de sua demografia. Uma

---

[47] Coontz, 2011, p. 127.

[48] Coontz, 2011, p. 127.

[49] Coontz entrevistou aproximadamente duzentas mulheres que tiveram contato com o livro *A mística feminina* na época em que foi lançado. Disponível em: https://www. npr.org/2011/01/26/132931581/stirring-up-the-feminine-mystique-47-years-later – %3A~%3Atext%3DBut%20Coontz%20says%20she%20didn%2Cwhen%20it%20 was%20first%20published. Acesso em: 19 out. 2023.

[50] Coontz, 2011, p. 102.

mulher negra contactada por Coontz (2011) disse que "estava muito ocupada lutando para conquistar o sonho americano para ficar preocupada com mulheres que pareciam já ter de tudo".[51] Muitas mulheres brancas se sentiram contempladas com a tese de Friedan; é como se fosse uma teoria que se dedicou a explicar que elas eram oprimidas. Contudo, não é incorreto pensar que as pessoas que eram – são – verdadeiramente objetos de opressão sabem disso; não é necessário esperar uma teoria para contar a boa nova.

A ideia de carreira como via de escape do chamado "cativeiro doméstico" para mulheres brancas de classes média e alta é largamente difundida pelo movimento feminista até hoje. A partir do trabalho de Friedan, as feministas estavam certas de que a libertação feminina viria pelo trabalho. É importante mencionar que a carreira não é a necessidade de realização da maioria das mulheres:

> (...) No decorrer dos últimos vinte anos, muitas mulheres brancas de classe média ingressaram na força de trabalho e descobriram que trabalhar num contexto social em que o sexismo ainda é a norma, em que inveja, desconfiança, antagonismo e malícia contaminam as relações de trabalho por conta da excessiva competição entre as pessoas, que tudo isso torna **o trabalho estressante e não raro uma completa fonte de insatisfação**. (...) **para a maioria das mulheres, ele não atende adequadamente às suas necessidades de realização como seres humanos** (hooks, 2019b, p. 196, destaques meus).

Coontz (2011) expõe o elitismo de Friedan em relação à sua compreensão da relação entre trabalho e libertação das mulheres. Enquanto Friedan encoraja as mulheres a se envolverem *apenas* em trabalhos criativos que possam oferecer oportunidades para conquistar seus interesses,

---

[51] *Id. ibid.*

Coontz argumenta que ela minimiza as recompensas intangíveis, como um senso de autoconfiança ou independência que as mulheres poderiam ganhar com o trabalho que ela descartou por considerá-lo desqualificado ou braçal. Ela cita, por exemplo, pesquisas que descobriram que as mulheres trabalhadoras – mesmo aquelas que trabalhavam em empregos que odiavam – frequentemente estavam mais satisfeitas com suas vidas, pois valorizavam a oportunidade de interagir com outras pessoas e a independência, o senso de competência e a autoestima que o trabalho proporcionava.

A perspectiva elitista da mulher apresentada no livro de Friedan ecoa de forma marcante no feminismo atual. Assim como Friedan, as mulheres brancas de classes média e alta filiadas ao feminismo raramente se perguntam se o que estão pautando como luta reflete as experiências e/ou desejos das mulheres como um grupo. Mulheres negras e pobres não experimentam "o problema sem nome"; a subsistência econômica e o combate à discriminação racial estão na ordem do dia dessas mulheres.

2.3. *Men in drag*: sobre as mulheres no topo

Na primeira vez em que li *The Will to Change: Men, Masculinity, and Love,* de bell hooks (2004), fiquei intrigada com um termo que ela utilizou para descrever as mulheres que usam, contra outras mulheres e crianças, a violência como os homens usam: o termo é *men in drag*.[52] Nem se eu quisesse, acho que seria capaz de fazer uma boa tradução do

---

[52] "Como ganharam o direito de ser men in drag patriarcal, as mulheres estão se engajando em atos de violência de maneira similar à dos homens. Isso serve para nos lembrar que a vontade de usar força não está realmente ligada à biologia, mas a um conjunto de expectativas sobre a natureza do poder numa cultura dominadora" (hooks, 2004, p. 55, tradução minha). O termo men in drag pode ser entendido como homens travestidos/disfarçados (homens com trajes femininos). Mas optei para manter o original.

Mulheres que o Feminismo não Vê

termo, que pode ser também aplicado à situação que eu desejo discutir aqui: mulheres que ascendem podem se tornar homens. É claro que não estou me referindo ao sentido biológico da transformação, mas chamando a atenção para o sentido comportamental na relação da mulher que alcançou o topo profissional com aquelas que estão na base da pirâmide. Como bem disse Koa Beck (2021), as mulheres que conquistaram mobilidade econômica sentiram-se livres para serem "homens dos anos 1950 na era pós-*millennial*" (p. 126).

Em uma reportagem publicada pelo jornal *The Times*,[53] a professora de Economia do King's College London e baronesa Wolf of Dulwich (CBE), Alisson Wolf, fez uma declaração polêmica: o número de deputadas eleitas é uma "obsessão moderna" que não interessa à grande maioria das mulheres. Ela classificou essa "obsessão" como uma traição do feminismo às mulheres. Para Wolf, 15% das mulheres ricas estão "se afastando" do resto e optando por se concentrar em uma gama "incrivelmente limitada" de causas que servem, apenas, para promover suas carreiras; essas mulheres são o que podemos chamar de *men in drag*.

Confesso que foi uma surpresa descobrir que 70 milhões de mulheres no mundo podem ser categorizadas como *men in drag*; elas fazem parte da elite profissional do mundo. E os números não param de subir! É o que conta Wolf (2017) no seu livro *The XX Factor: How the Rise of Working Women Has Created a Far Less Equal World*. A princípio, eu ficaria alegre com tal notícia se não fosse um aspecto: a elite profissional feminina, composta de mulheres com alta escolaridade, tornou-se uma classe à parte, tendo empregos e padrões sociais diferentes dos das demais mulheres, como Wolf explica:

> Hoje, mulheres de elite com alto nível de escolarização se tornaram uma classe à parte. (...) essas profissionais, mulheres de

---

[53] Disponível em: https://www.thetimes.co.uk/article/obsessions-of-wealthy-female-elite-betray-feminism-pxx5schm65s. Acesso em: 10 jul. 2022.

negócios e portadoras de diplomas (...) não se afastaram mais dos homens. Ao contrário, elas são agora mais como os homens da família do que em qualquer época da história. É das outras mulheres que elas se afastaram (2017, p. XIV, tradução minha).

No primeiro capítulo, intitulado "Goodbye to all that: the fracturing of sisterhood", Wolf (2017) argumenta que, nos postos de trabalho de elite, as diferenças entre homens e mulheres são quase inexistentes em países como EUA, Canadá, França, Dinamarca, Inglaterra e Noruega, pois ambos precisam trabalhar longas horas e fazer sacrifícios.

Por sua vez, a ascensão profissional de mulheres causou rompimento na "irmandade" feminina porque "(...) mulheres privilegiadas queriam igualdade com os homens de sua classe (...)" (hooks, 2019b, p. 35). A tal irmandade, então, mostrou-se um desejo utópico:

Feministas falavam de "irmandade", mas mulheres instruídas e bem-sucedidas hoje possuem menos interesses em comum com outras mulheres do que nunca. Como veremos, elas estão cada vez mais distintas nos padrões de relacionamento, casamento, gestação e criação de filhos. Mas, acima de tudo, as mulheres se afastaram em suas vidas profissionais. A altamente instruída minoria profissional agora tem carreiras que são cada vez mais parecidas com as carreiras dos homens bem-sucedidos com quem elas trabalham (Wolf, 2017, p. 3, tradução minha).

O que Wolf está destacando como rompimento da irmandade não está conectado apenas a fatores culturais e comportamentais; há um elemento socioeconômico bastante importante: a "exploração" da mão de obra feminina por essa elite de mulheres quebra qualquer sororidade. Assim como Angela Davis e bell hooks já expuseram em muitas outras oportunidades, mulheres brancas de classes média e alta alcançaram altas posições na força produtiva à custa da prestação de serviço doméstico – incluindo criação de filhos – por mulheres da classe trabalhadora. Hoje, segundo Wolf, a elite feminina precisou reinventar o que chamou de "classes de servas":

> "A mão que embala o berço é a mão que governa o mundo", afirma o famoso (ou infame) poema de William Ross Wallace. As mulheres de hoje não acreditam em uma palavra disso. Elas sabem onde o sucesso e a influência podem ser encontrados, e as mães entre eles estão indo para lá em um ritmo cada vez mais rápido. O balanço do berço elas delegam a outros. No entanto, até a década de 1970, as mulheres instruídas que deram à luz comportavam-se exatamente da mesma forma que as suas irmãs menos instruídas. Pararam de trabalhar, ficaram em casa, a vida diurna girava em torno da dos filhos. Hoje, o fosso cada vez maior entre as mulheres altamente qualificadas e outras é evidente não apenas no fato de terem filhos e quando têm filhos, mas também na forma como os educam. Elas – nós – reinventamos as classes de servas (2017, p. 43, tradução minha).

Sem as novas classes de servas, a carreira das mulheres da elite profissional estaria em perigo. Para não se sujeitarem a trabalhos menos prestigiosos, essa elite terceiriza os serviços domésticos. "Imigrantes – mulheres imigrantes – são centrais (...)" (Wolf, 2017, p. 59, tradução minha). A pesquisadora Louisa Acciari (2021), em capítulo para o livro *Diálogos feministas: gerações, identidades, trabalho e direitos*, apresenta reflexões das trabalhadoras domésticas com patroas feministas. Ela cita pesquisa realizada por Mary Castro (1992) em Salvador, na Bahia, e aponta que algumas dirigentes da Federação Nacional dos Trabalhadores Domésticos de Salvador (Fenatrad) testemunharam com frequência casos de feministas que não assinam a carteira de trabalho ou deixam de pagar os direitos de suas trabalhadoras domésticas. Uma das trabalhadoras entrevistadas por Castro afirma o seguinte: *"Ela não me pagava um salário justo e não me dava dias livres. Ela era feminista, mas somente para mulheres da classe dela".*[54] As trabalhadoras domésticas caracterizam o movimento feminista como um movimento branco e de patroas.[55] A rede de solidariedade das trabalhadoras domésticas é construída através dos sindicatos e das igrejas locais, não é através do movimento feminista. Mais uma vez, mulheres pobres sendo colocadas à margem...

Em *Where We Stand: Class Matters* bell hooks (2000) explica que no início do movimento feminista americano não era politicamente correto explorar o trabalho de outra mulher para terceirizar suas obrigações domésticas:

> Não era politicamente correto, quando o movimento feminista começou, explorar outra mulher – na maioria das vezes uma mulher imigrante de cor (pagando salários baixos, horas de trabalho excessivas) – para cuidar dos seus filhos e limpar a sua casa para que se pudesse se tornar "liberada" e trabalhar fora de casa. À medida que o movimento progrediu e as mulheres ganharam maior poder de classe, essas práticas tornaram-se aceitáveis (p. 106, tradução minha).

Quando o movimento feminista pauta as necessidades das mulheres em relação ao trabalho, não é sobre as mulheres imigrantes contratadas para cuidar dos filhos das mulheres de elite; a pauta trata das necessidades dessas últimas, como pontuou Alisson Wolf:

> A irmandade está morta. Há uma preocupação completa no feminismo com o interesse econômico das pessoas que já estão no

---

[54] Acciari, 2021, p. 129.
[55] Acciari, 2020, p. 138.

Mulheres que o Feminismo não Vê

topo, sejam em conselhos ou em parlamentos. (...) O feminismo moderno deveria estar muito mais preocupado com a vida das pessoas que não foram para a universidade, que estão trabalhando longas horas em empregos mal remunerados, fazendo turnos ou lutando para manter um emprego, em casamentos forçados ou vivendo em ambientes domésticos que são hostis.[56]

2.4. A maternidade é o novo "problema sem nome"

Na discussão que fiz para este capítulo sobre mulheres e carreiras profissionais, um dado emerge: a maternidade. O livro *Feminismo materno: o que a profissional descobriu ao se tornar mãe*, da jornalista Nathalia Fernandes (2019), traz as angústias de muitas mulheres profissionais de hoje em dia. Meu comentário não tem intenção de desmerecer as angústias pessoais da autora; é uma problematização do texto com base nas minhas muitas leituras prévias sobre feminismo. A autora retrata o fenômeno que chamou de *"êxodo silencioso de mulheres talentosas e altamente qualificadas das corporações"*. Para ela, esse êxodo acontece quando as mulheres se tornam mães. Ela diz: "o movimento feminista pode ter libertado as mulheres, mas não libertou as mães" (p. 18). Quando li esse trecho, pensei: como o feminismo poderia ter se dedicado a considerar o interesse das mães? Shulamith Firestone sugeriu a abolição da família e o desenvolvimento de úteros artificiais, além de chamar a gravidez de "bárbarie". Kate Millett e Alexandra Kollontai apontavam a família como lócus de opressão sexual. Betty Friedan retratou a maternidade como um trabalho humilhante de servir refeições. A maternidade não tem lugar no feminismo!

---

[56] Disponível em: https://www.thetimes.co.uk/article/obsessions-of-wealthy-female-elite-betray-feminism-pxx5schm65s. Acesso em: 10 jul. 2022.

Fernandes (2019) é uma mulher de 35 anos, branca, graduada em jornalismo pela Universidade de São Paulo e de classe média. Reside em Londres. Seria, portanto, uma *men in drag*. As angústias da autora podem ser encontradas em outras mulheres da geração que foi maculada com a ideia propagada pelo feminismo de que *a mulher pode ter tudo ao mesmo tempo que quiser*. Fernandes (2019) diz:

> me sentia enganada pelo discurso geral, destinado a mulheres como eu: "você pode tudo, garota!". Só esqueceram de mencionar que, para tanto, **deveria me comportar como um homem e abrir mão de muitos valores que me definem como mulher** (p. 21, destaque meu).

A fala de Fernandes (2019) corrobora os achados de Wolf (2017): mulheres com alta escolaridade que chegam ao topo de carreiras competitivas replicam o comportamento dos homens. Contudo, a maternidade pode se tornar um empecilho. Note: as mulheres pobres da classe trabalhadora não deixam de ter filhos em nome de suas carreiras. Mulheres pobres nunca tiveram esse problema. A necessidade de subsistência através do trabalho sempre foi imperativa. Retardar ou evitar a gravidez é uma estratégia utilizada por mulheres com alta titulação escolar de classes média e alta, como Fernandes (2019), que estava pronta para disputar os postos mais elevados do seu campo profissional, se não fosse a gravidez. Não é à toa que o maior número de mulheres sem filho está entre as carreiristas.[57]

A frustração relatada por Fernandes (2019) pode ser vista em várias mulheres da minha geração. A promessa de ter, ao mesmo tempo, alta escolarização, alto posto de trabalho e a maternidade não foi cumprida, e somente as mães sabem disso. As mães acabam vivendo pedaços de

---

[57] Wolf, 2017, p. 39.

cada uma dessas histórias: uma carreira de sucesso e um casamento feliz; salário igual para trabalho igual e condições que nos permitam cuidar de nossas crianças.

Gress (2022) argumenta que

> (...) Talvez a "mulher que conquista tudo" não saiba quando parar, exceto quando tenha realmente conquistado tudo, totalmente demolida, triturada até virar pó (para pegar emprestada a frase de Lênin). Talvez seja essa postura de dominação política das mulheres, irrazoáveis e incivilizadas, que nos tenha conduzido uma vez mais à cultura do tipo "terrível mãe"? (p. 116).

O dilema família e trabalho pode parecer uma novidade inaugurada nos anos 1970, mas não é. A feminista e romancista americana Charlotte Perkins Gilman escreveu sobre esse dilema que era enfrentado por mulheres de classes média e alta... em 1906! Em *Clássicas do pensamento social*, as pesquisadoras Verônica Toste e Bila Sorj (2021, p. 115) apontam que Gilman defendia, na obra *The Passing of Matrimony*, que para as mulheres que aspirassem às carreiras profissionais só restava o celibato. Mais sincera – e radical – do que as feministas contemporâneas, Gilman considerava que cuidar do lar e das crianças era um trabalho incessante que inviabilizava a participação das mulheres em atividades profissionais remuneradas. Portanto, o celibato era o melhor encaminhamento para mulheres que desejassem ter uma carreira profissional.

A historiadora americana Elizabeth Fox-Genovese (1941-2007) apresentou uma abordagem interessante para analisar a questão na obra *Feminism Is Not the Story of My Life: How Today's Feminist Elite Has Lost Touch with the Real Concerns of Women*, publicada em 1996. Ela ficou conhecida por seus trabalhos a respeito da relação da mulher com a sociedade. No começo da carreira, era marxista. Mais tarde, converteu-se ao catolicismo romano e se transformou em uma grande crítica do feminismo.

Fox-Genovese (1996) aponta que o principal problema com o movimento feminista é que ele se concentra mais no que a "elite feminista" acredita que as mulheres devem querer do que naquilo que a maioria das mulheres realmente deseja. Para a autora, o que falta no feminismo *mainstream* é o apoio às mulheres que desejam dar prioridade, ao menos temporariamente, à família em detrimento do trabalho. Como maternidade é tema historicamente negligenciado no movimento feminista, as necessidades das crianças não chegam a ser sequer consideradas:

> (...) feministas dizem que seu apoio ao aborto, à creche e a outros programas representam apoio às crianças, mas elas demonstram impaciência com aqueles que apontam que as crianças precisam de um dos pais em casa, especialmente se for a mãe da criança (Fox-Genovese, 1996, p. 204, tradução minha).

O movimento feminista tem dificuldade em admitir o papel singular das mães na criação dos filhos, insistindo na tese de que homens são tão responsáveis quanto as mulheres. As feministas tendem a acreditar que a singularidade da relação mãe-filho é uma invenção social (ou mais uma obra do patriarcado!) para proteger os interesses dos homens. Há um motivo para essa posição: ao admitir que as mães possuem um papel especial, é necessário admitir que elas também têm uma responsabilidade especial. Além disso, o feminismo tem dificuldade em admitir que a maternidade constitui um campo social em que as mulheres exercem poder e controle:[58]

> (...) se você fez essa concessão, o que acontece com a justiça – ou com a igualdade de oportunidades para as mulheres na força de trabalho? Eles evaporam, deixando as mulheres frustradas, entediadas

---

[58] hooks, 2019b, p. 201.

Mulheres que o Feminismo não Vê

> e em risco de serem abandonadas quando os homens cujos filhos criaram se cansam delas (Fox-Genovese, 1996, p. 211, tradução minha).

Muitas feministas valorizam a independência das mulheres, mas não seus instintos maternos. Ao analisar a dimensão política da maternidade, a psicanalista Vera Iaconelli (2023), na obra *Manifesto antimaternalista*, aponta uma conclusão que nos ajuda a compreender essa postura feminista em relação à maternidade: "(...) A falsa premissa de que haveria uma natureza maternal decorrente do instinto responde a questões político-econômicas, mas também contempla nossas fantasias narcísicas" (p. 222). De um modo ou de outro, a maioria das mulheres percebe uma atitude negativa do movimento feminista em relação ao casamento e à maternidade. hooks (2019b) considera o ataque feminista à maternidade um erro que alienou uma grande massa de mulheres, especialmente negras e pobres.

Embora longe de se alinhar com feministas que tratam homens e mulheres como virtualmente distantes, Fox-Genovese (1996) insiste que as preocupações das mulheres estão ligadas a crianças em uma extensão muito maior do que a dos homens. Segundo Fox-Genovese (1996), a maioria das mulheres (cinco em cada seis) ainda se torna mãe, e a maioria das mães de crianças pequenas trabalha fora de casa. A nova mulher trabalhadora não foi criada pelo feminismo, mas por uma revolução econômica. A economia global tornou difícil para a maioria das famílias sobreviver sem um segundo salário. E as mães da classe trabalhadora são as mulheres mais negligenciadas pelo movimento feminista atualmente; elas também são as menos capazes de organizarem-se em uma força política efetiva porque estão muito ocupadas correndo de casa para o trabalho e para a escola dos filhos, enquanto feministas de elite mobilizam a opinião pública para solidificar suas carreiras de luxo e defender sua liberdade sexual.

Notavelmente, o feminismo não apoia as mulheres que desejam dar prioridade, ao menos temporariamente, à família em detrimento do trabalho. A maternidade muda o senso das mulheres sobre quem elas são. A irmandade entre as mulheres sonhada pelo feminismo deveria residir no ato de ser mãe, não no desejo provinciano de liberdade sexual ou no utópico intuito de derrubar o patriarcado. Ao que tudo indica, a experiência feminina que une as mulheres é a maternidade. Ser mãe é a semelhança em meio à diversidade.

As feministas parecem esperar que as crianças caibam nos recantos das vidas das mulheres do mesmo modo que as mulheres tradicionalmente podem se encaixar nos recantos dos homens. Porém, se a maternidade é retirada do centro da vida das mulheres, as crianças também são retiradas. Ao que tudo indica, a verdadeira luta não é entre *mulheres e homens*, mas entre *filhos e trabalho*. Os verdadeiros perdedores nesse conflito são as crianças. ***A maternidade virou o novo "problema sem nome".*** Mas eu vou deixar esse assunto ser trabalhado pelas feministas porque eu não tenho lugar de fala...

A negligência com as necessidades das crianças aparece também entre conservadores e muitos daqueles que se intitulam antifeministas. Ao passo que eles defendem a ideia de que o trabalho principal da mulher é ter filhos – posição que eu não endosso, pois Deus reserva vocações distintas para seus filhos, como mostra a hagiografia da Santa Igreja Católica. Santa Joana D'Arc, por exemplo, foi uma mulher que não casou e não teve filhos; dedicou sua vida aos demais, lutando quando foi chamada. Santa Hildegarda de Bingen foi uma monja alemã que deixou grandes contribuições para a teologia e para a ciência –, eles também não apoiam programas estatais que subsidiem as necessidades das crianças da classe trabalhadora.

Os conservadores valorizam a família e a maternidade, mas não fazem provisões para que as mulheres trabalhadoras garantam um trabalho satisfatório. Ao contrário: engajam-se em uma guerra cultural que coloca as mães trabalhadoras como desleixadas por não cumprirem o ideal burguês de esposa/mãe/dona de casa. Eles fazem entender que os filhos das mães que trabalham fora de casa estão predestinados ao fracasso, esquecendo-se, convenientemente, de que estar em casa não é garantia de sucesso. Não é necessário ser nenhum gênio para perceber que essa guerra cultural empreendida por conservadores gerará enorme frustração para as mães; eles estão tentando colocar mães em novas jaulas com base em premissas fantasiosas e chamando isso, inadequadamente, de tradição.

Assim como as feministas, os conservadores, com base numa perspectiva elitista combinada a uma motivação reacionária camuflada de liberalismo econômico, ignoram que a maioria das mães precisa trabalhar para garantir a subsistência da família. O ideário da mulher no ambiente doméstico por ter filhos, que é difundido por conservadores, é tão delirante e perverso quanto o ideário difundido por feministas sobre felicidade fora do lar; ambos, feministas e conservadores, desprezam as múltiplas circunstâncias que podem atingir as famílias. Nenhuma narrativa que seja fruto da polarização se encaixará nas complexidades ricas e confusas das vidas que realmente vivemos. De acordo com Fox-Genovese (1996): "(...) Sim, conservadores são contra o aborto e apoiam a ideia das mães em casa, mas eles não têm interesse em pagar pelas crianças que não são abortadas ou subsidiar suas mães para ficarem em casa" (p. 204, tradução minha).

Embora muitas mulheres trabalhem por necessidade, isso não impediu que o trabalho se tornasse uma parte importante da forma como pensam, quem são e quem desejam ser. O trabalho também não foi – e ainda não é – um impeditivo para que mulheres trabalhadoras paralisem a vontade que habita a maioria das mulheres de todas as classes e raças: a maternidade: "(...) As mulheres negras não diriam que a maternidade nos impede de ingressar no mercado de trabalho, porque sempre trabalhamos" (hooks, 2019b, p. 195). E assim deve ser. De todo modo,

Nos primeiros estágios do atual movimento de libertação das mulheres, as análises feministas sobre a maternidade refletiam o viés de raça e classe das participantes. **Algumas mulheres de classe média e com ensino superior propuseram o argumento de que a maternidade constituía um sério obstáculo à libertação das mulheres, um mecanismo ardiloso destinado a confinar as mulheres em casa,** mantendo-as prisioneiras de tarefas domésticas como limpar, cozinhar e cuidar dos filhos. Outras identificaram na maternidade e na criação dos filhos o *locus* da opressão da mulher (...) (hooks, 2019b, p. 195, destaques meus).

A pesquisadora Carrie Gress (2022), em *Anti-Maria desmascarada: resgatando a cultura do feminismo tóxico*, ao demonstrar que a segunda onda feminista deixou evidente que as crianças eram o principal impeditivo para as mulheres realizarem seus sonhos, argumenta que

(...) Noções como mulheres só podem ser livres se puderem abortar suas crianças, gênero é uma coisa fluida (a menos que alguém queira se tornar heterossexual), masculinidade é tóxica ou mulheres precisam se tornar iguaizinhas aos homens, foram todas iniciadas por essa elite feminina e, em seguida, bombardeadas em nossas vidas como música de elevador (p. 96).

Se a maternidade é vista como obstáculo à libertação das mulheres, uma solução precisava ser desenvolvida. Os métodos contraceptivos e o aborto passaram a ser temas no debate público graças à atuação feminista: para o movimento, as mulheres não poderão ser como os homens se precisarem ser mães. Esse será o assunto do próximo capítulo.

CAPÍTULO 3

Eugenia, Aborto e Feminismo

"O eugenista propõe como santos os mesmos homens que centenas de famílias chamam de canalhas."

(*G. K. Chesterton, em* Eugenia e outros males)

A segunda onda do feminismo é, certamente, a mais produtiva – em termos de ativismo político – e a mais rica – em termos de produção intelectual. Além da ressignificação do papel da mulher no mercado de trabalho, a liberdade sexual também foi tema do feminismo de segunda onda. Na perspectiva feminista, pautar a liberdade sexual no debate público implica discutir a contracepção e o aborto, uma vez que a maternidade era vista como obstáculo à libertação feminina por proeminentes lideranças feministas. E é neste ponto que se inicia o casamento do movimento feminista com a eugenia,[1] que parece já ter celebrado, há tempos, as bodas de ouro por ser tão persistente (porém sempre renovado).

Em 1883, o antropólogo inglês Francis Galton (1822-1911), inspirado na teoria de seu primo Charles Darwin (1809-1882), cunhou o termo "eugenia": ideia que propunha o melhoramento da humanidade através da criação controlada e seletiva de seres humanos. As ideias de Galton ganhavam espaço no debate público, conforme a teoria de

---

[1] Schuller, 2021, p. 124.

Darwin era bem recebida. A elite da época apoiou as ideias de Galton; inclusive, magnatas financiaram a iniciativa, afinal, como disse o escritor americano Dale Ahlquist (2023), "a eugenia é uma palavra que soa bem, combinando as palavras gregas para 'bom' e 'nascimento' (...)" (p. 7).

A ideia central da eugenia era substituir a *randômica* seleção natural por uma seleção social intencional; para tanto, considerava três premissas básicas, a saber: a) as diferenças em inteligência humana, caráter e temperamento são fruto da hereditariedade; b) a hereditariedade humana pode ser melhorada com razoável eficiência; c) a melhoria da humanidade, como qualquer tipo de raça, não pode ser deixada ao acaso: demanda investigação científica e regulação do casamento, reprodução, imigração e trabalho.

Apesar de ter sido criada por um cientista inglês, a eugenia, como ciência, política e movimento, teve seu desenvolvimento aprimorado nos Estados Unidos. Em 1906, o médico John Kellog (1852-1943), o economista Irving Fisher (1867-1947) e o biólogo Charles Davenport (1866--1944), todos americanos, fundaram a Race Betterment Foundation,[2] uma organização com o fim de promover a eugenia e a higiene racial nos Estados Unidos, um ano antes de a Eugenics Education Society[3] ter sido fundada na Inglaterra.

O historiador americano Lothrop Stoddard (1883-1950) e outros eugenistas da década de 1920 temiam que a raça branca não produzisse crianças suficientes para acompanhar as raças "de cor". Stoddard

---

[2] Organização de eugenia e higiene racial fundada em Battle Creek, estado americano de Michigan, devido às preocupações com a "degeneração racial". Disponível em: https://www.eugenicsarchive.ca/connections?id=512fa0d334c5399e2c000005. Acesso em: 27 set. 2023.

[3] Organização fundada com o objetivo de promover a conscientização pública sobre os problemas eugênicos, ou seja, a existência de qualidades hereditárias positivas e negativas e a necessidade de incentivar a responsabilidade social com relação a essas qualidades.

escreveu seu clássico racista *The Rising Tide of Color against White World-Supremacy*[4] em 1920. A capa desse livro apresentava um africano carregando uma lança e um asiático empunhando uma faca ameaçando o mundo branco "civilizado". Dois anos depois, Stoddard publicou *The Revolt against Civilization: The Menace of the Under Man*, que apresentava uma capa ainda mais ofensiva aos negros: uma multidão de africanos jogando coquetéis molotov retratados como macacos peludos.

O pensamento eugenista americano chegou a seu ápice durante a Primeira Guerra Mundial e na década seguinte. Até a Segunda Guerra Mundial, ideias eugenistas influenciaram profundamente a Grã-Bretanha, os Estados Unidos e a Alemanha. Essas ideias triunfaram em aproximadamente todos os países não católicos do Ocidente e em muitos outros.[5]

O estado americano de Indiana foi o primeiro de mais de trinta estados americanos a aprovar a lei de esterilização forçada, em 1907. Estima-se que mais de 50 mil pessoas tenham sido esterilizadas entre 1907 e 1949 em todo o país; a última lei de esterilização foi revogada apenas em 1970.[6] Entre 1914 e 1928, o número de cursos dedicados à eugenia em universidades americanas subiu de 44 para 376, atendendo a 20 mil estudantes! Eugenia era tópico no currículo de Biologia em todos os níveis.[7]

Em *Illiberal Reformers: Race, Eugenics & American Economics in the Progressive Era*, o historiador Thomas C. Leonard (2017) aponta que

---

[4] Encontrei o livro em formato digital na Forgotten Books, uma editora de livros com sede em Londres, especializada na restauração de livros antigos (ficção e não ficção) cujo objetivo é restaurar e rejuvenescer digitalmente textos antigos para que sejam acessíveis para as gerações futuras.

[5] Leonard, 2017, p. 114.

[6] Diwan, 2022.

[7] Leonard, 2017, p. 111.

Mulheres que o Feminismo não Vê

Nas primeiras três décadas do século XX, ideias eugenistas foram politicamente influentes, culturalmente 'na moda', e cientificamente *mainstream*. A elite polvilhava suas conversas com preocupações eugenistas para sinalizar quão atualizada era sua mentalidade elevada (...) (p. 110, tradução minha).

Leonard (2017) aponta ainda que, até final dos anos 1920, geneticistas americanos apoiavam a eugenia ou mantinham suas oposições em privado para não interromper a arrecadação de fundos que o movimento eugenista gerou. Uma minoria de cientistas achava errado gerar mulheres e homens como ovelhas. Em outras palavras, o movimento eugenista foi apoiado pela mais fina flor da *intelligentsia* da época.

Os eugenistas compreenderam que, para existir o controle social da hereditariedade, fazia-se necessária a revisão de comportamentos populares e de atitudes científicas. Eles precisaram, então, fazer propaganda do movimento para além dos muros dos institutos de pesquisa e dos círculos da elite intelectual. No livro *Eugenia e outros males*, o jornalista católico Gilbert Keith Chesterton (2023) afirma que

Por volta de 1913, a eugenia passou de ser um capricho para tornar-se uma moda. Então, se é possível resumir assim a situação, é que a piada começou de fato. A mente organizadora que vimos considerando o problema da população de guetos, o material popular e a possibilidade de protestos, sentiu que chegara o momento de lançar sua campanha. A eugenia começou a aparecer em grandes manchetes na imprensa diária, e em grandes figuras nos jornais ilustrados (...) (p. 171).

Em *Raça pura: uma história da eugenia no Brasil e no mundo*, a historiadora Pietra Diwan (2022) destaca que o movimento eugenista cooptou médicos e biólogos com posicionamentos políticos e ideológicos distintos em várias regiões do globo. Segundo Diwan,

(...) houve uma multiplicidade de facetas adotadas pelo eugenismo que particulariza cada análise de acordo com a época e o país, sob o prisma ideológico de seus defensores. Uns mais radicais que outros, o certo é que não houve um uso homogêneo da teoria de Galton. Na Alemanha, os nazistas; nos Estados Unidos, o conservador Charles Davenport e **a feminista Margareth Sanger**; e, finalmente, na Inglaterra, o social-democrata Julian Huxley e o simpatizante do nazismo Karl Pearson; todos estiveram ligados à eugenia de modo diferente (...) (pp. 47-48, destaques meus).

Foi somente depois da Segunda Guerra, após o mundo tomar conhecimento do horror do Holocausto, que o termo "eugenia" passou a ser desmerecido publicamente. É claro que os argumentos eugênicos não deixaram de existir; foram transferidos para o conjunto de argumentos da pauta pró-aborto: "(...) a filosofia por trás da eugenia permanece conosco. De forma geral, todos os argumentos iniciais a favor da eugenia se tornaram os mesmos a favor do controle de natalidade, do aborto, da eutanásia, e mesmo da clonagem (...)" (Ahlquist, 2023, p. 8).

Em *Libido Dominandi: libertação sexual e controle político*, E. Michael Jones (2019) corrobora o pensamento de Ahlquist (2023) ao afirmar que "(...) o novo movimento eugenista tinha nomes como Planned Parenthood e Fundação Ford, e atingiria seu objetivo durante a revolução sexual dos anos 60, quando a guerra contra a pobreza se tornou uma frente para a distribuição de contraceptivos" (pp. 404-405).

O feminismo teve papel fundamental para "espalhar a palavra" da eugenia, especialmente nos Estados Unidos e na Inglaterra. A atuação feminista na propagação das ideais eugenistas deu-se através de ativismo político e produção intelectual. A proeminente sufragista americana Victoria Woodhull Martin (1838-1927) foi a primeira pessoa a arriscar a reputação na defesa aberta da eugenia nos EUA e na Grã--Bretanha. Ela também foi a primeira candidata do sexo feminino ao cargo de presidente dos EUA em 1872; sua candidatura não obteve um único voto.

No livro *The Human Body the Temple of God*, Woodhull "enaltece as intervenções mutiladoras dos ovários em jovens mulheres consideradas inaptas à maternidade. Durante mais de 30 anos, suas palestras sobre eugenia disseminaram a ideia pelo país" (Derosa, 2018, p. 24). Além da eugenia, defendeu o amor livre, o socialismo e o espiritismo.[8]

A romancista, socióloga e ativista feminista americana Charlotte Perkins Gilman (1860-1935) também foi uma eugenista entusiasmada, tendo publicado vários artigos e livros (ficção e não ficção) sobre a eugenia. Também pesquisou temas como a família, o casamento, a maternidade, o trabalho doméstico e o mercado de trabalho.[9]

Na obra *Herland*,[10] uma novela utópica publicada em 1915, Gilman advoga o feminismo eugênico ao imaginar uma sociedade utópica exclusivamente feminina, livre de dominação. A sociedade era composta de mulheres que, de alguma forma, eram capazes de se reproduzir assexuadamente apenas uma vez; somente os indivíduos mais aptos poderiam receber a honra de ter mais de um filho. Ao limitar a quantidade de um filho por mulher, todas as mulheres canalizariam seus sentimentos e talentos maternos naturais para cuidar de todos os filhos (e, portanto, da própria nação), provando que "o amor de mãe tem mais de um canal de expressão",[11] e, quando é usado corretamente a serviço da nação, as cidadãs seriam beneficiadas de modo geral. Todas descendiam de uma mãe solteira, portanto, a miscigenação não era um problema na sua sociedade imaginada; também não herdavam genes indesejáveis, uma vez que

---

[8] Derosa, 2018, p. 24.

[9] Toste; Borj, 2021, p. 112.

[10] Encontrei a versão digital da obra no site do Project Gutenberg, a mais antiga biblioteca digital do mundo. Disponível em: https://www.gutenberg.org/ebooks/32. Acesso em: 30 out. 2023.

[11] Gilman, 1915, p. 60.

aqueles que eram considerados inadequados para se reproduzir eram desencorajados de fazê-lo. Na obra, Gilman descreve uma utopia em que não há guerra, crime e doença – porque a população se reproduziu sempre com os melhores interesses da sociedade e os recursos disponíveis em mente.

Escritora prolífica, Gilman discorreu sobre diversos temas, entre eles a eugenia, o casamento, a família, a casa e a maternidade. O ideal eugênico estava tão imbricado no feminismo que, de acordo com Leonard (2017), o "(...) pensamento eugenista aprofundou-se na cultura popular americana, viajando através de revistas para mulheres (...)" (tradução minha, p. 113).

Com isso, para muitas pessoas, **a esterilização involuntária, a contracepção e o aborto** – três instrumentos eugenistas para controle social da hereditariedade – ainda são o melhor encaminhamento para pessoas pauperizadas. Segundo Jones (2019),

> (...) Durante o período do pós-guerra, o controle de natalidade se tornaria a principal área de contestação entre o emergente poderio católico e o declínio igualmente baseado na demografia da ainda poderosa aristocracia WASP. A Planned Parenthood, como seus panfletos eugenistas e suas cartas aos Rockefeller indicam, estava fortemente envolvida na campanha contra a Igreja Católica e a influência política católica, uma campanha que atingira seu ápice na revolução sexual dos anos 60 (p. 407).

Antes de o mundo ouvir falar em eugenia, teorias sobre controle populacional existiram. Ao notar que a disponibilidade dos recursos naturais e alimentos seria insuficiente para atender o crescimento populacional, o economista inglês e pastor protestante Thomas Malthus (1766-1834) foi um dos primeiros a desenvolver, em 1798, a teoria de controle populacional conhecida como malthusianismo. Sua teoria foi o alicerce para as teorias demográficas posteriores. Contudo, ao contrário dos defensores da eugenia, "Malthus sugeria que a continência sexual, mediante a coerção moral, fosse o método principal para o controle demográfico" (Derosa, 2018, p. 21). Apesar de seu evidente pessimismo quanto ao desenvolvimento humano, Malthus considerava imoral toda forma de contracepção, especialmente o aborto.

Contudo, até hoje, a contracepção e o aborto são pautas centrais do feminismo e aparecem na mídia como símbolos da autonomia feminina, obliterando seus fundamentos eugênicos; a esterilização involuntária foi defendida no seio do movimento feminista num largo período de sua história.

3.1. Uma raça melhor através do controle de natalidade

"Quando o controle de natalidade for totalmente compreendido, teremos uma raça mais fina e perfeita." (J. Westburg, em carta a Margaret Sanger)[12]

A enfermeira feminista e ativista pelos direitos reprodutivos Margareth Sanger (1879-1966) é peça-chave para entendermos a relação entre feminismo e eugenia. Comumente, o movimento feminista contemporâneo trata Sanger como uma grande heroína da luta pelos direitos reprodutivos das mulheres. Só é possível reconhecer o heroísmo de Sanger se deixarmos de mencionar o seu lado sombrio: suas opiniões sobre a eugenia, uma crença que tem o objetivo de "melhorar" a raça humana por meio de procriação seletiva, são duramente criticadas pela opinião pública americana hoje em dia. De acordo com a professora da Rutgers University Kyla Schuller (2021, p. 118), em seu livro *The Trouble*

---

[12] *Birth Control Review*, volume I, número 3 (março de 1917), p. 10 (tradução minha).

with White Women: A Counterhistory of Feminism, foi Margaret Sanger que posicionou o controle de natalidade como ferramenta eugenista. As práticas eugenistas de Sanger visavam alcoólatras, criminosos, doentes mentais,[13] pessoas com deficiência, pessoas de cor (negros, indígenas e latinos) e pessoas pobres.[14]

De princípio, eu gostaria de comentar o seguinte: toda vez que abordo o problemático legado de Sanger, feministas me acusam de ser anacrônica, pois Sanger teria sido uma "mulher de seu tempo" e em sua época a "eugenia era vanguarda intelectual". Ora, o que implica dizer que ela era uma "mulher de seu tempo"? Significa desculpar todas as ações daqueles que colocamos no panteão dos heróis? Não há nada mais matusalêmico – e acho particularmente curioso que pessoas progressistas defendam isso – do que defender que alguém foi "uma pessoa do seu tempo": "(...) a expressão é uma violência dupla pois é condescendente com a violência do passado e a reafirma no presente" (Torre *et al.*, 2022, p. 39).

A acusação de anacronismo revela um duplo padrão comum no pensamento progressista, que é cercado de pusilanimidade. Veja: o escritor brasileiro Monteiro Lobato (1882-1948) foi um eugenista, chegando a integrar a Sociedade Eugênica de São Paulo, fundada em 1918. Lobato difundiu seus ideais eugenistas através de suas obras. Em 2012, o livro *Caçadas de Pedrinho* quase teve sua distribuição proibida[15] na rede pública de ensino em razão do racismo de Lobato, que era tão eugenista quanto Sanger. Quem tem boa memória não deixará de lembrar que feministas e ativistas negros estiveram entre aqueles que pressionaram as autoridades brasileiras para executarem o banimento das obras. Por que abordar a eugenia de Sanger é anacronismo e a de Lobato não? Os

---

[13] Schuller (2021) afirma que a categoria "unfit" era muito ampla e incluía vários tipos de indivíduos.

[14] Schuller, 2021, p. 118.

[15] Disponível em: https://veja.abril.com.br/educacao/caso-da-proibicao-a-livro-de-monteiro-lobato-vai-ao-stf. Acesso em: 11 out. 2023.

Mulheres que o Feminismo não Vê

dois eram "pessoas do seu tempo". A história do movimento de controle de natalidade envolve a contra-história da justiça reprodutiva.

Feminista simpática ao comunismo, Sanger fundou, em 1921, a Liga Americana de Controle de Natalidade (American Birth Control League), que defendia, abertamente, a eugenia com propósitos racistas; um dos conselheiros da Liga foi Lothrop Stoddard. Foi Sanger que convenceu os eugenistas céticos de que o controle de natalidade era uma ferramenta valiosa para a eugenia.[16]

De acordo com Ahlquist (2023),

> A eugenia levou diretamente ao movimento de controle populacional. Todas as mesmas figurinhas estavam em jogo, tais como Margaret Sanger, que era membro da Sociedade Americana de Eugenia e editora do *Birth Control Review*. A filosofia primária do movimento foi trombeteada na capa de sua revista: 'Mais crianças para os aptos. Menos para os não-aptos'. Ela deixou claro quem considerava não-aptos: 'hebreus, eslavos, católicos e negros', e montou suas clínicas de controle de natalidade apenas em seus bairros. Ela apregoava abertamente a ideia de que tais pessoas deveriam pedir permissão oficial para ter filhos, 'tal como imigrantes precisam solicitar passaportes' (...) (pp. 7-8).

Sanger foi membro da Sociedade Americana de Eugenia e editora do periódico *Birth Control Review*; ela expôs sua filosofia numa audiência no Congresso americano, realizada em 1934, que tratou sobre a legislação para a legalização da distribuição de métodos contraceptivos:[17] *"mais crianças para os aptos, menos para os não aptos"*. Entre os "não aptos", encontravam-se judeus, negros, latinos, católicos e pobres. À época, de

---

[16] Leonard, 2017, p. 116.
[17] Kuby, 2021, p. 36.

acordo com Schuller (2021), Sanger considerava "não apto" um quarto da população americana! Ela acreditava que o progresso dependia de ações para evitar que os "não aptos" se reproduzissem. Aqui podemos localizar o início da tensão entre mulheres negras e mulheres brancas dentro do feminismo de segunda onda: o pensamento de Sanger revela sua disposição em defender a autonomia sexual para os "aptos" e a violência contraceptiva para os "não aptos".[18]

Sanger, no entanto, teve um vigoroso oponente: o professor católico de teologia moral na Universidade Católica da América e líder da Conferência Nacional Católica de Bem-estar monsenhor John Ryan (1869-1945), que a venceu na audiência supracitada. Eugene Michael Jones (2019) deixa claro que

> (...) Em 1930, Sanger já tinha se tornado completamente aferrada aos objetivos do movimento eugenista, em parte porque era financiada pela aristocracia plutocrática que queria manter os salários baixos, em parte porque eles estavam envolvidos em uma Kulturkampf [luta pelo poder] oculta contra a Igreja Católica (...) (p. 388).

Em seu testemunho diante do Congresso, Sanger adotou a linguagem da eugenia como mecanismo de racionalização do controle de natalidade. Ela propôs

> (...) "uma nação de seres superiores", assim como "mais crianças dos bem capacitados, e menos dos inferiores", esta última categoria sendo definida principalmente em termos raciais, "hebreus, católicos, eslavos e negros". Ela era também uma entusiasmada defensora

---

[18] Segundo Schuller (2021), essa defesa tornou Margaret Sanger a feminista mais controversa da história.

das políticas eugênicas de Hitler, oferecendo páginas de sua revista para Ernst Rudin do Instituto Kaiser Wilhem de Hitler. Sanger, de forma pouco surpreendente, defendeu, em seu testemunho diante do Congresso, o controle de natalidade como solução para os males econômicos do país. "A população", testemunhou ela, "está pressionando as agências de serviço social, o orçamento e o emprego de outros [...] O que será dos milhões de filhos cujos pais hoje estão desempregados?"[19] (Jones, 2019, pp. 388-389).

Em resposta, monsenhor Ryan argumentou que as baixas taxas de natalidade e os baixos salários eram a causa da Depressão que atingia a sociedade americana. Para ele, o controle de natalidade teria o potencial de intensificar o problema da pobreza. Em seu testemunho no Congresso, ele disse:

> Advogar a contracepção, como método de melhoramento da condição dos pobres e desempregados, é desviar a atenção das classes influentes da busca da justiça social e libertá-las de toda responsabilidade por nossa distribuição injusta e outros desequilíbrios sociais. Simplesmente não podemos – aqueles que partilham da minha crença – aceitar a ideia de que os pobres devem ser considerados culpados de sua condição, e devem, em vez de exigir a justiça e uma ordem social mais racional do governo, diminuir seus números (Drogin, 1979, p. 96 *apud* Jones, 2019, p. 389).

O que foi dito por monsenhor Ryan continua sendo um argumento completamente válido para a luta contra a legalização do aborto:

---

[19] Drogin, E. *Margaret Sanger: Father of Modern Society*. Coarsegold: CUL Publications, 1979, p. 96.

Mais de dezessete séculos atrás, o grande escritor cristão Tertuliano se dirigiu às classes populares de seu tempo, os comandantes do Império Romano, com estas palavras triunfantes: "Somos novos, mas enchemos suas cidades, ilhas, fortes, vilas, conselhos, campos, tribos, pecuárias, o palácio, o senado e o fórum; só lhes deixamos os templos". Parafraseando essa afirmação, aqueles que rejeitam o controle de natalidade podem desafiar as classes superiores dos dias atuais: "Somos, também, novos, mas seremos maioria amanhã. Ocuparemos e dominaremos toda esfera de atividade; a fazenda, a fábrica, o escritório de contabilidade, as escolas, as profissões, a imprensa e a legislatura. Dominaremos porque teremos os números e a inteligência e, acima de tudo, a força moral de lutar, resistir e perseverar. A vocês deixaremos os deuses e deusas que fizeram à sua própria imagem e semelhança, as divindades do gozo, da diversão e da mediocridade. Deixar-lhes-emos o conforto da decadência e a sentença de extinção (Ryan, 1941, p. 267[20] *apud* Jones, 2019, p. 383).

No dia 13 de junho de 1934, o último dia da referida audiência no Congresso, a legislação proposta por Sanger foi escolhida e aprovada. No entanto, a lei retornou para votação por intermédio do senador Pat McCarran e foi rejeitada. É claro que essa derrota no Congresso não impediu que plutocratas e a Fundação Rockefeller continuassem a apoiar e a patrocinar a luta pela contracepção:

A derrota de Sanger nas mãos de Ryan levou à conversão de John D. Rockfeller III em soldado em tempo integral da cruzada eugenista. Também o levou a compreender o quão poderosos eram

---

[20] Ryan, John. *Social Doctrine in Action: A Personal History*. Nova York; Londres: Harper Brothers, 1941, p. 267.

Mulheres que o Feminismo não Vê

os católicos e como seria impossível derrotá-los sem alguma vantagem tecnológica que só o dinheiro poderia comprar (...) (Jones, 2019, p. 390).

Dessa forma, a Liga Americana pelo Controle de Natalidade, fundada por Sanger, continuou contando com o firme apoio financeiro dos Rockefeller e de seu segundo marido: "Casa-se com o magnata do petróleo James Noah H. Slee, presidente da Companhia Petrolífera Three-in-one, que se converte no maior financiador do movimento para o controle dos nascimentos (...)" (Roccella; Scaraffia, 2014, p. 219 *apud* Campagnolo, 2019, p. 142).

Em 16 de outubro de 1916, Margaret Sanger abriu a primeira clínica de controle de natalidade nos Estados Unidos, localizada na cidade de Nova York (área de Brownsville, Brooklyn). Como era ilegal à época, ela foi presa toda vez que tentou reabri-la. Em 1923, Margaret Sanger reabriu legalmente sua clínica de controle de natalidade, que acabou se tornando a Federação de Planejamento Familiar da América, a Planned Parenthood.[21]

É importante notar que a Planned Parenthood passou a ter tal nome apenas em 1942; a mudança deu-se como uma reação à má fama que a eugenia tinha adquirido em razão de sua associação com o nazismo alemão. Mas, segundo Jones (2019),

> (...) A leitura do material da PP [*Planned Parenthood*], todavia, deixa claro que foi somente uma mudança de nome. A organização ainda perseguia os mesmos objetivos eugenistas com as mesmas pessoas a financiando para esse fim. (...) apesar da guerra e da má

---

[21] No final da década de 1930, Clarence Gamble pediu a unificação do Clinical Birth Control Research Bureau de Margaret Sanger com a concorrente American Birth Control League. Em 1939, as duas organizações tornaram-se a Birth Control Federation of America e, em 1942, o nome foi alterado para Planned Parenthood.

fama que Hitler dera à eugenia, além da mudança de nome para fugir de qualquer associação negativa, a Planned Parenthood ainda trilhava o caminho eugênico (p. 394).

Em 1926,[22] Sanger palestrou sobre controle de natalidade para o grupo feminino da Ku Klux Klan (KKK)[23] em Silver Lake, no estado americano de Nova Jersey. A KKK é organização terrorista formada por supremacistas brancos com o intuito de perseguir negros. É irônico pensar que as clínicas de planejamento familiar em bairros socialmente vulneráveis sejam a execução politicamente correta do sonho da KKK; parece ideal eliminar não brancos ainda no ventre.

Em 1927,[24] Margaret Sanger apoiou a notória decisão do caso Buck *versus* Bell,[25] em que a Suprema Corte americana determinou a esterilização forçada de pessoas consideradas "inaptas". Escrita pelo juiz Oliver Wendell Holmes Jr., a decisão estabeleceu que um estatuto estadual permitisse a esterilização compulsória dos inaptos, incluindo os deficientes intelectuais, "para a proteção e saúde do Estado". O tribunal argumentou que a esterilização não consensual não constituía punição cruel e incomum, e que era benéfica como um todo, pois se destinava à melhoria da sociedade. Epilepsia, imbecilidade e deficiência mental foram categorizadas como traços hereditários e, portanto, foram vistos como imperativos para evitar que eles fossem transmitidos à geração seguinte. Com a justificativa arrepiante de que "três gerações de imbecis

---

[22] Disponível em: https://curepolicy.org/report/the-impact-of-abortion-on-the-black-community/. Acesso em: 19 set. 2023.

[23] Disponível em: https://www.nytimes.com/2020/07/21/nyregion/planned-parenthood-margaret-sanger-eugenics.html. Acesso em: 13 set. 2022.

[24] Disponível em: https://curepolicy.org/report/the-impact-of-abortion-on-the-black-community/. Acesso em: 19 set. 2023.

[25] Uma curiosidade sobre o caso Buck *versus* Bell: Pierce Butler foi o único juiz da Suprema Corte que votou contra a esterilização compulsória de mulheres consideradas incapazes; ele era um católico romano fervoroso (Razzo, 2021).

são suficientes",[26] a Suprema Corte rejeitou os argumentos de Carrie Buck de que essa prática violava a 8ª e a 14ª Emendas da Constituição dos EUA.[27]

As leis de esterilização compulsória atingiram homens e mulheres. Segundo a historiadora Pietra Diwan (2022),

> (...) as mulheres foram mais esterilizadas do que os homens, mesmo a cirurgia de esterilização feminina (laqueadura) sendo mais complicada e cara. A esterilização feminina, nos Estados Unidos, teve uma função contraceptiva nas mulheres que apresentavam "falhas" genéticas (...) (p. 57).

O apoio de Sanger e de outros pensadores concedeu base para a esterilização de dezenas de milhares de pessoas, frequentemente contra a vontade delas (em alguns casos, até sem o conhecimento delas). No sul, muitas mulheres negras receberam histerectomias desnecessárias. As mulheres esterilizadas eram em sua maioria negras, indígenas, latinas e asiáticas, segundo a Planned Parenthood.[28]

Com base no documento publicado pela Planned Parenthood em outubro de 2004,[29] podemos organizar o trabalho de Sanger com as comunidades negras em três grandes momentos:

---

[26] A frase "three generations of imbeciles are enough" consta no veredicto assinado pelo juiz Oliver Holmes.

[27] A 8ª Emenda protege os cidadãos americanos de "punições cruéis e incomuns". A 14ª Emenda proíbe um estado de negar a "qualquer pessoa dentro de sua jurisdição a proteção igual da lei".

[28] Disponível em: https://www.plannedparenthood.org/uploads/filer_public/37/fd/37fdc7b6-de5f-4d22-8c05-9568268e92d8/sanger_opposition_claims_fact_sheet_2016.pdf. Acesso em: 06 out. 2022.

[29] Disponível em: https://www.plannedparenthood.org/uploads/filer_public/cc/2e/cc2e84f2-126f-41a5-a24b-43e093c47b2c/210414-sanger-opposition-claims-p01.pdf. Acesso em: 11 set. 2022.

a)   *Harlem*, 1930;
b)   *The Negro Project*, 1939-1942;
c)   *Division of Negro Service*, 1940-1943.

O primeiro contato de Sanger com a comunidade negra se deu no Harlem, bairro da cidade de Nova York, lugar que, em 1930, abriu uma clínica de planejamento familiar. O bairro do Harlem tem população majoritariamente negra, e, do ponto de vista de Sanger, era o local ideal para essa "experiência". À época, muitos negros procuravam escapar de suas circunstâncias adversas e, portanto, não reconheceram a tendência eugenista da clínica. Para funcionar, a clínica contou com a generosidade de fundações privadas.

Segundo a escritora Tanya L. Green (2012), em seu texto intitulado "The Negro Project: Margaret Sanger's Eugenic Plan for Black Americans",[30] a clínica do Harlem iniciou o debate entre os negros sobre qual a melhor forma de melhorar a sua posição desvantajosa na sociedade americana. Alguns entendiam o controle da natalidade como uma solução viável, pois acreditavam que uma elevada reprodução implicaria ampliação dos níveis de pobreza e de degradação.

No final da década de 1930, ativistas pelo controle de natalidade começaram a mostrar preocupações sobre as taxas de natalidade e a má qualidade de vida no sul dos Estados Unidos. Essas taxas foram exibidas num relatório do Comitê Nacional de Recursos, em 1938. Sanger enviou profissionais para essa região (foco na área rural sulista) para testar novos anticoncepcionais em mulheres pobres. Para tanto, contou com a ajuda do médico e filantropo Clarence Gamble (1894-1966), que foi um dos membros fundadores da Human Betterment League da Carolina do Norte, em 1947. A Liga apoiou programas de esterilização

---

[30] Disponível em: https://www.issues4life.org/pdfs/negroproject.pdf. Acesso em: 11 set. 2022.

Mulheres que o Feminismo não Vê

forçada de homens e mulheres, a maioria pobres, de QI presumidamente baixo e predominantemente negros, sem o seu consentimento, com o objetivo de reduzir os custos de programas assistencialistas financiados pelo Estado e melhorar o *pool* genético.

As iniciativas de controle de natalidade foram concebidas, em parte, para demonstrar aos governos – municipais, estaduais e federal – que as clínicas contraceptivas eram essenciais em comunidades pobres do sul e poderiam ser replicadas com sucesso em qualquer região dos Estados Unidos.

Com o auxílio de Clarence Gamble, a Carolina do Norte tornou-se o primeiro estado americano a incorporar serviços de natalidade em um programa estadual de saúde pública. Em seguida, outros cinco estados sulistas – Carolina do Sul, Alabama, Flórida, Mississippi e Virgínia – reproduziram a mesma conduta.

No ano de 1939, Margaret Sanger juntou-se à filantropa americana Mary Woodward Reinhardt (1900-1994), secretária da recém-formada Birth Control Federation of America (BCFA),[31] para buscar um patrocinador para a campanha de contracepção com foco em mulheres negras dos estados sulistas americanos. Elas elaboraram o relatório usando uma linguagem que apelava aos eugenistas temerosos com a descontrolada fertilidade entre as mulheres negras e aos progressistas comprometidos em conduzir negros para uma cultura de classe média.

O segundo momento de Sanger com a comunidade negra aconteceu ainda em 1939, quando, por intermédio da BCFA, iniciou o chamado *The Negro Project*.[32] A finalidade do projeto era dar acesso ao controle de natalidade para comunidades negras do sul americano. O projeto,

---

[31] A Federação Americana de Controle de Natalidade (BCFA) foi criada em 19 de janeiro de 1939 por meio de uma fusão da Liga Americana de Controle de Natalidade (ABCL) e do Birth Control Clinical Research Bureau (BCCRB). Disponível em: https://sanger.hosting.nyu.edu/aboutms/organization_bcfa/. Acesso em: 12 set. 2022.
[32] *O Projeto Negro*, em português.

que, embora afirmasse ser benéfico para as pessoas de cor, resultou na formação de centros de planejamento familiar que foram considerados problemáticos por muitas razões.

O projeto abriu clínicas experimentais com o objetivo de encontrar a melhor maneira de reduzir ou eliminar a população negra. Além disso, essas clínicas pareciam ser motivadas pela capacidade de testar novos métodos contraceptivos em populações "menos valiosas". A BCFA, em cuja gestão Sanger foi uma figura-chave, demonstrou motivações raciais claras ao erguer essas clínicas e tomou ações que enviesariam o campo médico contra negras nas décadas subsequentes.

Para tornar o projeto mais eficaz, em uma conhecida carta dirigida a Clarence Gamble,[33] em 1939, Sanger sugeriu que ministros negros (clero de igrejas protestantes) fossem recrutados, uma vez que o apelo religioso seria uma abordagem educacional mais proveitosa entre a comunidade negra daquele contexto. Na carta, ela diz: "Não queremos que se espalhe a notícia de que queremos exterminar a população negra, e o ministro é o homem que pode endireitar essa ideia se alguma vez ocorrer a algum de seus membros mais rebeldes".

Outra estratégia adotada pelo projeto foi a contratação de médicos e enfermeiros negros, que foram colocados no comando dessas clínicas de controle de natalidade, com o intuito de reduzir a desconfiança que a comunidade negra tinha em relação ao racismo no sistema de saúde americano.

Dentre os médicos negros contratados, destaco a médica Mae McCarroll (1898-1990).[34] Em 1946, ela se tornou a primeira médica negra da equipe do Newark City Hospital. Na Planned Parenthood,

---

[33] Disponível em: https://www.supremecourt.gov/DocketPDF/18/18-1171/116542/20190920143641893_18-1171%20Amicus%20Brief%20of%20ISSUES4LIFE%20Foundation.pdf. Acesso em: 11 abr. 2024.

[34] Disponível em: https://libex.smith.edu/omeka/files/original/6e519f51fff4af75b44049ce17b0c883.pdf. Acesso em: 13 set. 2022.

McCarroll ministrou treinamentos para enfermeiros e médicos negros, ensinando técnicas contraceptivas, e fez *lobby* médico entre grupos ativistas.

Por essa razão, o projeto recebeu apoio de proeminentes lideranças negras da época, como o sociólogo W. E. B. Du Bois (1868-1963), cofundador da National Association for the Advancement of Colored People (NAACP),[35] uma das mais antigas[36] e influentes organizações a favor dos direitos civis da população negra.

A edição de junho de 1932 da *Birth Control Review*, chamada *The Negro Number*, apresenta uma série de artigos escritos por intelectuais negros – dos quais destaco W. E. B Du Bois, George Schuyler (1895-1977), Charles S. Johnson (1893-1956) e Walter A. Terpenning (1886-1965) – sobre os aparentes benefícios do controle da natalidade. O editorial colocava as seguintes questões:

> Seguindo linhas menos teóricas, os dados sobre a saúde e as condições sociais podem até agora ser correlacionados do ponto de vista do papel preventivo do controle da natalidade. A saúde dos negros, embora marcada por grandes melhorias durante o último quarto de século, ainda está atrasada em relação à dos brancos, as taxas de mortalidade negra são altas, a mortalidade infantil e materna é desproporcionalmente alta, assim como a incidência de ilegitimidade, sífilis e tuberculose. O controle da natalidade entra em cena no ataque a esses problemas? Qual é a atitude negra sobre o assunto? Que provisões existem para aconselhamento contraceptivo aos negros

---

[35] Associação Nacional para o Progresso de Pessoas de Cor, em português.

[36] A NAACP foi fundada em 1905 por um grupo de ativistas conhecidos como The Call (O Chamado) para lutar pelos direitos de afro-americanos: um grupo de intelectuais negros e simpatizantes brancos que, inicialmente, formou um comitê durante reunião no centenário do aniversário de Abraham Lincoln, em Nova York, e que em 1910 se transformou na NAACP.

que mais precisam dele? O controle da natalidade é um fator na vida social e econômica dos negros? (p. 163, tradução minha).

W. E. B. Du Bois (1932), em seu artigo "Black Folk and Birth Control", observou o "inevitável choque de ideais entre aqueles negros que se esforçavam para melhorar a sua posição econômica e aqueles cuja fé religiosa tornou o controle contraceptivo um pecado" (p. 166, tradução minha).

Du Bois (1932) atrelou a defesa do controle de natalidade à inteligência e criticou aqueles que não a utilizavam:

> (...) a massa de negros ignorantes ainda se reproduz descuidada e desastrosamente, de modo que o aumento entre os negros, ainda mais do que entre os brancos, é daquela parte da população menos inteligente e apta, e menos capaz de criar seus filhos adequadamente (p. 166, tradução minha).

Ainda que Du Bois viesse a público para refutar as falas racistas de personalidades eugenistas da época, como Lothrop Stoddard, o movimento de controle de natalidade atendia ao seu interesse em formar o *Décimo Talentoso*[37] (*Talented Tenth*), uma categoria que assinalava o papel de liderança que homens negros com instrução e capital econômico, profissionais liberais e empresários devem assumir no projeto de melhoramento da comunidade negra. Mais à frente, ele diz: "(...) entre raças e grupos humanos, como entre vegetais, qualidade e não mera quantidade realmente conta" (p. 167, tradução minha).

O jornalista George Schuyler (1932), em seu artigo "Quantity or Quality", acompanha o posicionamento de Du Bois e discute a importância da qualidade sobre a quantidade:

---

[37] Xavier, 2021.

Mulheres que o Feminismo não Vê

Devem apostar na quantidade ou na qualidade das crianças? Deverão eles trazer crianças ao mundo para enriquecer os agentes funerários, os médicos e dar trabalho para assistentes sociais e carcereiros, ou produzirão filhos que serão um trunfo para o grupo e para a sociedade americana? A maioria dos negros, especialmente as mulheres, escolheria qualidade se soubesse como (p. 166, tradução minha).

Charles S. Johnson (1932), o primeiro reitor negro da Fisk University e membro do Conselho Consultivo Nacional da BCFA, escreveu o artigo "A Question of Negro Health", no qual defendeu que a eugenia e a discriminação eram necessárias para os negros. Afirmou que as altas taxas de mortalidade materna e infantil, juntamente com doenças como tuberculose, febre tifoide, malária e infecções venéreas, impediam que as famílias numerosas se sustentassem adequadamente. Além disso,

(...) o *status* dos negros como trabalhadores marginais, o seu confinamento aos setores de menor remuneração da indústria, a necessidade do trabalho das mães, bem como dos filhos, para equilibrar orçamentos escassos, são fatores que enfatizam a necessidade de diminuir a carga não apenas para eles próprios, mas também para a sociedade, que deve fornecer o apoio complementar na forma de alívio (p. 168, tradução minha).

Em seu artigo "God's Chillun", o escritor Walter A. Terpenning (1942) classifica trazer uma criança negra para um mundo hostil como "patético":

(...) O nascimento de uma criança de cor, mesmo para pais que possam dar-lhe o apoio adequado, é patético em vista do tratamento anticristão e antidemocrático que provavelmente lhe será concedido nas mãos de uma comunidade predominantemente branca, e a negação da escolha na propagação para esta classe infeliz é nada menos que bárbaro (...) (p. 172, tradução minha).

Terpenning considerou o controle de natalidade para negros como "a provisão mais humana" e "mais eugênico" do que entre os brancos. Ele sentiu que as informações sobre controle de natalidade deveriam ter sido disseminadas, prioritariamente, entre os negros e não entre as camadas sociais superiores de brancos.

Du Bois, Schuyler, Johnson e Terpenning – e outros – não conseguiram olhar para as atitudes e os comportamentos problemáticos da sociedade e como eles reprimiram os negros. Sanger conseguiu encantar os mais ilustres líderes da comunidade negra. "Ser um 'líder' negro significava o que as brochuras da Planned Parenthood indicavam, isto é, um homem que tomava dinheiro dos brancos para lançar seus companheiros negros em alguma forma de servidão eugenista ou cultural", afirma Jones (2019, p. 398). A solução para os verdadeiros problemas que afetavam os negros não residia na redução do seu número.

O terceiro e último momento de Sanger com a comunidade negra foi em 1942, quando a BCFA estabeleceu a Division of Negro Service.[38] O papel da divisão, dirigida por Florence Rose, era executar a fiscalização do Projeto Negro e ampliar o alcance educacional de Sanger entre os negros americanos. A divisão forneceu a organizações negras em todo o país material da Planned Parenthood e criou exposições educacionais locais. Rose passou a ter dificuldade para gerenciar a burocracia administrativa e saiu da direção. Com sua saída, a divisão foi encerrada em 1943.

Hoje, muitos pesquisadores[39] e ativistas entendem que as ações de Sanger na condução desse projeto foram deliberadamente eugenistas e

---

[38] Divisão de Serviço ao Negro, em português.

[39] Angela Davis, Dorothy Roberts, Betsy Hartmann e Asha Nadkarni são exemplos de pesquisadoras que denunciam a eugenia e o racismo do feminismo em suas obras.

racistas, com o intuito de reduzir o número de minorias. As alegações, claro, não são infundadas.

Em outubro de 2016, quando completou cem anos de existência, a Planned Parenthood publicou um documento intitulado *Opposition Claims about Margaret Sanger*.[40] Segundo o documento,

> Margaret Sanger estava tão empenhada em sua missão de defender o controle de natalidade que escolheu alinhar-se com ideologias e organizações que eram explicitamente capacitistas e supremacistas brancas. **Ao fazer isso, ela minou a liberdade reprodutiva e causou danos irreparáveis à saúde e à vida de gerações de negros, latinos, indígenas, imigrantes, pessoas com deficiência, pessoas de baixa renda e muitos outros** (tradução minha, destaques meus).

Ainda segundo a Planned Parenthood,

> **Margaret Sanger pronunciou sua crença e alinhamento com o movimento eugenista em seus escritos,** especialmente na revista científica *Birth Control Review*. Por vezes, Sanger tentou argumentar uma eugenia que não seria aplicada com base em raça ou religião (Katz, 1995, p. 47). Mas em uma sociedade construída sobre a crença da supremacia branca, adequação mental e física são sempre julgadas com base na raça. **Eugenia, portanto, é inerentemente racista** (tradução minha, destaque meu).

---

[40] O documento está disponível no website da Suprema Corte Americana e da Planned Parenthood: https://www.plannedparenthood.org/uploads/filer_public/cc/2e/cc2e84f2-126f-41a5-a24b-43e093c47b2c/210414-sanger-opposition-claims-p01.pdf. Acesso em: 06 jun. 2022.

As mulheres esterilizadas eram em sua maioria negras, indígenas, latinas e asiáticas. Esses dados levaram a Planned Parenthood a remover o nome de Margaret Sanger de sua clínica em Manhattan (Manhattan Health Clinic) e a parar de conceder o prêmio Margaret Sanger Award.

3.2. Eugenia e feminismo ao redor do mundo: Índia, África e Brasil

Até o momento, vimos como a eugenia foi desenvolvida nos Estados Unidos e adentrou o movimento feminista, especialmente através do ativismo pelos direitos reprodutivos capitaneado por Margaret Sanger. Pode parecer que o horror eugenista foi reservado apenas àquele país, mas isso não é verdadeiro. O feminismo abraçou ideias eugenistas em várias regiões do globo. Com intenção apenas demonstrativa dessa assertiva, exibirei, de forma breve, como o feminismo encaminhou a pauta eugenista (ou se fez silente perante ações de caráter eugênico que não preservaram os direitos reprodutivos de mulheres de cor e pobres) em três lugares:[41] Índia, África e Brasil. A lógica da eugenia impregnada nas políticas de controle de natalidade dessas três regiões é reminiscente das leis americanas de esterilização.

---

[41] Como o capítulo abordou largamente a relação entre eugenia e feminismo nos Estados Unidos, escolhi tratar de três lugares com populações majoritariamente não brancas e dentro do contexto do Sul global (para lembrar Boaventura Sousa Santos). Sul global é um termo comumente utilizado na literatura acadêmica que trata de estudos pós-coloniais para tratar de países em desenvolvimento (terceiro mundo). Não é um termo necessariamente geográfico, uma vez que os dois maiores países do Sul global encontram-se no hemisfério norte: Índia e China; o termo implica uma mistura de semelhanças políticas, econômicas e geopolíticas entre as nações.

Mulheres que o Feminismo não Vê

3.2.1. Índia

Em *Eugenic Feminism: Reproductive Nationalism in the United States and India*, Asha Nadkarni (2014), professora da Universidade de Massachusetts/ Amherst, mostra que as ideias de Sanger atravessaram, literalmente, o oceano Atlântico. Em 1935, Margaret Sanger fez numa rádio indiana o discurso *What Birth Control Can do for India*,[42] apresentando os argumentos usuais sobre a necessidade e a importância do controle de natalidade para a saúde da mãe e da família. Por trás dessa argumentação, como já sabemos, existiam motivações eugenistas:

> Sanger pode ter focado na eugenia positiva em sua mensagem de fazer "os melhores homens e mulheres possíveis" em seu discurso na rádio em 1935, mas seu interesse na Índia foi motivado pela eugenia negativa que se preocupava com a reprodução imprópria em escala mundial. Seus objetivos explícitos em visitar a Índia (como descrito numa carta para o eugenista C. P. Blacker) foram "primeiro, levar às populações mais pobres e biologicamente mais desfavorecidas o conhecimento do controle de natalidade que já prevalece entre aqueles que são genética e economicamente mais favorecidos, e, segundo, levar as taxas de natalidade do Oriente a estarem mais alinhadas às civilizações do Ocidente". Sua escolha pela Índia não foi acidental, uma vez que os censos e as políticas de controle da fome a partir da década de 1870 pintaram um quadro terrível das taxas de natalidade e de mortalidade da Índia, criando a percepção global de que esse país estava desesperadamente doente e superpovoado. Para os nacionalistas indianos, a culpa era da má gestão colonial (mesmo quando havia uma injunção nacional em relação à reprodução correta), enquanto para as feministas

---

[42] O que o controle de natalidade pode fazer pela Índia, em português.

Eugenia, Aborto e Feminismo

imperialistas, como Sanger, o problema era a reprodução irresponsável pelas "populações mais pobres e biologicamente menos dota-
das" (Nadkarni, 2014, p. 2, tradução minha).

O discurso de Sanger encontrou morada no ativismo das feministas
indianas, que, àquela época, buscavam criar espaço para o feminismo
dentro do nacionalismo. A Índia ainda não era uma nação independente; era um protetorado do Império Britânico, que teve sua independência apenas em 1947, doze anos após o discurso de Sanger.
No projeto de construção nacional, havia uma preocupação com o controle populacional, seja para reduzir seu tamanho, seja para "melhorar"
o perfil populacional. No discurso, Sanger pergunta aos indianos qual
"tipo de criança" seria colocado no mundo para carregar as responsabilidades de condução daquela – ainda por ser – nação.

Por sua vez, a Índia teve sua própria Margaret Sanger: Dhanvanti
Rama Rau, cofundadora da Family Planning Association of India,[43]
organização similar à Planned Parenthood. Rama Rau inclusive ajudou
Margaret Sanger a fundar em 1952 a International Planned Parenthood
Federation (IPPF), que teve sua primeira localização em Mumbai, na
Índia (hoje, a base da organização é em Londres, na Inglaterra).

No Ocidente, ouvimos falar muito pouco – ou nada – sobre
Dhanvanti Rama Rau. Mas seu ativismo feminista é bastante simular
ao de Margaret Sanger. Rama Rau entendia o planejamento familiar
como uma necessidade fundamental para o melhoramento socioeconômico da nação.

A organização fundada por Rama Rau na Índia foi responsável por
esterilizar 80 mil pessoas em 1976:

---

[43] Fundada em 1940 por Dhanvanti Rau e Avabai Bomanji Wadia. Em português,
Associação de Planejamento Familiar da Índia.

Mulheres que o Feminismo não Vê

> (...) o ativismo pelo controle de natalidade de Rama Rau acabou por levá-la a apoiar a esterilização compulsória sob o regime de Indira Gandhi. A sua organização, a Family Planning Association of India (FPAI), acabou por recuar dessa posição a favor de um sistema de incentivos e desincentivos (muitas vezes coercivos), mas durante o segundo ano da Emergência (1976) a FPAI foi, no entanto, responsável por esterilizar oitenta mil pessoas (Nadkarni, 2014, pp. 8-9).

Assim como nos Estados Unidos, a eugenia das feministas indianas enfrentou oposição religiosa. O grande líder hindu e ativista anticolonialista Mohandas Karamchand Gandhi – o Mahatma Gandhi – tinha uma preocupação com o aumento populacional, mas defendia que a abstinência era o melhor caminho.[44] Nos arquivos da London School of Economics,[45] foi encontrada uma carta escrita por Gandhi endereçada às ativistas britânicas de controle de natalidade Edith-How Martyn e Eileen Palmer, detalhando seu firme desprezo pela contracepção artificial.

3.2.2. África

É impossível falar sobre controle de natalidade e eugenia no continente africano sem mencionar o nome de Marie Stopes (1880-1958), bióloga feminista britânica e ativista eugenista pelos direitos reprodutivos; Stopes foi a versão britânica de Margaret Sanger.

---

[44] Nadkarni, 2014.
[45] Ver artigo jornalístico em: https://www.thebetterindia.com/255242/dhanvathi-rama-rau-birth-control-activist-mahatma-gandhi-family-planning-association-of-india-international-planned-parenthood-federation-unsung-women-independence-inspiring-history-div200/. Acesso em: 18 set. 2023.

Marie Stopes nasceu em uma família vitoriana de classe média. Ela se tornou uma das principais ativistas do século XX pelos direitos das mulheres e pelo controle da natalidade. Foi líder da Liga pela Reforma Sexual na Inglaterra, onde contou com firme oposição do médico católico inglês Halliday Sutherland (1882-1960),[46] um crítico dos eugenistas. Inegavelmente controversa, Stopes é comumente identificada por biógrafos como membro da ala mais radical do movimento eugenista, que encorajava mulheres a tomarem o controle do sexo em seus casamentos e, consequentemente, o controle de natalidade. Isso pode ser visto em *Married Love*, sua obra publicada em 1918 que discutiu sexualidade e controle de natalidade dentro de um casamento. O livro não foi bem recebido pela Igreja Católica, pela imprensa e pelo *establishment* médico, mas ainda assim foi um verdadeiro sucesso de vendas.

Por ser uma escritora mais bem-sucedida que Margaret Sanger, sua versão americana, Stopes ajudou a popularizar a ideia de que as mulheres podem e devem desfrutar de relacionamentos sexualmente satisfatórios, um componente dos quais deve ser a capacidade das mulheres de controlarem as suas próprias funções reprodutivas. É esse raciocínio que baliza toda a política de contracepção: pílulas e outros contraceptivos servem para assegurar a liberdade sexual feminina; na falha desses, o aborto é o método definitivo.

Feministas contemporâneas podem sugerir que o trabalho de Stopes tenha se dado em razão dos interesses pela saúde pública ou "empoderamento feminino". Contudo, a verdade é que Stopes, ao pesquisar sobre sexualidade humana, esperava lançar alguma luz sobre seu próprio casamento conturbado. Stopes foi casada com o botânico canadense Reginald Ruggles Gates de 1911 a 1912.[47] Após um ano de casamento,

---

[46] Derosa, 2018, p. 32.

[47] Disponível em: https://www.bbc.com/news/science-environment-11040319. Acesso em: 18 set. 2023.

Stopes ainda era virgem;[48] seu casamento não havia sido consumado, gerando sua anulação. Stopes percebeu que se ela, uma mulher branca, de classe média e escolarizada, podia ser tão ignorante sobre o básico das relações sexuais humanas, deveria haver milhões de outras mulheres que sofriam de forma semelhante; para ela, esse desconhecimento seria um dos efeitos da moralidade vitoriana. Num pedante ímpeto de salvadora das mulheres, Stopes decidiu usar sua tragédia pessoal como pano de fundo para construir sua visão a respeito da sexualidade feminina. Seu segundo marido foi o empresário britânico Humphrey Verdon Roe.

Defensora do amor livre, Stopes obrigou seu marido a assinar um "compromisso legal liberando-a de todos os deveres matrimoniais" (Derosa, 2018, p. 35). Desse casamento nasceu seu filho, o filósofo britânico Harry Stopes-Roe. Fervorosa ativista pela eugenia, Stopes defendeu a esterilização compulsória para os indivíduos considerados inaptos para a paternidade, como católicos, judeus e russos.[49] Suas preocupações em transmitir traços considerados inferiores fizeram-na deserdar seu filho, quando ele se casou com uma mulher que tinha baixa visão.[50]

Com seu segundo marido, Stopes abriu, em 1921, a primeira clínica britânica de controle de natalidade, localizada em Holloway, um bairro de classe trabalhadora do norte de Londres. Entre 1934 e 1945, Stopes e seu marido abriram cinco clínicas em Londres e atenderam,

---

[48] Como acadêmica, não gosto de consultar e fazer referências a dados biográficos dos autores que estudo; faço esforço consciente para analisar suas ideias, não suas vidas privadas. Acompanho o raciocínio de Nelson Rodrigues quando diz que, "se cada um conhecesse a intimidade sexual dos outros, ninguém falaria com ninguém" (2020, p. 114). Contudo, no caso de Marie Stopes, foi necessário citar algumas informações biográficas, pois estão explicitamente conectadas, por decisão dela mesma, ao seu trabalho acadêmico.

[49] De acordo com Derosa (2018), Stopes considerava católicos, judeus e russos uma maldição ou algo pior.

[50] Disponível em: https://collection.sciencemuseumgroup.org.uk/people/cp38898/marie-stopes. Acesso em: 18 set. 2023.

aproximadamente, 43 mil mulheres.[51] Em 1933, Stopes alegou que o casal investiu 30 mil libras no movimento de controle de natalidade.

Em parceria com Jean Black e Phil Harvey, o médico britânico Tim Black comprou o prédio em que Stopes abriu a clínica em 1921 e fundou, em 1976, a Marie Stopes International. Para nomear a organização, os fundadores optaram por reconhecer as origens do edifício a partir do qual começaram e homenagearam, de certa forma, o legado de Stopes. A organização foi criada para dar continuidade ao trabalho de planejamento familiar de Stopes.

A Marie Stopes International está atualmente presente em 37 países, sendo dezessete deles no continente africano, a saber: África do Sul, Burkina Faso, República Democrática do Congo, Etiópia, Gana, Quênia, Madagascar, Malawi, Mali, Níger, Nigéria, Senegal, Serra Leoa, Tanzânia, Uganda, Zâmbia e Zimbábue. Com isso, é seguro dizer que a organização tem forte presença nos países africanos. Quando falamos em aborto, podemos dizer que a Marie Stopes International está para a África como a Planned Parenthood está para os Estados Unidos:[52] é hoje a principal provedora de cuidados de saúde sexual e reprodutiva no Reino Unido e na África. Os serviços incluem tratamentos e aconselhamento sobre contracepção, testes de gravidez, aborto e esterilização.

Segundo dados da Marie Stopes International, em 2022 a organização apresentou um recorde de impacto. Num contexto de desafios como a reversão do direito ao aborto nos EUA (revogação da decisão de Roe *versus* Wade) e a reconstrução após a pandemia da covid-19, a

---

[51] Disponível em: https://www.heathandhampstead.org.uk/hhs_plaques/marie-stopes/. Acesso em: 18 set. 2023.

[52] A International Planned Parenthood Federation está em mais países africanos do que a Marie Stopes International. A diferença é que, na maioria dos países africanos, a primeira é mais conhecida por estar envolvida no controle populacional por meio de seus extensos programas de contracepção. A segunda é mais conhecida pela execução de abortos, até mesmo quando são ilegais.

MSI trabalhou junto a governos para oferecer cuidados abrangentes de aborto a 4,7 milhões de pessoas; desse total, 2 milhões são adolescentes.[53]

A robusta presença da MSI na África é bastante curiosa, uma vez que 85% das nações africanas têm regulamentos e restrições ao aborto.[54] Essa forte presença de instituições pró-aborto em países africanos é uma demonstração da ação colonialista do Ocidente rico. Francisco Razzo (2021), no seu livro *Contra o aborto*, mostra como a suposta ideia de humanização trazida pela cultura ocidental com relação às mulheres africanas não passa de uma grande distorção e não traduz o que realmente representa o aborto para a maioria dos africanos. Em 2016, no painel de discussões de um evento chamado Melhores Práticas para a Saúde Maternal na África, promovido pela Organização das Nações Unidas (ONU) em Nova York, a parlamentar dinamarquesa Mette Gjerskov questionou a biomédica e ativista pró-vida nigeriana Obianuju Ekeocha se a possibilidade de "privar as mulheres africanas do direito sobre os seus próprios corpos" pode ser uma nova forma de colonialismo. Ekeocha respondeu o seguinte:

> (...) eu sou de uma tribo chamada Igbo, na Nigéria. Se eu tentar traduzir em minha língua o que significa "uma mulher escolher o que fazer com o seu corpo", não conseguiria. A maioria das línguas nativas africanas sequer têm uma forma de interpretar "aborto", pois "a maioria das comunidades africanas realmente acredita, por tradição, por seu padrão cultural, que o aborto é um ataque direto à vida humana" (Razzo, 2021, p. 190).

---

[53] Disponível em: https://www.msichoices.org/what-we-do/our-impact/. Acesso em: 18 set. 2023.

[54] Disponível em: https://thetablet.org/pro-life-organization-says-promoting-abortion-is-hidden-agenda-for-womens-rights-groups/. Acesso em: 18 set. 2023.

Numa entrevista concedida à *Celebrate Life Magazine*,[55] Ekeocha faz apontamentos perturbadores a respeito da Marie Stopes International:

> Durante minhas visitas a vários países africanos, conversei com mulheres que estavam dispostas e confiantes o suficiente para registrar sua experiência com a Marie Stopes realizando abortos ilegais. Depois de ter todas essas entrevistas, percebi que poderia fazer com que suas vozes fossem ouvidas fazendo um documentário. (...) O movimento africano pró-aborto não está sendo dirigido por africanos, mas sim por organizações ocidentais ricas e bem financiadas, como IPPF e MSI. Eles podem contratar ou ter em sua folha de pagamento a liderança africana, mas é sempre óbvio que as ideias e a ideologia central de seu trabalho vêm de nações ocidentais.

O documentário ao qual Obianuju Ekeocha se refere no trecho supracitado recebeu o título *Strings Attached* e foi lançado em 2018. Como Ekeocha mostra no documentário, em pelo menos quatro países africanos a Marie Stopes International foi investigada, suspensa ou mesmo proibida de operar. No Zâmbia, a MSI estava realizando abortos ilegais na parte norte do país, e o governo a fechou. O Conselho de Medicina e Odontologia do Quênia suspendeu a MSI. No Níger, o ministro da Saúde fechou completamente a MSI. Na Nigéria, a MSI também experimentou suspensão, mas o *status* segue indefinido.

Segundo dados da própria organização, a MSI executou mais de 477 mil laqueaduras em 24 países, tornando-se a líder mundial entre as provedoras de esterilização. No Malawi, por exemplo, a MSI executa 38 mil laqueaduras por ano.

---

[55] Disponível em: https://clmagazine.org/topic/enemies-of-life/strings-attached-documentary-addresses-the-evil-that-marie-stopes-international-perpetrates-in-africa/. Acesso em: 18 set. 2023.

Em razão dos protestos do movimento Black Lives Matter, em novembro de 2020, a MSI mudou de nome e passou a ser conhecida como MSI Reproductive Choices. A mudança de nome se deu pela vinculação do nome de Marie Stopes ao movimento eugenista. Em comunicado, a MSI Reproductive Choices disse que o legado de Stopes se tornou "profundamente emaranhado" com suas visões sobre eugenia e queria abordar os "equívocos compreensíveis" de que a instituição de caridade tinha uma conexão significativa com ela.

3.2.3. Brasil

O Brasil não ficou de fora da onda eugenista, que atingiu fortemente mulheres negras. A International Planned Parenthood Federation (IPPF), fundada por Sanger e Rama Rau em 1952, também está presente no Brasil, através da Sociedade Civil Bem-estar Familiar no Brasil – Bemfam, fundada em 1965. As pesquisadoras Nathalia Lima e Rosineide Cordeiro (2020), no artigo intitulado "Aborto, racismo e violência: reflexões a partir do feminismo negro", falam sobre essa organização:

> No Brasil, a primeira entidade desta natureza – a Sociedade de Bem-estar da Família (Bemfam) – foi criada sob o augúrio da Internacional Planned Parenthood Federation (IPPF), organismo internacional financiado por governos europeus, estadunidense e pelas Nações Unidas, a partir da década de 1960. Sustentando-se na premissa do enfrentamento da morbimortalidade materna e infantil e nos crescentes índices de aborto provocado e abarcando parte significativa do setor médico do país, a Bemfam alcançou visibilidade social. Entretanto, a entidade respondia a interesses controladores de organismos internacionais e dos poderosos

laboratórios farmacêuticos estrangeiros (...) alinhados às mesmas políticas raciais dos Estados Unidos citadas anteriormente (p. 107).

Jorge Scala (2004), no livro *IPPF: a multinacional da morte*, com base em relatórios de instituições não governamentais, aponta que, especialmente durante a década de 1980, cerca de 44% das mulheres brasileiras entre 15 e 47 anos foram esterilizadas, em sua maioria sem seu consentimento:

> Com relação à esterilização de brasileiras, um diário espanhol afirmou que "O alto número de mulheres brasileiras esterilizadas, sete milhões com idades compreendidas entre 15 e 64 anos segundo estatísticas oficiais, despertou a suspeita de que a causa seja a existência de programas de planejamento familiar elaborados nos Estados Unidos nos anos setenta. Quase 200 deputados solicitaram a constituição de uma Comissão Parlamentar para investigar o problema. Um exame de março da esterilização feminina revela que nos estados mais subdesenvolvidos do nordeste brasileiro ocorrem as porcentagens mais altas de mulheres esterilizadas. **No Estado do Maranhão quase 80% das mulheres em idade fértil estão esterilizadas, e mais de 64% em Alagoas**... Esta acusação se baseia em documentos secretos que recentemente foram liberados nos arquivos dos Estados Unidos... Benedita da Silva, deputada pelo Partido Democrático Trabalhista,[56] converteu-se em paladina da denúncia da esterilização feminina no Brasil... Denuncia a deputada que 90% das brasileiras esterilizadas são negras e com uma escolaridade mínima, apenas um ano. No nordeste formam-se filas enormes de mulheres para a ligadura de trompas. Umas querem e outras nem

---

[56] Apesar de o autor citar a filiação da deputada ao PDT, não encontrei fontes que deem conta de Benedita da Silva ter sido filiada ao partido. Ao que me consta, ela é filiada ao Partido dos Trabalhadores – PT desde 1980.

sequer sabem o que fazem e vão enganadas" (...) **A pressão norte-americana explicaria o fenômeno excepcional que faz do Brasil o país com a mais alta taxa mundial de esterilização feminina, que alcança uma média de quase 30% e 'picos' de até 45% nas classes mais pobres** (p. 195, destaques meus).

Nos anos 1990, o Congresso brasileiro instaurou a Comissão Parlamentar Mista de Inquérito (CPMI) para averiguar as denúncias e os resultados dos estudos que apontavam escasso acesso aos métodos contraceptivos, principalmente nas áreas mais pauperizadas do país; a precariedade tornou-se campo fértil para que as laqueaduras (esterilização) fossem oferecidas como escambo eleitoral e sem qualquer tipo de critério. As esterilizações em massa já eram objeto de denúncias feitas pela Igreja Católica e por movimentos sociais, que apontavam os programas de controle da natalidade e planejamento familiar, especialmente aqueles financiados com capital estrangeiro, como principais focos de tal prática.

Segundo a jornalista Eliana Alves Cruz,[57] os programas supracitados eram gerenciados por entidades que seguiam orientações constantes no chamado Relatório Kissinger, documento estadunidense inicialmente classificado como sigiloso, mas a que pesquisadores tiveram acesso nos anos 1990. Trata-se de um Memorando de Estudo de Segurança Nacional,[58] que abordava a relação entre o crescimento da população mundial e a segurança dos Estados Unidos:

O Relatório Kissinger foi adotado como política oficial pelo presidente Gerald Ford em 1975 e defendia que o crescimento

---

[57] A jornalista Eliana Cruz escreveu um artigo completo sobre a temática para o portal Intercept. Disponível em: https://www.intercept.com.br/2018/07/18/laqueaduras-esterilizacao-forcada-mulheres/. Acesso em: 18 mar. 2023.

[58] Recebeu o nome de Henry Kissinger porque foi concluído em dezembro de 1974, sob sua direção.

populacional dos países menos desenvolvidos era uma ameaça para a segurança nacional americana, pois geraria riscos de distúrbios civis e instabilidade política. Para conter o avanço demográfico, o relatório defendia a promoção da contracepção. Treze países estavam na mira desta política: Índia, Bangladesh, Paquistão, Indonésia, Tailândia, Filipinas, Turquia, Nigéria, Egito, Etiópia, México, Colômbia e Brasil. Assim, a vontade histórica da elite brasileira ganhou um aliado de peso e com dólares no bolso.[59]

Em 1996, o Ministério da Saúde realizou a Pesquisa Nacional de Demografia em Saúde, que mostrou que 45% das mulheres em uniões estáveis estavam laqueadas e 20% tinham menos de 25 anos. A CPMI, presidida pela então deputada Benedita da Silva (PT-RJ), com relatoria do senador Carlos Patrocínio (PFL-TO), comprovou a prática indiscriminada da laqueadura e o uso eleitoreiro da cirurgia.

A CPMI ouviu testemunhos de ativistas dos movimentos feminista e negros, deputados, demógrafos, médicos, juristas e integrantes do clero da Igreja Católica, gerando um relatório de 144 páginas.[60] O então presidente da Conferência Nacional dos Bispos do Brasil (CNBB), Dom Luciano Mendes de Almeida, foi assertivo ao afirmar que em "um país com dezesseis habitantes por quilômetro quadrado não se deveria estar falando em controle da natalidade, mas o fazia porque havia uma intenção genocida por trás, dentro de uma perspectiva racista".[61]

---

[59] Disponível em: https://www.intercept.com.br/2018/07/18/laqueaduras-esterilizacao-forcada-mulheres/. Acesso em: 18 mar. 2023).

[60] O relatório está disponível na página do Congresso: https://www2.senado.leg.br/bdsf/bitstream/handle/id/85082/RF_CPMI_esterilizacao_mulheres_1993.pdf?sequence=7&isAllowed=y. Acesso em: 18 mar. 2023.

[61] Consultar página 94 do Relatório Final da Comissão Parlamentar de Inquérito, disponível em: https://www2.senado.leg.br/bdsf/bitstream/handle/id/85082/RF_CPMI_esterilizacao_mulheres_1993.pdf?sequence=7&isAllowed=y. Acesso em: 18 mar. 2023.

Mulheres que o Feminismo não Vê

O entrelaçamento do movimento pelo controle de natalidade com ideias eugenistas é muito evidente no Brasil. Ao contrário da Índia, o Brasil não era um país superpovoado; falar de controle de natalidade, nesse cenário, não estaria relacionado ao controle populacional, mas à intenção eugenista de redução da população de alguns grupos raciais.

A CPMI resultou no projeto de lei sobre planejamento familiar aprovado pelo Congresso Nacional em 1996, sancionado sem vetos, após muitas pressões, pelo então presidente da República Fernando Henrique Cardoso. A lei diz o seguinte: *"É condição para que se realize a esterilização o registro de expressa manifestação da vontade em documento escrito e firmado após a informação dos riscos da cirurgia"*.

O relatório da CPMI exibe depoimentos de importantes ativistas feministas, como Jurema Werneck e Luiza Bairros. Contudo, considerando a gravidade da denúncia, a participação do movimento feminista na resolução desse problema não foi dominante como seria de esperar. Há um motivo para isso. Como em outros lugares do mundo, o movimento feminista brasileiro, nas primeiras décadas do século XX, era composto de mulheres brancas, de classe média, com formação universitária e residentes em áreas urbanas. Entre essa fase inicial e o início dos anos 1970, a luta feminista no Brasil centrava-se em torno da conquista do voto feminino e de melhores condições de trabalho para as mulheres. O período que cobre o final da década de 1970 a meados da década de 1980 apresenta um cenário com vítimas de esterilização cirúrgica em massa com o objetivo de controlar a natalidade de mulheres negras; esse cenário serviu como impulsionador de uma militância feminista negra organizada no Brasil.

A luta contra a esterilização cirúrgica na década de 1990 foi a principal pauta do feminismo negro no Brasil, engajamento similar ao desenvolvido por feministas negras americanas nas décadas de 1960 e 1970. Nessa época, as feministas brancas americanas lutavam pela legalização do aborto e as mulheres negras, contra a esterilização compulsória promovida pelos estados americanos.

As líderes do movimento feminista negro brasileiro, assim como as líderes feministas brancas do início do século XX, têm um perfil semelhante em termos de classe social e escolaridade: mulheres de classe média com nível superior e até pós-graduação em níveis de mestrado e doutorado. A filósofa Lélia Gonzalez (1935-1994) é um exemplo do perfil das líderes feministas negras.

Os pesquisadores Mariana Damasco, Marcos Maio e Simone Monteiro (2012), no artigo "Feminismo negro: raça, identidade e saúde reprodutiva no Brasil (1975-1993)", defendem que o movimento negro contemporâneo, desenvolvido a partir dos anos 1970, também contribuiu para a formação do feminismo negro no Brasil, apesar dos embates que existiram entre ambos os ativismos (feminista e negro):

> (...) O embate mais significativo envolveu militantes do movimento negro e participantes do Programa de Saúde da ONG paulista Geledés. Os primeiros condenavam a prática da esterilização cirúrgica nas mulheres negras por entenderem que gerar filhos seria uma tarefa política das mulheres negras. Em contraposição, o Geledés e algumas militantes do MNU de Belo Horizonte afirmavam que a questão dos direitos reprodutivos deveria ser analisada, levando-se em consideração as necessidades e os desejos das mulheres negras (...) (p. 136).

Segundo Damasco, Maio e Monteiro (2012), a esterilização em massa no Brasil foi uma estratégia racista disfarçada de planejamento familiar. Entidades sociais empreendiam a esterilização massiva de mulheres, em sua maioria negras e jovens, e a distribuição em larga escala de pílulas e dispositivos intrauterinos. As mulheres submetidas à esterilização forçada não eram informadas devidamente sobre as consequências dos procedimentos.

Os pesquisadores[62] ainda apontam que, entre ativistas do movimento feminista, foram as feministas negras que denunciaram a esterilização forçada a que mulheres negras eram submetidas. O feminismo negro, como se sabe, é uma das várias vertentes do feminismo e é intrigante, e até mesmo embaraçoso, notar que somente feministas negras se incomodassem com a violência que a esterilização compulsória ofereceu a tantas mulheres negras. É impossível deixar de inferir, com isso, que o feminismo, apesar do trabalho severo de ativistas negras, toma as demandas das mulheres brancas de classe média como universais, de maneira bastante pedestre, a todo o conjunto de mulheres. Nathalia Lima e Rosineide Cordeiro (2020) problematizam essa questão e tornam evidente o componente racial das esterilizações forçadas:

> O diálogo entre o feminismo hegemônico e o feminismo negro não foi isento de contradições e conflitos. Angela Davis (2016) explana que o movimento feminista estadunidense manteve com as mulheres negras uma relação utilitarista. Quando era interessante requisitá-las para engrossar protestos e manifestações, o diálogo se tornava possível; quando as mulheres negras traziam suas pautas para o movimento, eram acusadas de sectárias e de fragmentar a luta das mulheres. Caso emblemático dessa relação utilitarista foi a legalização do aborto nos Estados Unidos. Em um contexto político racista, **as mulheres brancas negociaram a legalização do aborto como forma de conter o aumento da população negra e latina naquele território** (Davis, 2016). **Isso explica, em parte, o distanciamento das mulheres negras com a pauta do aborto. Entre o sexismo do movimento negro e o racismo dentro do feminismo, as mulheres negras necessitaram criar suas próprias ferramentas teóricas e ações políticas para denunciar a situação complexa de subalternização em que viviam** (p. 106, destaques meus).

---

[62] Damasco, Maio e Monteiro (2012).

Lima e Cordeiro (2020) ainda apontam que

> (...) As esterilizações forçadas continham um forte componente racial e legitimaram interesses racistas. Não por acaso, a população negra comparou o controle de natalidade ao genocídio. Assim, **as mulheres negras e latinas colocaram na pauta de reivindicação o fim da esterilização compulsória, o que não foi abraçado pelo feminismo de forma geral** (p. 107, destaques meus).

O movimento feminista tem uma dívida histórica para com as mulheres negras, em razão de seu silenciamento perante a desumanidade que foi a esterilização forçada.

3.3. Como as políticas eugenistas atingiram as mulheres de cor[63]

No documentário *Feministas: o que elas estavam pensando*, produzido em 2018 pela cineasta americana Johanna Demetrakas, a ativista negra Margaret Prescod conta a respeito da esterilização forçada de que mulheres negras, indígenas e latinas foram vítimas nos Estados Unidos entre as décadas de 1920 e 1970. Por esse cenário, muitas mulheres de cor tentaram somar forças com o movimento feminista. Uma delas é justamente Margaret Prescod.

Nesse documentário[64], Prescod conta que tentou inserir a luta contra a esterilização forçada de mulheres na pauta do movimento feminista

---

[63] Estou denominando "mulheres de cor" o grupo de mulheres que não pertencem ao grupo de "mulheres brancas", a saber: negras, latinas, indígenas e asiáticas.

[64] "Ativista, apresentadora de rádio e historiadora Margaret Prescod relembra um momento durante a primeira Conferência Mundial sobre a Mulher em 1975, onde mulheres negras e outras mulheres de cor lidaram com resistência e táticas de silenciamento por parte da liderança branca feminina ao tentar abordar questões relacionadas

durante a primeira conferência de mulheres nos Estados Unidos, ocorrida na cidade de Houston, estado do Texas. Segundo ela, seu microfone foi desligado por ativistas feministas, que pediram que elas (mulheres de cor) não falassem sobre o assunto para não atrapalhar a pauta principal: *legalização do aborto.*

Na sua conhecida obra *Mulheres, raça e classe*, originalmente publicada em 1981, a ativista negra e feminista Angela Davis (2016) denuncia como o movimento feminista deixou de pautar a violência que foi a esterilização compulsória:

> Ao longo da última década, a luta contra a prática abusiva da esterilização tem sido empreendida principalmente pelas mulheres porto-riquenhas, negras, de origem mexicana e indígenas. **Sua causa ainda não foi encampada pelo movimento de mulheres como um todo. No interior das organizações que representam os interesses das mulheres brancas de classe média, tem havido certa relutância em apoiar as reivindicações da campanha contra a esterilização abusiva,** porque essas mulheres frequentemente têm negado seu direito individual à esterilização quando desejam dar esse passo (p. 223, destaques meus).

Dezenas de milhares de esterilizações forçadas foram realizadas nos Estados Unidos durante o século XX. Essa política eugenista vitimou, em maior número, mulheres de cor. O movimento eugenista americano impulsionou a ideologia da esterilização para o *mainstream*. A esterilização forçada foi fortemente imposta a mulheres jovens com deficiência

---

à esterilização forçada de mulheres negras, latinas e nativas americanas. "Nos disseram [que falar sobre essas questões] colocaria [o movimento maior] em risco", explica Prescod no filme" (tradução minha). Disponível em: https://peoplesworld.org/article/netflix-feminists-film-on-1970s-womens-movement-shows-work-still-to-do/. Acesso em: 28 fev. 2014.

Eugenia, Aborto e Feminismo

intelectual, com base na ideia de que elas poderiam ter filhos dos quais não poderiam cuidar adequadamente e, assim, adicionar pressão adicional sobre programas e sistemas sociais. Alvos adicionais da política de esterilização incluíam aqueles que estavam encarcerados ou ocupantes de instalações psiquiátricas. Esse alvo afetou desproporcionalmente homens negros e latinos e mulheres jovens. Infelizmente, havia também uma série de programas de esterilização específicos para raça, através dos quais milhares de mulheres indígenas, negras e latinas eram esterilizadas à força. Seis anos após a aprovação da Lei de Planejamento Familiar e Recursos, em 1970, 25% das mulheres indígenas em idade fértil haviam sido esterilizadas.[65]

Uma pesquisa realizada pelo Departamento de Saúde de Porto Rico em 1965[66] descobriu que um terço das mulheres porto-riquenhas entre 20 e 49 anos de idade havia sido esterilizada como resultado dos programas de controle populacional dos EUA aplicados no território porto-riquenho.

Os chamados "Atos de Assexualização da Califórnia", que levaram 20 mil homens e mulheres a perderem a capacidade reprodutiva, foram uma inspiração direta para os eugenistas nazistas.[67] A Califórnia atuou como um chefão da esterilização forçada, aprovando três "Atos de Assexualização" em 1909, 1913 e 1917. Os atos californianos formaram a espinha dorsal da Lei de Esterilização Nazista de 1934, que efetivamente esterilizou entre 300 mil e 450 mil pessoas.

Em 2015, a cineasta americana Renee Tajima-Peña produziu o documentário americano *No más bebés*, que conta a história de centenas

---

[65] Disponível em: https://whistleblower.org/in-the-news/nyu-local-womens-health-involuntary-sterilization-then-and-now/. Acesso em: 18 mar. 2022.

[66] Disponível em: https://www.cwluherstory.org/health/35-of-puerto-rican-women-sterilized?rq=Puerto%20rico. Acesso em: 18 mar. 2022.

[67] Disponível em: https://theintercept.com/2020/09/17/forced-sterilization-ice-us-history/. Acesso em: 18 mar. 2022.

de mulheres mexicano-americanas coagidas a fazerem laqueaduras em um hospital de Los Angeles, na Califórnia, durante as décadas de 1960 e 1970. Uma parte importante da cultura mexicana é a capacidade das mães de terem filhos. As mulheres latinas foram alvo das ações eugenistas pois eram vistas como muito férteis e seus filhos, como "bebês--âncora". O documentário aborda também o caso judicial Madrigal *versus* Quilligan,[68] processo movido por dez mulheres latinas que sofreram esterilização forçada na California em 1976. As dez mulheres envolvidas no processo receberam auxílio do Movimento Chicano.[69] O juiz Jesse W. Curtis decidiu a favor dos réus, afirmando que falhas de comunicação e barreiras linguísticas resultaram em esterilizações indesejadas. Mesmo sem vencer, o caso ajudou a modificar leis estaduais.

No final da década de 1970, graças aos esforços de organização de mulheres de origem mexicana na Califórnia,[70] os programas de esterilizações ordenadas pelo Estado haviam terminado e diretrizes foram colocadas em prática para garantir melhor o consentimento informado em torno dos procedimentos de esterilização. Mais uma vez, mulheres de cor empenham luta contra a violência que as vitima; o feminismo, a exemplo do que aconteceu em outras regiões do mundo, foi silente ou partícipe das políticas de esterilização como controle de natalidade para as mulheres de cor. As esterilizações coercitivas eram tão comuns nos estados sulistas americanos que passaram a ser chamadas de *apendicectomias do Mississippi*. Essas práticas, que foram executadas sob o disfarce de política de controle de natalidade, encaixam-se em uma ideologia

---

[68] Disponível em: https://www.nytimes.com/2016/02/01/magazine/when-doctorstook-family-planning-into-their-own-hands.html. Acesso em: 18 mar. 2022.

[69] O Movimento Chicano, também chamado de El Movimiento, foi um movimento social e político nos EUA que trabalhou para abraçar uma identidade e visão de mundo. Alinhado ao movimento Black Power, lutou pelo combate ao racismo e pela revitalização cultural.

[70] Disponível em: https://theintercept.com/2020/09/17/forced-sterilization-ice-ushistory/. Acesso em: 18 mar. 2022.

eugenista, genocida e supremacista branca. Entre 1930 e 1970, 65% das mais de 7,6 mil esterilizações encomendadas pelo estado americano da Carolina do Norte foram realizadas em mulheres negras;[71] esse estado foi o terceiro maior em número de pessoas esterilizadas. A análise preliminar mostra que, de 1950 a 1966, as mulheres negras foram esterilizadas em mais de três vezes a taxa das mulheres brancas e mais de doze vezes a taxa dos homens brancos. Esse padrão refletia as ideias de que as mulheres negras não eram capazes de ser boas mães e que a pobreza deveria ser controlada com restrições reprodutivas.[72] Mulheres brancas de baixa renda eram mais propensas a serem esterilizadas após o parto, especialmente se recebessem o Medicaid, programa nacional de cobertura de saúde oferecido pelo Estado aos mais pobres.

Muitos desses procedimentos de esterilização foram realizados sem o consentimento do indivíduo, com muitas leis exigindo "permissão" da liderança institucional, seja um médico assistente ou superintendente. A frequência desses procedimentos injustos acabou causando controvérsia suficiente para que a questão da esterilização de pessoas diagnosticadas com doenças mentais fosse levada à Suprema Corte americana.

Como mencionei anteriormente, o caso Buck *versus* Bell, julgado e decidido em 1927, estabeleceu o precedente legal que concedeu aos estados o direito de esterilizar ocupantes de instituições estatais, fossem elas prisões ou hospitais. Por incrível que possa parecer, a decisão de Buck *versus* Bell ainda não foi derrubada. Contudo, estatutos estaduais como o defendido em Buck *versus* Bell foram revogados, e seu raciocínio foi prejudicado por uma decisão subsequente da Suprema Corte derrubando uma lei que previa a esterilização involuntária de criminosos.

---

[71] Disponível em: https://theintercept.com/2020/09/17/forced-sterilization-ice-us-history/. Acesso em: 14 abr. 2024.

[72] Disponível em: https://theconversation.com/forced-sterilization-policies-in-the-us-targeted-minorities-and-those-with-disabilities-and-lasted-into-the-21st-century-143144. Acesso em: 18 mar. 2022.

Não é coincidência que casos de esterilização compulsória continuem aparecendo em notícias vindas de diferentes regiões do globo. Em 2013, uma investigação descobriu que pelo menos 148 detentas em duas prisões da Califórnia haviam sido esterilizadas entre 2006 e 2010. Nos anos entre 1997 e 2010, esterilizações indesejadas foram realizadas em aproximadamente 1,4 mil mulheres em prisões da Califórnia. Em 2020, o Departamento de Imigração e Alfândega (ICE)[73] foi acusado de esterilizar à força detidos sob seus cuidados. Em 16 de setembro de 2020, a vice-presidente do Subcomitê de Imigração da Câmara, a deputada Pramila Jayapal, disse que, no mínimo, dezessete ou dezoito pessoas detidas no Centro de Detenção do Condado de Irwin haviam sido submetidas a esses procedimentos invasivos sem ter dado o devido consentimento. Na República Tcheca, mulheres ciganas foram esterilizadas involuntariamente em 2007. [74]No norte da China, os uigures, um grupo minoritário religioso e racial, foram submetidos à esterilização em massa e a outras medidas de controle populacional extremo.[75] No Brasil, em 2018, o Ministério Público do Estado de São Paulo pediu a esterilização compulsória de uma mulher negra. O pedido foi deferido por um juiz. Ao dar à luz o filho que esperava, a mulher foi submetida, contra a sua vontade, à laqueadura tubária.[76] Muitas das mulheres disseram que foram coagidas a fazer o procedimento.[77]

---

[73] Disponível em: https://lawblogs.uc.edu/ihrlr/2021/05/28/not-just-ice-forced-sterilization-in-the-united-states/. Acesso em: 18 mar. 2022.

[74] Disponível em: https://www.euronews.com/2021/08/02/the-shameful-story-of roma-women-s-forced-sterilisation-in-central-europe. Acesso em: 10 abr. 2024.

[75] Disponível em: https://www.bbc.com/news/world-asia-china-53220713. Acesso em: 11 abr. 2024.

[76] Disponível em: https://oglobo.globo.com/brasil/noticia/2022/07/mulher-submetida-a-esterilizacao-compulsoria-em-sao-paulo-recebera-indenizacao.ghtml. Acesso em: 18 mar. 2022.

[77] Disponível em: https://theconversation.com/forced-sterilization-policies-in-the-us-targeted-minorities-and-those-with-disabilities-and-lasted-into-the-21st-century-143144. Acesso em: 18 mar. 2022.

Para pessoas que, como eu, nasceram a partir do final da década de 1980, é muito penoso conceber que tantas mulheres de cor foram laqueadas de maneira compulsória sob uma política de Estado; apenas nos EUA, mais de 100 mil pessoas (a maioria mulheres negras, indígenas e latinas[78]) foram esterilizadas no século XX. Por essa razão, e muito inspirada no trabalho realizado pela professora Alexandra Minna Stern no Laboratório de Esterilização e Justiça Social[79] da Universidade de Michigan, eu optei por apresentar nessa parte do capítulo as histórias reais[80] de três mulheres que foram esterilizadas compulsoriamente nos Estados Unidos: as irmãs Mary Alice e Minnie Lee Relf (adolescentes negras) e Jean Whitehorse (indígena).

No verão de 1973, Minnie Lee e Mary Alice Relf eram duas adolescentes de doze e catorze anos, respectivamente, quando foram retiradas de sua casa em Montgomery, no estado americano do Alabama; pelas mãos de um médico que trabalhava em uma clínica financiada pelo governo federal, foram abertas e esterilizadas contra sua vontade e sem o consentimento informado de seus pais.

Minnie Lee e Mary Alice são as filhas mais novas do casal Minnie e Lonnie Relf, que tiveram o total de seis filhos. Como muitas famílias

---

[78] Uma ação movida em nome das irmãs Minnie Lee e Mary Alice Relf, Relf *versus* Weinberger, ajudou a revelar que mais de 100 mil mulheres, em sua maioria negras, latinas e indígenas, foram esterilizadas sob programas do governo dos EUA ao longo de décadas.

[79] O Laboratório de Esterilização e Justiça Social da Universidade de Michigan conta com uma equipe interdisciplinar para explorar a história da eugenia e da esterilização nos EUA usando dados e histórias de sobreviventes. Até agora, o laboratório capturou registros históricos da Carolina do Norte, Califórnia, Iowa e Michigan. É possível acompanhar neste link: https://www.ssjlab.org/survivors.html. Acesso em: 18 mar. 2022.

[80] Para tanto, realizei pesquisas em vários jornais e canais de notícias como *The New York Times* e *BBC*. A principal referência utilizada foi um artigo da jornalista Linda Villarosa, disponível em: https://www.nytimes.com/2022/06/08/magazine/eugenics-movement-america.html. Acesso em: 18 mar. 2022.

Mulheres que o Feminismo não Vê

negras no final da Grande Migração nas décadas de 1950 e 1960, os pais das crianças, ambos analfabetos, foram forçados a deixar a zona rural do condado de Macon, Alabama, onde a mecanização fez com que os empregos nos campos diminuíssem. Em Montgomery, a família de seis filhos passou a viver num barraco de papelão, sem água potável e eletricidade.

A assistente social Jessica Bly encontrou um apartamento de três quartos em Smiley Court, um conjunto habitacional público na zona oeste da cidade, para os Relf. Logo após a família se mudar para o apartamento, as irmãs Relf foram encaminhadas para a clínica de planejamento familiar do Comitê de Ação Comunitária de Montgomery, que era financiada e controlada pelo governo federal. O procedimento começou com Katie, a mais velha das três meninas, que tinha cerca de dezesseis anos quando recebeu pela primeira vez o anticoncepcional Depo-Provera.[81] Naquela época, o medicamento ainda estava em fase de investigação e ainda não tinha sido aprovado pelas autoridades médicas para ser administrado em mulheres adultas, e muito menos em adolescentes.

Em 13 de junho de 1973, pelo menos uma enfermeira funcionária da clínica de planejamento familiar foi ao apartamento da família Relf e informou a Minnie que suas filhas precisariam consultar um médico para o que ela entendia serem mais injeções. Minnie Lee e Mary Alice foram levadas primeiro a um consultório médico e depois ao Professional Center Hospital, no centro de Montgomery.

Mais tarde, quando Minnie os encontrou no hospital, os profissionais de saúde disseram que ela precisava assinar um papel. Não está claro

---

[81] Entre 1967 e 1978, durante um ensaio clínico do Depo-Provera, a Clínica de Planejamento Familiar do Grady Memorial Hospital, em Atlanta, no estado americano da Georgia, administrou o medicamento em 11,4 mil mulheres negras, na sua maioria pobres, apesar dos graves efeitos secundários, incluindo hemorragia menstrual intensa e depressão.

166

o que Minnie Relf entendeu, mas ela confiou as vidas de suas filhas nas mãos dos funcionários da clínica, financiada pelo mesmo governo que deu à sua família uma casa, comida, dinheiro e educação. Ainda assim, está muito claro, no testemunho que prestou posteriormente no Senado americano, que Minnie não tinha ideia de que assinar um pedaço de papel significaria que suas filhas nunca seriam capazes de ter filhos. Como não sabia ler nem escrever, ela assinou com um X[82] o que acabou por ser um formulário de consentimento cirúrgico e foi então escoltada para ser levada para casa enquanto as meninas mais novas permaneciam sozinhas na enfermaria.

Antes de Minnie voltar para casa, uma das mesmas enfermeiras de planejamento familiar voltou ao apartamento dos Relf para buscar Katie e levá-la ao hospital. Katie se recusou a ir, trancando-se em seu quarto. A intenção era esterilizar três adolescentes negras; conseguiram executar o procedimento em apenas duas.

Em 1974, com a ajuda da assistente social Jessica Bly, a família Relf abriu um processo no Tribunal Distrital Federal em Montgomery e, semanas depois, abriu novamente o caso como Relf *versus* Weinberger[83] no Tribunal Distrital do Distrito de Columbia, alegando que os funcionários do governo

> não conseguiram promulgar diretrizes constitucionalmente aceitáveis pelas quais recursos financiados pelo governo federal e agências dirigidas podem determinar quem deve ou não ser esterilizado. Além disso, não existem diretrizes constitucionalmente aceitáveis para determinar quais pessoas são capazes de dar

---

[82] Muitos indivíduos foram forçados a concordar com o procedimento sob ameaça de ter seus benefícios previdenciários encerrados.

[83] Disponível em: https://law.justia.com/cases/federal/district-courts/FSupp/372/1196/1421341/. Acesso em: 19 mar. 2022.

consentimento informado à administração sobre quaisquer medidas de controle de natalidade.

Os advogados da família Relf disseram ao tribunal que as meninas haviam sido alvo de esterilização porque eram negras (a diretora da clínica era branca, assim como o médico que realizou o procedimento). Os advogados também tentaram demonstrar que as irmãs não compreendiam que haviam sido esterilizadas e ainda sonhavam em ter filhos algum dia, como os depoimentos mostram.[84]

Minnie Lee e Mary Alice não foram as únicas menores negras esterilizadas à força durante a década de 1970. A mesma clínica de planejamento familiar utilizada pela família Relf esterilizou um total de onze menores do sexo feminino, dez das quais eram negras.[85]

O caso judicial Relf *versus* Weinberger culminou na proibição do uso de recursos federais para esterilização compulsória nos EUA. Minnie Lee e Mary Alice não receberam indenização.

A história de esterilização de mulheres indígenas também é negligenciada pelo movimento feminista. De acordo com Davis (2016),

> (...) A população indígena é um alvo especial da propaganda de esterilização do governo (...) a política do governo dos Estados Unidos para a população doméstica tem um inegável viés racista. Mulheres indígenas, de origem mexicana, porto-riquenhas e negras continuam a ser esterilizadas em números desproporcionais (...) 43% das mulheres esterilizadas por meio de programas subsidiados pelo governo federal eram negras (...) (pp. 220-221).

---

[84] Disponível em: https://www.nytimes.com/1973/07/08/archives/exploring-motives-and-methods-the-nation-sterilizing-the-poor.html. Acesso em: 19 mar. 2022.

[85] Disponível em: https://www.nytimes.com/1973/07/08/archives/exploring-motives-and-methods-the-nation-sterilizing-the-poor.html. Acesso em: 19 mar. 2022.

Jean Whitehorse[86] foi uma das muitas mulheres indígenas vítimas de esterilização coercitiva pelo Indian Health Service, na década de 1970. Ela é da tribo Navajo, um território nativo-americano que ocupa partes dos estados americanos do Arizona, Utah e Novo México.

Durante uma crise de apendicite aguda, Jean buscou ajuda num hospital. Mãe de uma menina, alguns anos depois, quando tentava engravidar novamente, ela descobriu que os médicos haviam realizado uma laqueadura durante a cirurgia para a retirada do apêndice.

Jean sofreu um processo parecido com o das irmãs Relf: não se lembra de ter dado consentimento, mas afirma ter assinado vários papéis. Ela diz:

> Eu estava com muita dor quando fui para a apendicectomia; eles me deram um monte de papéis para assinar. Nunca me explicaram nada; eu não tinha ideia de que estava dando permissão para eles me esterilizarem.[87]

De acordo com Jean, na cultura navajo, a riqueza não é determinada pela propriedade de bens materiais, mas sim pelo número de filhos que se tem. Em navajo, o nome de Jean significava "muitas crianças". Com isso, fica claro que ela, assim como outras mulheres indígenas, não teria consentido com a suspensão de seus direitos reprodutivos.

Muitos anos depois, a documentarista britânica Lorna Tucker entrou em contato com Jean e a convenceu a compartilhar sua história, que apareceu como destaque no documentário *Amá*, que significa "mãe" na língua navajo. O documentário foi lançado em 2018.

---

[86] Você pode saber mais sobre a história de Jean Whitehorse numa reportagem da BBC: Disponível em: https://www.bbc.com/portuguese/geral-47026675. Acesso em: 18 set. 2023.

[87] Disponível em: https://rewirenewsgroup.com/2018/03/15/ama-legacy-sterilization-indian-country/. Acesso em: 18 jul. 2022.

Angelin Chaplin (2020), em artigo publicado no *The Cut*,[88] afirmou:

> Durante o mesmo tempo que Roe v. Wade concedeu à maioria das mulheres brancas mais autonomia corporal na década de 1970, aproximadamente 25.000 mulheres nativas americanas foram esterilizadas à força pelo governo dos EUA – entre 25% e 50% da população feminina.

Angela Davis (2016) tem um entendimento semelhante ao de Chaplin (2020), ao afirmar que, "(...) Enquanto as mulheres de minorias étnicas são constantemente encorajadas a se tornarem inférteis, as mulheres brancas que gozam de condições econômicas prósperas são incentivadas, pelas mesmas forças, a se reproduzir (...)" (p. 223).

Ou seja, o movimento feminista colocou no centro de sua pauta de reivindicação a demanda que representava o ultimato da liberdade sexual feminina – a legalização do aborto –, mas não a violência que acometeu dezenas de milhares de mulheres de cor, como as irmãs Relf e Jean Whitehorse. O feminismo não defendeu a totalidade das mulheres; defendeu a totalidade dos desejos de um grupo de mulheres brancas de classes média e alta. As mulheres de cor são aquelas que o feminismo não vê.

3.4. O aborto como pauta central do movimento feminista

Ainda que várias vertentes tenham surgido ao decorrer dos anos, o feminismo possui bases epistemológicas, filosóficas, sociológicas e morais; as vertentes, em menor ou maior grau, compartilham dessas

---

[88] Disponível em: https://theintercept.com/2020/09/17/forced-sterilization-ice-us-history/. Acesso em: 16 jul. 2022.

bases. A fundadora do site *Think Olga*, a jornalista Juliana de Faria, disse ao jornal *O Globo*:[89] *"O feminismo pode ser o que quer que as pessoas façam dele, desde que condizente com suas bases"*. A legalização do aborto é uma pauta comum para todas as vertentes do movimento feminista. Como afirma a antropóloga Débora Diniz, *"Não há como ser feminista e ser contra o aborto"*. [90]

Em *O feminismo é bom para todo mundo: políticas arrebatadoras*, bell hooks (2021) confirma a centralidade do aborto na pauta feminista:

> (...) Por exemplo, **vejamos a questão do aborto**. Se feminismo é uma forma de opressão sexista, e se privar mulheres de seus direitos reprodutivos é uma forma de opressão sexista, então uma pessoa não pode ser contra o direito de escolha e ser feminista. Uma mulher pode afirmar que jamais escolheria fazer aborto enquanto afirma seu apoio ao direito das mulheres, e ainda assim ser uma defensora das políticas feministas. **Ela não pode ser antiaborto e defensora do feminismo** (hooks, 2021, p. 23, destaques meus).

É, no mínimo, curioso pensar que o mesmo conjunto de ativistas defenda autonomia sexual e aborto ao mesmo tempo. Veja: a liberdade, de qualquer tipo, implica assumir responsabilidade; direitos incluem deveres. O movimento que afirma que as mulheres devem ter direito à liberdade sexual não deveria defender também que elas se responsabilizem pelos seus atos? Há algum tempo, assisti ao episódio 12, *Mother's Milk*, da décima temporada[91] da série de televisão de longa data *Law*

---

[89] Disponível em: https://www.geledes.org.br/qual-e-o-seu-feminismo-conheca-as-principais-vertentes- do-movimento/. Acesso em: 03 nov. 2022.

[90] Disponível em: https://revistamarieclaire.globo.com/Blogs/Debora-Diniz/noticia/2019/01/debora-diniz-nao-ha-como-ser-feminista-e-ser-contra-o-aborto.html. Acesso em: 03 nov. 2022.

[91] A décima temporada foi exibida entre 1999 e 2000.

and Order. No episódio, os pais de um bebê desaparecido acusam-se mutuamente de ter o bebê até que a polícia descobre que a criança morreu por fome e foi enterrada no quintal por um dos genitores. Os pais viraram réus e o caso levou à discussão sobre direitos ao aborto (a série tem longo histórico em trazer à tela esse tema). A promotora pública Abby Carmichael era pessoalmente contra o aborto por considerar que qualquer mulher inteligente o suficiente para desfrutar da liberdade sexual deveria ser igualmente inteligente para escolher um método contraceptivo dentre os vários disponíveis. É um ponto de vista que considero interessante. Por mais que eu não incentive a vida sexual promíscua, sou defensora da liberdade individual por confiar na capacidade da mulher de alcançar a melhor decisão sobre sua própria vida: se ela avaliou que esse é seu melhor estilo de vida, deve ser respeitada. Com isso, ela também deve ser, ao lado do parceiro, responsável pela consequência possível do ato sexual: a gravidez.

A legalização do aborto é uma pauta cara para o feminismo, pois representa o ultimato para a liberdade sexual feminina. Se os demais métodos contraceptivos falharem, o aborto, claro, não falhará. Ou seja, o aborto é alinhado como mais um método de contracepção na esteira feminista:

> (...) O controle de natalidade responsável libertou muitas mulheres – que, como eu, eram pró-escolha, mas não necessariamente defendiam o aborto para nós mesmas – de ter que confrontar a questão pessoalmente. Enquanto nunca tive uma gravidez indesejada no auge da libertação sexual, muitas de minhas parceiras viram o aborto como uma opção melhor do que o uso consciente e cauteloso de pílulas anticoncepcionais. **E elas com frequência usaram o aborto como método de controle de natalidade** (hooks, 2021, p. 51, destaque meu).

Então, longe de qualquer argumento que vincule o aborto a uma necessidade de saúde pública, sua defesa esteve, primariamente, pautada no direito à privacidade da mulher. O caso judicial Roe *versus* Wade, de 1973, que garantiu a legalização do aborto nos EUA, teve como base a defesa da liberdade individual da mulher. Mas não de todas as mulheres, e sim de uma mulher específica: branca, das classes média e alta, com formação universitária. Nessa mesma época, como já vimos, mulheres de cor eram alvos das políticas eugenistas de esterilização forçada. Lima e Cordeiro (2020) explicam que o movimento pelo controle de natalidade falhou com as mulheres de cor:

> (...) Na década de 1970, **as feministas elencaram o aborto como pauta central de reivindicação.** O controle de natalidade – métodos seguros e aborto legal – era considerado fundamental para a emancipação da mulher. Entretanto, **a comunidade afro--estadunidense mantinha certa desconfiança com o movimento pelo controle de natalidade** (p. 107, destaques meus).

Angela Davis (2016) corrobora o que foi dito acima, ao afirmar que:

> (...) O movimento pelo controle de natalidade raramente foi bem-sucedido em reunir mulheres de diferentes origens sociais, e as líderes do movimento quase nunca divulgaram amplamente as verdadeiras preocupações das mulheres da classe trabalhadora. Além disso, algumas vezes os argumentos desenvolvidos pelas defensoras do controle de natalidade se basearam em premissas flagrantemente racistas (...) o histórico desse movimento deixa muito a desejar no âmbito da contestação do racismo e da exploração de classe (p. 205).

Além disso, graças ao pensamento eugenista que ainda sobrevive, o aborto foi – é? – visto como um direito da mulher branca de classe média, e como obrigação para as mulheres de cor e pobres:

> (...) as feministas que defendiam o controle de natalidade começaram a difundir a ideia de que a população pobre tinha a obrigação moral de reduzir o tamanho de sua família, porque as famílias grandes drenavam os impostos e os gastos com caridade dos ricos e porque as crianças pobres eram menos propensas a se tornar superiores (Gordon, 1976 *apud* Davis, 2016, p. 212).

3.5. Aborto é racismo?

Em 08 de março de 2023, ministrei uma palestra com o título *Aborto é racismo!*, na Assembleia Legislativa do Estado de Santa Catarina (Alesc), a convite da deputada estadual Ana Caroline Campagnolo (PL-SC). Como qualquer fala que contrarie o movimento feminista, minha palestra foi criticada nas redes sociais antes mesmo de ser ministrada. Vários comentários sugeriam ou diziam explicitamente o quão ignorante eu era por fazer tal fala. Mas, como tudo na vida, há uma razão. Não é incomum vermos pelas redes sociais e em cartazes pendurados em paredes de universidades as possíveis variantes da frase *"ser contra o aborto é ser racista!"*. O movimento feminista contemporâneo tem apoiado sua defesa pela legalização do aborto na assertiva de que sua proibição traria inúmeros prejuízos às mulheres negras, pois são elas que mais abortam. Então, a partir do raciocínio feminista que observa primeiro os dados da mulher,[92] ser contra o aborto é ser racista, uma vez que as mulheres negras

---

[92] Uma reportagem publicada na *Folha de S. Paulo*, em 2020, mostra que o aborto vitima mais mulheres negras: "enquanto entre mulheres brancas a taxa é de 3 óbitos causados

são as que mais morrem em razão da precariedade que um aborto ilegal oferece. Isso é curioso porque Richard Spencer, conhecido líder nacionalista e ativista neonazista americano associado com o pensamento da extrema direita, sabe que são as mulheres negras e hispânicas que mais abortam. Por isso, já fez mais de um discurso apontando que é favorável ao aborto; inclusive, um artigo assinado[93] por Aylmer Fisher foi publicado no *Radix Journal*, periódico organizado por Spencer. O artigo faz um alerta aos supremacistas brancos, para que eles não sucumbam à tentação de ser pró-vida, pois as famílias não importam; *são as famílias brancas que importam*. O artigo classifica o movimento pró-vida como "disgênico". Ativistas pró-aborto e supremacistas brancos, mais uma vez, dão as mãos e trabalham pela mesma pauta.

Mas o ativismo feminista contemporâneo decidiu obliterar o fato de que sua plataforma agrada a supremacistas brancos. Ao defender a legalização do aborto, o feminismo observa os *dados pela perspectiva mulher* e sequestra a pauta racial como mola impulsionadora. Talvez falte observar que, normalmente, as mulheres negras buscam o aborto como saída em razão de sua situação socioeconômica; não há desejo genuíno pela interrupção da gravidez. Patricia Hill Collins (2019), em *Pensamento feminista negro*, aponta que a maternidade é um conceito especial na filosofia dos afrodescendentes. Collins afirma que, para algumas mulheres negras, a maternidade "promove o crescimento pessoal, eleva o *status*

---

por aborto a cada 100 mil nascidos vivos, entre as negras esse número sobe para 5. Para as que completaram até o ensino fundamental, o índice é de 8,5, quase o dobro da média geral de 4,5 (...). Segundo o IBGE, o índice de aborto provocado das mulheres pretas é de 3,5%, o dobro do percentual entre as brancas (1,7%). O perfil mais comum de mulher que recorre ao aborto é o de uma jovem de até 19 anos, negra e já com filhos, segundo o estudo nacional". Disponível em: https://www1.folha.uol.com.br/cotidiano/2020/11/no-brasil-aborto-vitima-mais-mulheres-negras-do-que-brancas.shtml. Acesso em: 19 set. 2023.

[93] Disponível em: https://www.nationalreview.com/2017/08/alt-right-abortion-richard-spencer-upholds-margaret-sanger-eugenicist-legacy/. Acesso em: 11 abr. 2024.

nas comunidades negras e serve de catalisador para o ativismo social"
(p. 296).

Em *Teoria feminista: da margem ao centro*, bell hooks corrobora a
perspectiva de Collins:

> (...) Se as mulheres negras tivessem expressado sua visão sobre
> a maternidade, esta certamente não teria sido definida como um
> sério obstáculo à nossa liberdade como mulheres. Racismo, falta de
> emprego, falta de habilidades ou de formação e várias outras ques-
> tões estariam no topo da lista – menos a maternidade. As mulheres
> negras não diriam que a maternidade nos impede de ingressar no
> mercado de trabalho, porque sempre trabalhamos (2019, p. 195).

Parece inadequado, portanto, apoiar-se em números que atingem as
mulheres negras, pois gera o entendimento de que elas seriam responsáveis pelas desigualdades sociais que atingem sua prole. Lima e Cordeiro
(2020) apontam que: "**(...) não é justo que as mulheres negras sejam
obrigadas a abdicarem do direito à reprodução e à maternidade porque o racismo e as estruturas de classes lhes roubaram as condições
dignas de vida**" (p. 114, destaque meu).

Analisando os dados a partir da *perspectiva do nascituro*, chegamos
rapidamente ao entendimento de que um aborto legal também gera
perda de vidas negras. Segundo relatório publicado em 2022 pelo Center
for Urban Renewal and Education,[94] que utilizou como base os dados
do United States Census Bureau e dos Centros de Controle e Prevenção
de Doenças (CDC), as mulheres negras representavam em 2018 15% da
população em idade fértil, mas obtiveram 33,6% dos abortos relatados.
As mulheres negras têm a maior proporção de abortos do país, com

---

[94] O relatório está disponível em: https://curepolicy.org/report/the-impact-of-abortion-
on-the-black-community/. Acesso em: 19 mar. 2023.

335 abortos por mil nascidos vivos. Porcentagens nesses níveis ilustram que cerca de 20 milhões de bebês negros foram abortados desde 1973. A população da cidade do Rio de Janeiro, em 2023, é de pouco mais de 6 milhões. Vinte milhões de bebês negros correspondem a mais de três vezes a população da cidade do Rio de Janeiro. É um infanticídio autorizado e, pasmem, celebrado.

Não é à toa que grupos pró-vida negros americanos afirmam que a indústria do aborto está gerando um genocídio negro. Angela Davis (2016) mostra que, desde a década de 1980, muitas pessoas negras já tipificam o controle de natalidade como genocídio. A verdade é que, em razão de todo o histórico exibido neste capítulo, a comunidade negra mostrou desconfiança com o movimento pela legalização do aborto:

> (...) É verdade que, quando algumas pessoas negras não hesitaram em igualar o controle de natalidade ao genocídio, a reação pareceu exagerada – e até paranoica. Ainda assim, **as ativistas brancas pelo direito ao aborto não compreenderam uma mensagem profunda, pois sob esses gritos de genocídio havia importantes indicações sobre a história do movimento pelo controle de natalidade. Esse movimento, por exemplo, tornou-se conhecido por defender a esterilização involuntária – uma forma racista de controle de natalidade em massa** (p. 205, destaques meus).

No *Amici Curiae*[95] apresentado em 2021 em defesa da restrição ao uso de recursos públicos, pelo estado da Pensilvânia, para financiar o aborto, líderes reconhecidos nacionalmente pela comunidade negra americana argumentaram que as mulheres negras foram submetidas aos "objetivos e ações predatórias da indústria do aborto, especialmente a

---

[95] Disponível em: https://curepolicy.org/report/the-impact-of-abortion-on-the-black-community/. Acesso em: 19 set. 2023.

Planned Parenthood. Desde o seu início, a indústria do aborto buscou controlar e impedir o crescimento da população negra, um objetivo central dos fundadores do movimento".

Eu insisti no título da palestra em Santa Catarina porque a frase – *Aborto é racismo!* – foi dita pela incrível ativista negra católica Dolores Bernadette Grier, em uma conferência de notícias da American Life League, em abril de 1989:[96]

> (...) **Aborto é racismo!** É uma maneira de podar a população negra. Em 1973, logo depois do movimento pelos direitos civis, quando os negros conseguiram mais direitos, de repente nos foi dada essa coisa grátis, vinda de uma sociedade racista: o aborto. Setenta e oito por cento de suas clínicas de aborto grátis estão localizadas em áreas negras e urbanas, com o propósito de uma coisa grátis de uma sociedade racista. Colocando as palavras de um profissional abortista, "nós não precisamos de muito mais negros, desde que não exista mais algodão para colher". Então, com esses sentimentos sobre os negros, essa foi uma forma de fazer isso como benefício social. **Deixe-me ser direta com vocês: mulheres negras nunca demandaram ou demonstraram ou até mesmo exigiram o direito ao aborto** (destaques meus, tradução minha).

Dolores Grier foi uma ativista pró-vida, católica romana, mestre em Serviço Social pela Fordham University e fundadora do Black Catholics Against Abortion. Em 1993, a filial da NAACP na cidade de Nova York a selecionou para receber o prêmio do Mês da História da Mulher. Ela recusou o prêmio por causa da posição favorárel da organização sobre o aborto. Ela disse: "Como presidente da Associação de Católicos

---

[96] A fala completa pode ser ouvida aqui: https://www.youtube.com/watch?v=78 A6Iyhjh6s. Acesso em: 19 set. 2023.

Negros, acredito que o aborto seja uma arma racista de genocídio contra os negros. Foi lançado sobre as mulheres negras como uma solução para suas crises econômicas, confusão e preocupação".[97] Grier faleceu em 2018, aos 91 anos de idade.

O movimento pró-vida é midiaticamente retratado como uma causa católica em razão da forte posição da Igreja contra o aborto. A Igreja Católica percebia o aborto, a contracepção, a esterilização e a eutanásia como "filosofias pagãs e irracionais" baseadas em "credos modernos de indulgência sexual ilimitada".[98] Os católicos que lançaram o movimento pró-vida fundamentaram a sua campanha não apenas na teologia da lei natural da Igreja, mas também nos valores liberais do século XX: defesa dos direitos individuais e das proteções legais para minorias e reconhecimento social da dignidade humana. Nos EUA, muitos católicos que começaram a falar sobre antiaborto nos anos 1930 eram progressistas filiados ao Partido Democrata.[99] As primeiras organizações pró-vida americanas foram fundadas por católicos progressistas na década de 1960. Acadêmicos comumente analisam com profundos preconceitos e desdém as razões ideológicas que sustentam o movimento pró-vida, tratando-o como mera reação católica ao feminismo e à revolução sexual. Mas o movimento sempre foi heterogêneo – apesar de contar com vasta maioria de mulheres[100] –, e estava (e continua) assentado na denúncia da crise de valores morais da sociedade, defesa inflexível da vida humana que ainda não nasceu e contava com a participação de milhões de americanos mesmo antes de Roe *versus* Wade, como explica o professor da University of West Georgia Daniel K. Williams (2016) no livro *Defenders of the Unborn*:

---

[97] Disponível em: https://chnetwork.org/journey-home/dr-dolores-grier-former-baptist-journey-home-program/. Acesso em: 20 jan. 2023.

[98] Williams, 2016, p. 10.

[99] Williams, 2016, p. 4.

[100] Williams, 2016, p. 148.

Mulheres que o Feminismo não Vê

A mídia retratou o movimento pró-vida como uma causa católica, mas em 1972 esse estereótipo já estava ultrapassado. Em Michigan, por exemplo, a luta contra um referendo para legalizar o aborto foi liderada por três protestantes – um ginecologista, uma mãe presbiteriana branca e uma mulher afro-americana que foi legisladora estadual liberal do Partido Democrata. Em Minnesota, a líder da campanha pró-vida do estado era um metodista liberal, cujo marido, médico, era membro da Planned Parenthood. Em Massachusetts, um dos principais ativistas pró-vida foi uma médica metodista afro- americana que foi a primeira mulher negra a se formar na Harvard Medical School. E mesmo em Nova York, onde os católicos representavam a grande maioria dos ativistas do movimento, havia mais diversidade religiosa do que a mídia muitas vezes reconhece, em parte porque os católicos uniram forças com os judeus ortodoxos (p. 1, tradução minha).

A mulher afro-americana de Massachusetts citada por Williams é Mildred Jefferson (1926-2010). Mulher negra, conservadora, cristã metodista e ativista pró-vida, Jefferson foi presidente do Comitê Nacional de Direito à Vida e a quem o presidente americano Ronald Reagan creditou por tê-lo despertado para os horrores do aborto: como governador da Califórnia, Reagan havia apoiado o aborto legal e mudou de opinião ao ouvir Jefferson num programa de TV, em 1973. Encontrou seu caminho para uma carreira como porta-voz pró-vida em grande parte por causa do racismo. Como outros negros pró-vida, Jefferson considerava o aborto um instrumento de genocídio da população negra. De acordo com Williams (2016), a maioria dos negros americanos é contra o aborto desde o início do movimento pró-vida, inclusive ativistas do movimento negro. O Partido Pantera Negra se opôs ao aborto e ao controle de natalidade, por acreditar que ambos eram esforços eugenistas para erradicar a população negra.[101]

Primeira mulher negra a se formar na Harvard Medical School, seu trabalho como líder pró-vida deu uma nova orientação a sua carreira. Aos 44 anos de idade, ela se juntou ao movimento pró-vida. Em 1981, perante o Congresso americano, Jefferson testemunhou que a decisão do caso Roe *versus* Wade deu uma licença quase ilimitada para médicos matarem.[102]

Erma Clardy Craven (1918-1994) foi uma ativista negra pró-vida. Em 1972, Craven publicou seu livro *Abortion and Social Justice*, que incluía o capítulo "Abortion, Poverty and Black Genocide: Gifts to the Poor?". Isso foi antes da decisão histórica da Suprema Corte de 1973 em Roe *versus* Wade. Craven declarou:

> Todo esforço foi feito para destruir a família negra (...). A mulher negra é vista como o mais recente campo de batalha pela opressão. (...) As condições do gueto, as escolas e a qualidade da educação pública nas comunidades negras são genocídios. Programas governamentais de planejamento familiar projetado para negros pobres que enfatizam o controle de natalidade e o aborto com a intenção de limitar a população negra são genocídios. O assassinato deliberado de bebês negros no aborto é genocídio – talvez a forma mais evidente de todas (tradução minha).[103]

---

[101] Disponível em: https://allpower.wordpress.com/teaching/teaching-essays-2017/how-did-the-black-panther-partys-ideologies-surrounding-gender-and-black-nationalism-influence-the-partys-views-on-abortion/. Acesso em: 14 abr. 2024.

[102] Disponível em: https://www.nytimes.com/2010/10/19/us/19jefferson.html. Acesso em: 19 set. 2023.

[103] Os excertos foram extraídos do memorial a Erma Craven, publicado na revista *EIR*, disponível em: https://larouchepub.com/eiw/public/1994/eirv21n32-19940812/index.html. Acesso em: 01 set. 2023.

Alveda King é outra mulher negra ativista pró-vida. Sobrinha de Martin Luther King, nasceu em 1951 em Atlanta, estado americano da Georgia. É uma política filiada ao Partido Republicano desde 1990 e doutora em Teologia Aplicada pela Aidan University. Tornou-se uma proeminente liderança antiaborto nos EUA, desde a decisão do caso judicial Roe *versus* Wade.

King acusa a Planned Parenthood de lucrar com o aborto de bebês negros, entende o aborto como "linchamento no útero" e refuta a ideia de que o racismo é uma justificativa aceitável para a legalização do aborto. Para ela,

> O aborto e o racismo são sintomas de um erro humano fundamental. O erro é pensar que, quando alguém atrapalha nossos desejos, podemos justificar tirar essa pessoa de nossas vidas. Criamos os enganos de que a outra pessoa é menos digna, menos humana. Somos todos plenamente humanos. Quando nos deparamos com essa verdade, não há justificativa para tratar aqueles que parecem diferentes de nós como seres menores. Se simplesmente tratarmos as outras pessoas da maneira que gostaríamos de ser tratadas, o racismo, o aborto e outras formas de desumanidade serão coisas do passado.[104]

Uma outra mulher negra pró-vida é a advogada e política Katrina Jackson. Filiada ao Partido Democrata, membro da Bancada Feminina Legislativa e da Bancada Negra Legislativa do estado americano da Louisiana, é senadora estadual desde 2019. Ela se alinha com colegas democratas liberais em muitas questões – fez apelos apaixonados para restaurar o direito de voto a criminosos condenados, posicionou--se a favor das restrições de armas, uniu esforços para abolir a pena de

---

[104] Disponível em: https://curepolicy.org/report/the-impact-of-abortion-on-the-black-community/. Acesso em: 19 set. 2023.

morte e apoiou o aumento do salário mínimo do estado –, mas apoiou uma legislação pró-vida porque acredita que o aborto é "um genocídio moderno",[105] em razão de todo o histórico atrelado à Planned Parenthood. Jackson chegou a palestrar duas vezes no comício Marcha pela Vida em Washington, D.C., um dos maiores eventos antiaborto dos Estados Unidos.

O ativismo de mulheres como Dolores Grier, Mildred Jefferson, Alveda King e Katrina Jackson torna muito difícil a rotulação da luta antiaborto como racista. A realidade é: se alguém é verdadeiramente pró-vida e valoriza todas as vidas desde a concepção até a morte natural, a ideia de uma pessoa pró-vida ser racista não faz nenhum sentido. Penso ainda que um movimento que reclama defender as mulheres – e se vangloria daquelas que são bem-sucedidas – não deveria tratar com desdém as trajetórias das ativistas pró-vida. Esse desdém só serve para mostrar que Suzanne Venker e Phyllis Schlafly estão cobertas de razão: o feminismo consiste em conferir poder às mulheres de esquerda.[106] As feministas rejeitam histórias de mulheres incríveis por não se encaixarem nos moldes feministas; é por isso que muitos que estão lendo este livro provavelmente nunca ouviram falar de Dolores Grier, Erma Clardy Craven, Alveda King, Mildred Jefferson e Katrina Jackson.

Além disso, considerando as ações da Planned Parenthood e o histórico eugenista do movimento feminista quando fez sua campanha pelo controle de natalidade, nenhuma ativista feminista está autorizada a rotular absolutamente ninguém como racista; o feminismo tem uma dívida histórica com as mulheres de cor.

Sim, aborto é racismo.

---

[105] Disponível em: https://www.theadvocate.com/baton_rouge/news/politics/article_0ee860ec-59a3-11ea-a903-bb38c5a9d9f4.html. Acesso em: 19 set. 2023.

[106] Venker; Schlafly, 2015, p. 43.

CAPÍTULO 4

Movimentos de Mulheres para além do Feminismo

"As afro-americanas que desconfiam do feminismo não são nem exageradas nem demonstram falta de consciência feminista."
(*Patricia Hill Collins, em* Pensamento feminista negro)

O feminismo é um movimento social e político longevo, mas vem sofrendo contratempos na adesão de mulheres. Uma pesquisa realizada pelo Datafolha e publicada pelo jornal *Folha de S.Paulo*[1] em 15 de abril de 2019 aponta que apenas 38% das mulheres com dezesseis anos ou mais se consideram feministas no Brasil; 56% das mulheres recusam-se a se associar com o feminismo, e o restante não se manifestou sobre o tema. Curiosamente, os homens brasileiros apoiam mais o feminismo do que as mulheres: entre eles, 52% são a favor, 40% são contra, e o restante não se manifestou sobre o tema. A pesquisa ainda mostrou que, entre ambos os sexos, o apoio ao feminismo aparece com mais frequência entre *mais jovens, mais ricos e agnósticos*. Esse cenário se repete em outras partes do mundo.

Uma reportagem assinada por Christina Scharff, pesquisadora do King's College de Londres, e veiculada pelo portal *BBC News*[2] em 6 de

---

[1] Disponível em: https://datafolha.folha.uol.com.br/opiniaopublica/2019/04/1987743-38-das-mulheres-brasileiras-se-consideram-feministas.shtml. Acesso em: 09 jul. 2022.

[2] Disponível em: https://www.bbc.com/news/uk-politics-47006912. Acesso em: 09 jul. 2022.

fevereiro de 2019 traz dados surpreendentes: menos de uma em cinco jovens mulheres se identifica como feminista em pesquisas realizadas nos EUA e no Reino Unido. No Reino Unido, 34% das mulheres se identificam como feministas; na Alemanha, apenas 8% das mulheres entrevistadas se identificaram como tal. Esse dado é surpreendente, uma vez que o feminismo nunca esteve em tanta evidência nas mídias *mainstream* como nos últimos anos.

Campanhas contra o presidente Donald Trump e o movimento conhecido como #MeToo, mesmo com a intensa participação de artistas hollywoodianas, como Alyssa Milano e Emma Watson, foram insuficientes para ampliar a adesão de jovens mulheres ao feminismo. As pesquisas apontaram, ainda, que a maioria das mulheres é favorável à igualdade entre homens e mulheres. Contudo, essa mesma maioria não se identifica como feminista. Esse cenário levantou muitos questionamentos entre os estudiosos. O principal deles é: por que tantas mulheres jovens são favoráveis à igualdade entre homens e mulheres, mas se recusam a engajar-se no movimento feminista? Para Scharff, é possível que elas não sintam que o termo *feminista* tenha relação com elas. As pesquisas sugerem que é pouco provável que o termo "feminista" atraia as mulheres da classe trabalhadora.

As pesquisas apontam que os estereótipos construídos socialmente a respeito da imagem pública da mulher feminista afastaram as jovens a se identificarem como tal. Esse pode ser um fator, mas certamente não é o único e, provavelmente, não é o mais relevante.

Em 18 de abril de 2019, a teórica feminista Camille Paglia concedeu uma entrevista[3] ao jornal *Estadão* em que tece duras críticas às ideias de gênero levantadas pelo feminismo contemporâneo, assim como seu dogmatismo e autoritarismo:

---

[3] Disponível em: https://arte.estadao.com.br/focas/capitu/materia/feminismo-nao-pode-ser-lugar-de-mulheres-com-odio-de-homem-diz-camille-paglia. Acesso em: 27 out. 2023.

Movimentos de Mulheres para além do Feminismo

Acho que o feminismo foi muito longe com essa ideia de gênero como performance. Que nós nascemos quadros em branco e todas as diferenças de gênero são resultado das influências e pressões do ambiente social. Com certeza isso é um importante fator, como podemos ver na história. Obviamente, eu posso ser muito mais hoje do que poderia ter sido se tivesse nascido na Inglaterra em 1808. Hoje, mudanças do contexto social são bem-vindas ou não tão reprimidas como em outros períodos. **Mas acho que o feminismo se tornou um dogma, uma religião** (destaque meu).

Para Paglia, os extremismos do feminismo contemporâneo estão fraturando o movimento, conduzindo as pessoas ao conservadorismo e afastando as mulheres do feminismo:

(...) Crianças não estão preparadas para tomar decisões sobre se querem ter cirurgias para modificar permanentemente seus corpos. Isso é um abuso dos direitos humanos. Por causa da falha de jornalistas e professores liberais em confrontar isso, o que está acontecendo é que as pessoas estão se movendo para a direita. Essa questão de gênero fortalece o movimento para a direita nos Estados Unidos, no Brasil, na Hungria, em todos os lugares. Não está ajudando o liberalismo a longo prazo.

(...) o feminismo não pode permitir que mulheres loucas, realmente neuróticas, se tornem o rosto do movimento. Isso está afastando as mulheres racionais modernas. O feminismo não pode ser um lugar para as mulheres que têm ódio ao homem e problema terríveis em suas vidas privadas. Movimentos políticos costumam atrair pessoas loucas e fanáticas e, a longo prazo, isso tende a ser uma praga. Isso realmente aconteceu na primeira onda do feminismo.

As pessoas em geral tendem a se afastar dos movimentos quando esses atraem fanáticos.[4]

Não é só em razão dos estereótipos e dos extremismos que cada vez mais vemos mulheres que estão rejeitando o movimento feminista. Como se demonstrou neste livro, historicamente, o movimento feminista tem feito um bom trabalho para manter à margem mulheres não brancas e pobres. Num artigo para o portal *Education Post*,[5] a ativista americana ShaRhonda Knott-Dawson explica que

> as sufragistas eram racistas, oportunistas e venderam o movimento dos Direitos Civis Negros para fazer parceria com mulheres brancas racistas do sul que apoiaram e participaram do terrorismo doméstico com o linchamento de negros americanos.

Pesquisas sobre as opiniões das mulheres da geração *millennial* dos EUA parecem acompanhar o ponto de vista de Knott-Dawson. Entre as pesquisadas,[6] três quartos de todas as mulheres pesquisadas disseram que o movimento feminista fez "muito" ou "algo" para melhorar a vida das *mulheres brancas*.

hooks (2019b) afirma que "o medo de deparar com o racismo parece ser uma das principais razões pelas quais mulheres negras se recusam a participar do movimento feminista" (p. 42). Ela ainda aponta que:

> Uma razão pela qual as mulheres brancas engajadas no movimento feminista não se dispuseram a enfrentar o racismo foi a

---

[4] *Ibidem.*

[5] Disponível em: https://www.edpost.com/stories/the-suffragettes-were-not-allies-to-black-women-they-were-racist. Acesso em: 26 out. 2023.

[6] Disponível em: https://g1.globo.com/mundo/noticia/2019/02/19/por-que-tantas-mulheres-jovens-nao-se-identificam-como-feministas.ghtml. Acesso em: 26 out. 2023.

arrogância de achar que apelar à irmandade era um gesto não racista. Muitas mulheres brancas que me disseram "queríamos mulheres negras e mulheres não brancas participando do movimento" eram totalmente incapazes de perceber que agiam como as "donas" do movimento, como as "anfitriãs", enquanto nós seríamos suas "convidadas" (p. 93).

A verdade é que o feminismo não foi (e continua não sendo) um movimento para todas as mulheres, apesar dos esforços de intelectuais para "enegrecer o feminismo".[7] A escritora americana Alice Walker (2021), na obra *Em busca dos jardins de nossas mães*, relata que tentou levar ao conjunto de mulheres o problema do aumento da taxa de suicídio entre jovens negras, mas não foi bem recebida:

> Quando eu e June trouxemos essa questão, contudo, não foi menos que inacreditável. Não houve reação alguma ao aumento das taxas de suicídio entre as jovens de cor. Em vez disso, nós recebemos uma palestra sobre as responsabilidades das mulheres negras para com o homem negro (p. 282).

Considerando a situação marginal das mulheres negras dentro do movimento feminista, Alice Walker cunhou o termo "mulherismo", definindo-o como "a mulherista está para feminista como o roxo está para lavanda" (Walker, 2021, p. 10). Ainda assim, ela estabelece uma forte ligação entre mulherismo e feminismo, embora visse o mulherismo como o estado primordial e mais forte (a cor púrpura) do qual o feminismo é apenas uma parte. De todo modo, a simples existência do termo "mulherismo" demonstra que, para mulheres negras, o feminismo não é suficiente.

---

[7] Carneiro, 2019, p. 313.

Nos três primeiros capítulos deste livro, apresentei como o racismo e o elitismo apareceram na história do movimento feminista. Para mim, esses são os principais malefícios do feminismo para a comunidade negra até os dias de hoje e já são motivos suficientes para justificar minha não adesão ao movimento. Mas não são os únicos. Neste último capítulo, falarei sobre dois outros: a) o feminismo debilita homens negros e faz romper a solidariedade entre homens e mulheres na comunidade negra; e b) o feminismo censura a feminilidade negra.

4.1. Feminismo, homens negros e solidariedade

Quando o feminismo passou a responsabilizar o patriarcado pelos problemas – os reais e os imaginados pelo movimento – que atingem as mulheres, os homens passaram a ser configurados como inimigos. Os ataques aos homens entraram para a ordem do dia.

Em 2004, bell hooks publicou o livro *The Will to Change: Men, Masculinity, and Love* como uma espécie de resposta à sua decepção ao ler o livro *About Men*, da pensadora feminista Phyllis Chesler. Segundo hooks, o livro de Chesler é decepcionante, "(...) cheio de citações de numerosas fontes, artigos de jornais sobre violência masculina (...) há pouca ou nenhuma explicação, nem interpretação" (p. XI, tradução minha). bell hooks expressa sua surpresa com o fato de que mulheres que defendem políticas feministas falem tão pouco sobre homens e masculinidade, e argumenta que as feministas manifestam ódio e raiva pelos homens, pois entendem que os homens dominadores e/ou violentos não são capazes de mudar (*will to change*). Para a autora, "(...) O feminismo militante deu às mulheres permissão para liberarem sua raiva e seu ódio pelos homens, mas não nos permitiu falar sobre o que significa amar um homem numa cultura patriarcal" (p. XII, tradução minha).

Movimentos de Mulheres para além do Feminismo

A feminista Camille Paglia afirma sobre os recorrentes ataques aos homens que:

> (...) o constante ataque aos homens pela ideologia retórica feminista tem de parar. Foi o homem que construiu este mundo com seus escritórios, empresas, organizações e permitiu que as mulheres fossem financeiramente autossuficientes pela primeira vez na história. Isso não só no passado. É também o homem que está constantemente fazendo o trabalho sujo que mantém esse mecanismo fantástico da moderna sociedade industrial e pós-industrial. Essa falta de gratidão ao homem é um veneno terrível no feminismo contemporâneo. A liberdade moderna das mulheres vem deste mundo que o homem criou. Então, para mim, a grande resposta é que o feminismo precisa parar de atacar o homem. Há homens que se comportaram mal, eu acho que eles são uma minoria. Eu sou uma feminista da equidade, eu quero que o mundo público seja estruturado de uma forma que permita às mulheres avançarem igual aos homens nos campos profissional e político. É sobre isso que o feminismo deveria tratar.[8]

O ataque feminista aos homens não faz, claro, considerações de raça e classe. Como apresentei no capítulo 2, as feministas tendem a considerar os homens como um grupo homogêneo. Mas eles são diferentes entre si e o ataque organizado a eles atinge, de maneira mais letal, homens que são interseccionados por desvantagens sociais – negros e pobres.

No livro *Mulheres, raça e classe*, a feminista Angela Davis (2016) observa que o mito do estuprador negro tem sido usado para prender

---

[8] Disponível em: https://arte.estadao.com.br/focas/capitu/materia/feminismo-nao-pode-ser-lugar-de-mulheres-com-odio-de-homem-diz-camille-paglia. Acesso em: 27 out. 2023.

e executar homens negros desde o início da escravidão. Nos EUA, de 1930 a 1967, 405 dos 455 homens executados por condenações por estupro eram negros.[9] As mulheres negras não se juntaram aos grupos antiestupro porque as feministas brancas eram insensíveis ao perigo do mito para o homem negro; à época, a queixa de estupro era invocada como uma justificativa comum para linchamentos[10] em geral:

> (...) Se as mulheres negras têm estado visivelmente ausentes das fileiras do movimento antiestupro da atualidade, isso pode se dever, em parte, à postura de indiferença desse movimento em relação ao uso da falsa acusação de estupro como forma de incitar agressões racistas (...) (Davis, 2016, p. 178).

Davis argumenta ainda que feministas[11] na década de 1970 ajudaram a fortalecer o mito do estuprador negro, ao escreverem obras sobre estupro com base em ideias genuinamente racistas. De acordo com Curry (2022), a incapacidade dos homens negros de alcançar a independência econômica ou política levou as feministas brancas a insistirem que

---

[9] Davis, 2016, p. 177.

[10] Linchamento era uma tática destinada a exercer pressão sobre a comunidade negra. Quatro mil negros foram linchados entre 1877 e 1950 no sul dos Estados Unidos, onde a escravidão e a segregação racial foram mais persistentes. Disponível em: https://www. terra.com.br/noticias/mundo/estados-unidos/eua-4-mil-negros-foram-linchados-no-pais-entre-1877-e-1950,32485b68cc47b410VgnCLD200000b1bf46d0RCRD. html?utm_source=clipboard. Acesso em: 28 out. 2023.

[11] Davis (2016) cita, além de Shulamith Firestone, Susan Brownmiller, Jean MacKellar e Diana Russell: "Brownmiller, MacKellar e Russell são, sem dúvida, mais sutis do que os ideólogos anteriores do racismo. Mas, tragicamente, suas conclusões guardam semelhanças com as ideias de acadêmicos que fazem apologia ao racismo, como Winfield Collins (...). Collins recorre a argumentos pseudobiológicos, enquanto Brownmiller, Russell e MacKellar invocam explicações ligadas ao meio, mas, em última análise, todos afirmam que os "homens negros são motivados de modo especialmente poderoso a praticar violência sexual contra as mulheres" (pp. 184-185).

os homens negros eram infantis e imitativos dos homens brancos que foram seus mestres.

Uma das obras citadas por Davis (2016) é justamente uma das principais da segunda onda do feminismo: *A dialética do sexo: um manifesto da revolução feminista*, de Shulamith Firestone. De acordo com Davis (2016), Firestone "desenvolve um conceito em que define o homem branco como pai, a mulher branca como esposa e mãe, e as pessoas negras como crianças" (p. 185). Utilizando a teoria freudiana do complexo de Édipo como base, Firestone insinua que os "homens negros nutrem um incontrolável desejo de manter relações sexuais com as mulheres brancas" (Davis, 2016, p. 185).

O trabalho de Davis (2016) exibe uma análise bem documentada sobre como o feminismo, desde o século XIX, causou danos aos homens negros. É seguro dizer que Angela Davis não produziu a obra com esse intuito, mas seu trabalho permite esse indicativo.

Tommy J. Curry (2022) argumenta que o uso da violência contra os homens negros tornou-se uma característica definidora da feminilidade branca na virada do século XIX para o século XX e energizou várias novas organizações políticas para atender ao *status* agora evoluído da feminilidade branca fora de casa:

> No final da década de 1960, o abandono político da vitalização econômica dos negros através de iniciativas de direitos civis tinha repercutido em todas as instituições acadêmicas brancas. Criminologistas, sociólogos e feministas decidiram que a incapacidade dos negros pobres, especialmente dos homens negros pobres, de se integrarem culturalmente e competir economicamente com os brancos condenou-os a subculturas de violência e mimetismo (Curry, 2022, p. 22, tradução minha).

De maneira corajosa, Curry (2022) argumenta que feministas negras também contribuíram para a persistência do mito do estuprador negro:

> Em *Mapping the Margins*, Kimberle Crenshaw (1991) cita *The Second Assault* (1981), de Williams e Holmes, de forma bastante positiva, como prova de que a violação é um meio compensatório de controle social entre os homens negros (Curry 2021a). Em *We Real Cool*, por exemplo, bell hooks (2004) descreve relacionamentos íntimos com homens negros como um empreendimento perigoso. "Como muitos homens negros, especialmente homens negros jovens, sentem que estão vivendo um tempo emprestado, apenas esperando para serem trancafiados (presos) ou excluídos (assassinados), eles também podem abraçar seu destino – matar e ser mortos" (p. 57). Tal como os criminologistas subculturais antes dela (Amir 1971; Curtis 1975, 1976), hooks afirma, sem dados etnográficos ou estatísticos para apoiar essa afirmação, que os desafios à masculinidade dos homens negros fazem com que eles respondam com "raiva e predação sexual para manter a sua postura dominadora" (2004, p. 57). A representação dos homens negros como patológicos, violentos e sexualmente predatórios devido à sua selvageria e falta de masculinidade (civil) real tem sido um princípio central do feminismo americano desde meados do século XIX até o presente. Ao fazer da liberdade dos homens negros sinônimo da destruição da civilização ocidental e dos direitos das mulheres, o feminismo teve um papel no apoio e na engenharia de políticas sociais racistas e iniciativas de justiça criminal em nome dos direitos das mulheres (p. 24, tradução minha).

Estabelecendo o homem como principal inimigo e o homem negro como estuprador potencial, o feminismo, que tem o *lobby* mais eficiente do mundo,[12] conseguiu empreender o desenvolvimento de políticas públicas que focassem em mulheres através de uma poderosa narrativa que implica situar as mulheres negras na "base da pirâmide social". Para a vertente do feminismo negro, ser mulher e negra seria a maior hecatombe em qualquer circunstância ou contexto. A mulher negra estaria em situação de maior vulnerabilidade social. Essa narrativa é apoiada pela seguinte premissa: a mulher negra acumularia, simultaneamente, as opressões oriundas da dimensão de gênero e da dimensão de raça. Os dados que ajudam a sustentar tal narrativa referem-se à violência doméstica e aqui as feministas estão corretas: na seara de crimes sexuais, as mulheres são as maiores vítimas; segundo o *Informe MIR – Monitoramento e Avaliação – nº 2 – Edição Mulheres Negras*,[13] publicado pelo Ministério da Igualdade Racial, no Brasil, no ano de 2022, 61,1% das vítimas de feminicídio foram de mulheres negras, enquanto 38,4% foram de mulheres brancas. O *lobby* político feminista não seria necessariamente um problema se a realidade dos homens – especialmente negros e pobres – não fosse tão ruim. Ou melhor: o *lobby* feminista não seria um problema se não impedisse de abordar os problemas dos homens, que não são poucos.

Crimes sexuais atingem em maior número as mulheres, mas crimes de outra ordem vitimam mais homens. Os negros – homens e mulheres – representam 78% das pessoas mortas por armas de fogo no Brasil.[14] Desse percentual, os homens negros são os mais atingidos, representando

---

[12] Carneiro, 2019, p. 318.

[13] Disponível em: https://www.gov.br/igualdaderacial/pt-br/composicao/secretaria-de-gestao-do-sistema-nacional-de-promocao-da-igualdade-racial/diretoria-de-avaliacao-monitoramento-e-gestao-da-informacao/informativos/InformeMIRMonitoramentoeavaliaon2EdioMulheresNegras.pdf. Acesso em: 28 out. 2023.

[14] Disponívelem:https://www.cnnbrasil.com.br/nacional/negros-representam-78-das-pessoas-mortas-por-armas-de-fogo-no-brasil/. Acesso em: 27 out. 2023.

75% das vítimas. Adolescentes e jovens negros entre 15 e 29 anos[15] estão entre as pessoas mais vulneráveis à violência armada, somando 61% das mortes. Os homicídios foram a principal causa dos óbitos da juventude masculina, representando 55,6% das mortes de jovens entre 15 e 19 anos; 52,3% entre o grupo com faixa etária de 20 a 24 anos e 43,7% daqueles com idade entre 25 e 29 anos. No caso das mulheres, as proporções de homicídio são: 16,2%, 14% e 11,7%, respectivamente.

Os homens negros, quando não estão mortos, estão presos: a população prisional[16] do país segue um perfil semelhante ao das vítimas de homicídio. Em geral, ela é composta de homens jovens, negros e com baixa escolaridade. Os homens representam 95,1% do total da população encarcerada. Desse total, 66,7% são negros. No Rio de Janeiro, 70% dos homens presos injustamente são negros.[17] A injustiça foi fruto de falhas no processo de reconhecimento fotográfico nas delegacias. Na Bahia, mais de 90% dos adolescentes apreendidos[18] no estado são negros; todos são do sexo masculino.

Na área da educação,[19] os homens negros também estão em desvantagem quando comparados com as mulheres (brancas e negras): 44,2% dos homens negros entre 19 e 21 anos não concluíram o ensino médio. Entre as mulheres negras da mesma faixa etária, o índice cai para 33%.

Segundo as pesquisadoras Marília Pinto de Carvalho e Andreia Rezende (2012), estudos recentes têm destacado o fenômeno do fracasso

---

[15] Disponível em: https://agenciabrasil.ebc.com.br/geral/noticia/2020-08/atlas-da-violencia-assassinatos- de-negros-crescem-115-em-10-anos. Acesso em: 27 out. 2023.

[16] Disponível em: http://informe.ensp.fiocruz.br/noticias/50418. Acesso em: 27 out. 2023.

[17] Disponível em: https://noticiapreta.com.br/no-rio-70-dos-homens-presos-injustamente-sao-negros- prender-preto-e-pobre-e-o-padrao/. Acesso em: 27 out. 2023.

[18] Disponível em: https://g1.globo.com/ba/bahia/noticia/2021/11/25/mais-de-90percent-dos-adolescentes- que-cumprem-medidas-socioeducativas-na-bahia-sao-negros-veja-perfil.ghtml. Acesso em: 27 out. 2023.

[19] Disponível em: https://www1.folha.uol.com.br/educacao/2019/09/4-em-cada-10-jovens-negros-nao- terminaram-o-ensino-medio.shtml. Acesso em: 27 out. 2023.

escolar mais acentuado entre os meninos, especialmente entre os meninos negros. A tese de que meninos e homens negros são as verdadeiras vítimas do sistema educacional é sustentada por estatísticas que lhes são marcadamente desfavoráveis: de acordo com estudo publicado em 2019, 4 em cada 10 jovens negros não concluíram o ensino médio.[20] Na escola, os índices de evasão e repetência e as notas em exames nacionais não são favoráveis aos meninos negros.[21] Além disso, eles são mais frequentemente expulsos e suspensos. Alguns estudos, como o de Noguera (2003), mostram que os meninos negros são desproporcionalmente considerados como tendo dificuldades de aprendizagem e indicados à educação especial.

bell hooks (2022), ao pesquisar livros críticos e autobiográficos elaborados por intelectuais negros, destaca os processos de escolarização de homens negros. Segundo a autora, os homens negros são, muitas vezes, concebidos como sujeitos desprovidos de habilidades intelectuais (mais corpo do que mente). Para ela, antes mesmo de encontrar uma violenta cultura urbana, os meninos negros são atacados na primeira infância através de uma violência cultural no interior das instituições escolares, nas quais eles, simplesmente, não são ensinados como deveriam. Os meninos negros tendem a ser estereotipados como aqueles que não conseguem aprender.

Em 2022, eu falei publicamente, pela primeira vez, sobre a situação social de meninos e homens negros no Brasil; tudo que expus acima foi apresentado. Minha apresentação teve a intenção de iniciar formulações de alternativas teóricas à narrativa oferecida por pesquisadores atrelados, sobretudo, ao paradigma feminista, que concebe a mulher negra no local de maior vulnerabilidade social. Meus olhos sem miopia ideológica não

---

[20] Disponível em: https://www1.folha.uol.com.br/educacao/2019/09/4-em-cada-10-jovens-negros-nao-terminaram-o-ensino-medio.shtml. Acesso em: 27 out. 2023.
[21] Carvalho, 2009.

me permitem concordar com esses colegas pesquisadores. Discordar faz parte do fazer científico e todo mundo que colocou pelo menos um pé no ambiente acadêmico sabe disso (ou deveria saber).

Contudo, a reação generalizada de discordância não veio; surgiu uma onda de linchamento virtual vinda de feministas, ativistas do movimento negro e apoiadores. Meu cabelo, minha forma física fora do padrão de beleza e minha trajetória intelectual foram cruelmente satirizados por ativistas que juram lutar por mim. As mensagens não me paralisaram e me deram ainda mais força para continuar estudando o tema com afinco. Em razão disso, decidi postular o pós-doutoramento no Programa de Pós-graduação em Sociologia e Antropologia da UFRJ. Meu projeto foi aceito e, no momento, estou construindo o relatório final do primeiro ano de trabalho.

Ainda em 2022, tomei ciência de que a grande filósofa feminista Sueli Carneiro, em sua participação no *podcast Mano a Mano*,[22] afirmou que estaria morta se tivesse nascido homem. Ou seja, uma das maiores feministas brasileiras afirmou, com muita naturalidade, que homens negros têm mais riscos de morte que mulheres negras. A mensagem oculta na frase de Carneiro é trágica, mas, devo dizer, o texto da superfície me alivia: mostra que, neste tempo todo, errada eu não estava. Por mais que o alívio seja satisfatório para a minha ainda embrionária carreira intelectual, entristece-me ver como a militância feminista presente nas redes sociais é tão politicamente ativa, cientificamente imatura, intelectualmente prejudicada e emocionalmente frágil.

Foi nessa época também que tomei conhecimento de que intelectuais feministas tendem a obstruir pesquisas sobre homens nas universidades, ou pesquisas sobre gênero que não utilizam o paradigma feminista. Em *Who Stole Feminism*, a então professora da Clark University, Christina Hoff Sommers (1994), argumenta que o feminismo influenciou, de

---

[22] O episódio foi ao ar em 26 maio 2022.

Movimentos de Mulheres para além do Feminismo

forma danosa, o ambiente universitário nos EUA. Segundo a autora, o feminismo, como movimento, apoia-se em três estratégias básicas: a indignação, o ressentimento e a culpa coletiva.

Todo mundo que já leu Platão sabe que ele reconhece a indignação como mola propulsora da ação moral. É o elemento que fornece à pessoa sábia a energia emocional e a potência para agir virtuosamente. Contudo, segundo Sommers (1994), a indignação vista no feminismo nem sempre é genuína:

> (...) a maioria daquelas que lamentam publicamente a situação das mulheres na América é movida por paixões e interesses mais duvidosos. Um deles é um feminismo de ressentimento que racionaliza e fomenta um rancor em mulheres que tem pouco a ver com indignação moral (p. 41, tradução minha).

Através da indignação e do ressentimento, as feministas, de forma geral, estão convencidas de que os homens se aproveitam, conscientemente, de toda oportunidade de explorar as mulheres – fisicamente ou mentalmente. A partir daí, surge a ideia de culpa coletiva. Essa ideia emerge muito em contextos em que homens são falsamente acusados de agressão sexual: "(...) ser homem e ter sido criado na cultura patriarcal, eles poderiam facilmente ter feito aquilo de que foram falsamente acusados, mesmo que na verdade não o tenham feito" (Sommers, 1994, p. 44, tradução minha). No paradigma feminista, a culpa coletiva pode ser compreendida como uma doutrina que visa a combater o pecado original: os homens.

Recentemente, notei que os estudos sobre homens, ainda que crescentes, aparecem num volume muito mais modesto que o volume de estudos sobre mulheres. A área conhecida como "estudos de gênero" nas instituições de ensino superior e pesquisa está em expansão há décadas. Assim como bell hooks, também fiquei surpresa em notar como as

Mulheres que o Feminismo não Vê

feministas falam tão pouco sobre homens... Um motivo para isso pode ser cogitado: a pesquisadora Karen Giffin (2005, p. 48) aponta que

> (...) mesmo durante os primeiros anos do ressurgimento do feminismo nos anos 60 e do início dos "estudos das mulheres", antes do desenvolvimento do conceito de gênero, havia homens interessados em participar da reflexão sobre essas questões. Sua aproximação às discussões em pequenos grupos e seminários, no entanto, foi vetada naquele momento por nós, mulheres. Exercer este poder de veto foi visto como necessário, ao menos num primeiro momento, dada nossa experiência cotidiana com a dominação masculina.

Em *Erguer a voz*, bell hooks (2019) confirma a rejeição de homens nas discussões sobre gênero e relata que

> (...) Nos primeiros estágios do movimento feminista contemporâneo, rotular homens de "o inimigo" ou "porcos chauvinistas" era talvez uma maneira efetiva para as mulheres começarem a fazer uma separação crítica, dando início à revolta – contra o patriarcado, contra a dominação masculina. Como uma estratégia de rebeldia, isso funcionou (p. 261).

A recusa da participação de homens nas discussões aconteceu numa fase inicial do feminismo, em que o movimento era marcado por uma aguda obsessão com o poder masculino; a exclusividade feminina nessas discussões parecia, portanto, justificada. Mas, e no contexto atual? Considerando que os dados sobre homens e meninos negros são, comparativamente e de forma geral, mais alarmantes do que aqueles associados à população feminina (negra ou branca), por que o sexo feminino parece dominar os objetos de estudo das pesquisas associadas à área de estudos de gênero?

Movimentos de Mulheres para além do Feminismo

No livro *The Man-Not: Race, Class, Genre, and the Dilemmas of Black Manhood*, Tommy J. Curry (2017), professor da Universidade de Edinburgh, destaca que homens negros são forçados a permanecer em silêncio no ambiente acadêmico. Segundo o professor, pesquisadores – negros e homens – notam a resistência de periódicos acadêmicos em considerar a vulnerabilidade do homem negro para além do entendimento desenvolvido pelo feminismo negro. Curry (2017) aponta que estudar meninos e homens negros fora da perspectiva feminista é considerado uma heresia no universo acadêmico; o estudo sobre problemas sociais do homem negro é visto como ameaça ao desenvolvimento de estudos sobre os problemas sociais de mulheres negras.[23]

Destemidamente,[24] Curry (2017) aponta que intelectuais feministas trabalham pela censura de pesquisa que foque homens negros:

> (...) Impedir que homens negros e outros pesquisadores que interpretam a masculinidade negra fora do paradigma feminista publiquem em periódicos e acessem contratos de livros, especializações e empregos dedicados a teorizar sobre masculinidade negra produz um perigoso chauvinismo, que é utilizado para racionalizar como indubitavelmente verdadeiros e para além de contestação relatos patologizados sobre homens negros. O homem negro não deve falar – ele é silenciado não apenas pelas disciplinas, mas também pela moralidade geral dos estudiosos que as constituem. Não é que os homens e rapazes negros não sofram, na realidade, a maior desvantagem social por serem negros e homens; é que o cálculo interseccional que domina a interpretação da masculinidade negra nega a desvantagem do homem negro, mesmo quando isso é

---

[23] CURRY, 2017, p. 227.
[24] O intelectual americano Ishmael Reed afirmou que "Curry levou um tiro pelos irmãos" ao publicar o livro *The Man-Not*.

> demonstrado empiricamente. Em suma, sob o nosso atual regime disciplinar, os homens negros não podem ser reconhecidos como os mais desfavorecidos, não porque os fatos demonstrem o contrário, mas porque a teoria nega que tal reconhecimento seja possível porque o seu sexo é masculino (p. 230, tradução minha).

Curry relatou[25] sofrer linchamento público e ter financiamentos negados por tentar conduzir pesquisa sobre homens negros fora do paradigma feminista. Mesmo as feministas negras trabalham para obstruir pesquisas sobre homens negros. Como bem explica Curry (2022),

> A busca pelos direitos das mulheres nos Estados Unidos, desde os escritos das sufragistas do século XIX até os das feministas negras e brancas em meados do século XX, baseou-se em teorias racistas da evolução branca e da selvageria negra para explicar as ameaças que um homem negro representava não apenas para as mulheres brancas, mas também para todas as mulheres (p. 24, tradução minha).

Ou seja, o feminismo é tão dogmático que é capaz de romper a solidariedade entre homens e mulheres dentro da comunidade negra; ao censurar pesquisadores como Curry e eu, as feministas negras abandonam a defesa da negritude em nome do dogma. Esse rompimento pode ser visto ao longo da história do movimento feminista. No livro *Feminismo para os 99%*, as autoras Cinzia Arruzza, Tithi Bhattacharya e Nancy Fraser (2019), ao admitirem o vergonhoso histórico racista do feminismo, afirmam que:

---

[25] Disponível em: https://www.youtube.com/watch?v=loVO2k9_jL8&t=5s. Acesso em: 15 out. 2023.

(...) Mesmo onde não eram explicitamente racistas, as feministas liberais e radicais, sem distinção, definiram o "sexismo" e as "questões de gênero" de um modo que universaliza de forma enganosa a situação de mulheres brancas, de classe média. Extraindo o gênero da raça (e da classe), elas priorizaram a necessidade das "mulheres" de escapar da vida doméstica e "sair para trabalhar" – como se todas nós fôssemos donas de casa de bairros abastados! Seguindo a mesma lógica, feministas brancas de destaque nos Estados Unidos insistiram que as mulheres negras só poderiam ser verdadeiramente feministas se priorizassem e imaginassem uma sororidade pós e não racial acima da solidariedade antirracista com os homens negros (...) (p. 77).

A advogada muçulmana Sadiyah Karriem[26] argumenta que o feminismo destrói a família negra, porque faz romper a relação fraternal entre mulher negra e homem negro, em nome da lealdade de gênero. Bem, errada ela não está. Mas eu preciso extrapolar o comentário de Karriem e fazer um acréscimo: o feminismo ajuda no rompimento da relação fraternal entre mulheres negras.

Quando li *Cartas para minha avó*, da filósofa Djamila Ribeiro, senti-me contemplada e me vi em muitas de suas lembranças. O livro é uma obra epistolar em que a autora revisita sua infância e adolescência. As cartas (epístolas) são dirigidas a sua avó Antônia, que teve papel fundamental no desenvolvimento espiritual da autora. Assim como bell hooks faz em *Communion: the Female Search for Love*, Djamila faz aqui uma exposição pessoal e delicada sem o objetivo de alargar narrativas políticas; o objetivo parece ser ofertar uma reflexão sobre as delícias e os dissabores de ser uma menina negra, uma adolescente negra e uma mulher negra.

---

[26] Disponível em: https://www.youtube.com/watch?app=desktop&v=Bz0xc7n6kl4. Acesso em: 18 out. 2023.

Mulheres que o Feminismo não Vê

É curioso observar como nós podemos ter pontos biográficos de convergência mesmo assumindo posicionamentos epistemológicos e políticos distintos. Será que, um dia, uma intelectual como a Djamila saberá que uma pessoa como eu viu sua própria infância em vários de seus relatos? Como não sou feminista nem de esquerda, acho pouquíssimo provável que algum dia ela tome ciência da minha admiração por seu livro. Com a ajuda do feminismo e outros movimentos progressistas, o debate público tratou de organizar em grupos distintos – e às vezes em grupos inimigos – as pessoas que saíram do mesmo lugar.

Essa estratégia de dividir as mulheres negras para enfraquecer coletivos parece que tem sido eficiente. Eu já critiquei o conceito "lugar de fala" desenvolvido por Djamila Ribeiro, mas fiquei genuinamente feliz com sua indicação à Academia Paulista de Letras. Também já critiquei sua associação ao progressismo, mas vi a minha mãe na sua mãe! No livro, a mãe da Djamila poderia ser a minha mãe porque eu ouvia a mesma coisa: "Também tinha essa: 'se você brigar e apanhar, quando chegar em casa vai apanhar ainda mais'. E a justificativa era a velha frase de sempre: 'Estou te preparando para a vida' (...)" (p. 24).

Se não fosse o feminismo nos separando, as alianças entre mulheres negras seriam bem mais fortes porque nossas intersecções são maiores que nossas divergências. Infelizmente, eu sou obrigada a concordar com Alice Walker: "(...) Existem ódio, aversão e desconfiança entre nós. Se isso continuar, podemos dizer adeus aos nossos mitos, lendas e triunfos que nos foram prometidos pelo povo negro" (p. 285).

4.2. A censura à feminilidade negra

Como foi visto no capítulo 3, a revolução sexual foi uma forma de pensar sobre a liberdade sexual feminina desafiando a moral tradicional que atingiu seu ápice nos anos 1960 e durou até o final dos anos 1970.

Movimentos de Mulheres para além do Feminismo

Entre outras questões, a segunda onda do movimento feminista tornou evidente o papel fundamental da liberação sexual. Essa fase é marcada pelo desejo de algumas mulheres em replicar os defeitos do comportamento sexual que sempre foram, ao menos no imaginário social, atribuídos aos homens: promiscuidade, desapego e irresponsabilidade em relação aos filhos. A motivação da luta pela liberdade sexual estava assentada na percepção de existência de uma dupla moral na sociedade: as pessoas tolerariam nos homens o que é fortemente condenado nas mulheres, como atividade sexual fora do casamento e promiscuidade: "Faça amor, não faça guerra, goze livremente, lute pela soberania de seus desejos, liberte-se da decência, assuma-se, viva o amor livre" (Campagnolo, 2019, p. 157).

O início da liberação sexual marcou o aumento no número de adultérios, episódios de fornicação, abandonos e divórcios. Com o advento das pílulas anticoncepcionais e demais métodos contraceptivos, o fenômeno da hipersexualização ganhou um novo patamar. O sexo foi definitivamente dissociado do compromisso que está presente em relacionamentos.

Atualmente, essa liberdade sexual é traduzida através da ideia de *"transar com todo mundo de todos os jeitos"*. Há quem acredite que transar, sem precisar corresponder às expectativas românticas e/ou reprodutivas, permitiu que as mulheres começassem a se compreender como seres com desejos sexuais e dispostos ao gozo.

Mas a pergunta que fica é: se transar casualmente, com homens, mulheres, um ou mais parceiros, e sem culpa, é uma conquista feminista para todas as mulheres, recusar essa possibilidade seria sucumbir à norma imposta pelo patriarcado? A promiscuidade seria uma estratégia de combate ao patriarcado? Uma reportagem da revista *Trip*, publicada em 29 de setembro de 2017, destaca o que pode ser uma resposta para essa pergunta: "O medo de não estar sendo livre como deveria poder ser uma das respostas para o vazio que rola às vezes". Aos 19 anos, Kate Bernardi, uma das entrevistadas na reportagem, está precisando se convencer de que não há nada errado com a maneira como se relaciona com sexo. "Conversando com minhas amigas, todas comemoram ser muito 'transudas', dizem que estão com a libido no teto e que temos que explorar isso. Mas não me sinto assim. Minha libido não é a mais alta do mundo – não mesmo. Como não vejo representatividade nenhuma desse sentimento, parece que estou a favor da opressão feminina".

Infelizmente, o sexo casual como possibilidade encontra-se em desuso; passou-se a entendê-lo como norma padrão e os efeitos disso são, no mínimo, preocupantes. Fazendo a intersecção com a questão racial, há, ainda, outro problema da casualidade sexual entendida como sinônimo de liberdade, conforme aponta Djamila Ribeiro em um texto intitulado "Liberdade é também dizer não", para sua coluna do jornal *Folha de S.Paulo*,[27] publicada em 14 de fevereiro de 2020: "(...) penso ser problemático cair no extremo de 'transem muito, jovens'. Ter uma boa consciência sobre sexo deveria ser entender o que se quer. Com sexo, vem responsabilidade, tanto de sexo seguro, quanto de entender a parceira e o parceiro como sujeitos". Ela ainda complementa:

> (...) quando eu digo que nunca gostei de sexo casual e prefiro ter relações com mais significado, sempre vinha a pergunta: "Por que você não se liberta?". Ser liberta é ter que transar com várias pessoas? Não julgo quem tem muitos parceiros ou curte essa casualidade. Cada um, cada um. Porém, é um tanto problemático impor um modelo de liberdade ligado ao número de parceiros que se tem (...).

Através do discurso de "poder feminino"[28] as feministas estão reproduzindo seus próprios corpos como objetos sexuais; por um lado, são

---

[27] Disponível em: https://www1.folha.uol.com.br/colunas/djamila-ribeiro/2020/02/liberdade-sexual-tambem-e-dizer-nao.shtml. Acesso em: 28 out. 2023.

[28] Disponível em: https://brasil.elpais.com/brasil/2019/11/22/estilo/1574452567_521860.html. Acesso em: 28 out. 2023.

definidas como sujeitos sexuais ativos e independentes e, por outro, são foco de escrutínio e vigilância hostil. O que é vendido como empoderamento sustenta e afirma a feminilidade normativa mais tradicional e patriarcal; somente os homens são beneficiados com o que o feminismo chama de liberdade sexual.

Para as mulheres negras, o efeito da campanha pela libertação sexual é mais visível, pois sempre foram objetos de hipersexualização. O que as feministas brancas entendem como padrão antiquado de feminilidade nunca foi oferecido para mulheres negras. Em *História social da beleza negra*, Giovana Xavier (2021) disserta sobre a importância da feminilidade para as mulheres negras entre os séculos XIX e XX. Segundo a autora, as intelectuais negras manifestavam preocupações com suas imagens pública e privada, além da aparência e do espírito.

Diferentemente das intelectuais feministas, que parecem resistir ao ideal de feminilidade, as intelectuais afro-americanas daquela época buscavam desenvolvê-la:

> (...) as intelectuais afro-americanas fizeram um uso muito criativo, audacioso e radical do modelo feminino hegemônico, adaptando-o às suas experiências femininas negras em diferentes campos, como família, educação, trabalho, religião, saúde e política. (...) essa luta de afro-americanas contribuiu para problematizar a visão dominante de que casa, família, casamento e educação representam exclusivamente uma cultura branca (...) (Xavier, 2021, p. 69).

Ademais, a mulher negra, no trabalho de valorização da hipersexualização, perde a autonomia sobre si mesma e o lugar que ela deve ocupar passa a ser definido por terceiros. Como argumenta Djamila Ribeiro:

> mulheres negras são ultrassexualizadas nessa sociedade de herança colonial. É como se tivéssemos que estar disponíveis para

sexo. São vários os assédios que sofremos por parte de homens brasileiros desde muito cedo, de gringos sem noção que vêm ao Brasil e se sentem autorizados a tocar o nosso corpo ou a despejar impropérios. Isso sem falar no preterimento, de mulheres negras serem vistas somente para casualidades e não para se ter uma relação mais profunda.[29]

Como qualquer pessoa atenta, reparei que, nos últimos anos, as divas do *pop music* (nacional e internacional) estabeleceram uma fórmula para o alcance do sucesso: a hipersexualização. As composições musicais dessas divas podem ser desagradáveis em alguns casos, mas seu sucesso nos ajuda a entender o funcionamento da indústria cultural. Esse sucesso também ajuda a tornar evidentes o comportamento do consumidor e seus hábitos de consumo. Pode ser assustador pensar friamente na hipersexualização como um hábito de consumo desejado, mas isso está nas nossas circunstâncias.

A hipersexualização apresentada pelas artistas nos mais diversos programas de entretenimento é uma das consequências da luta pela liberdade sexual empreendida pelo movimento feminista. Nesse cenário, a nudez, com provocação erótica, ganhou destaque e passou a representar – pelo menos no imaginário social – empoderamento. Mas a pergunta que fica é: a hipersexualização das mulheres é empoderamento para quais mulheres? Essa sexualização em excesso acontece em benefício de quem, exatamente?

Em 29 de janeiro de 2016, um grupo de feministas negras, liderado pela filósofa Djamila Ribeiro, escreveu uma nota pública[30] de protesto exigindo o fim da Globeleza. A nota dizia o seguinte:

---

[29] Disponível em: https://www1.folha.uol.com.br/colunas/djamila-ribeiro/2020/02/liberdade-sexual- tambem-e-dizer-nao.shtml. Acesso em: 28 out. 2023.

[30] Disponível em: https://agoraequesaoelas.blogfolha.uol.com.br/2016/01/29/a-mulata-globeleza-um-manifesto/. Acesso em: 28 out. 2023.

A Mulata Globeleza não é um evento cultural natural, mas uma performance que invade o imaginário e as televisões brasileiras na época do Carnaval. Um espetáculo criado pelo diretor de arte Hans Donner para ser o símbolo da festa popular, que exibiu durante 13 anos sua companheira Valéria Valenssa na função superexpositiva de "mulata". Estamos falando de uma personagem que surgiu na década de noventa e até hoje segue à risca o mesmo roteiro: é sempre uma mulher negra que samba como uma passista, nua com o corpo pintado de purpurina, ao som da vinheta exibida ao longo da programação diária da Rede Globo.

Para começar o debate em torno dessa personagem, precisamos identificar o problema contido no termo "mulata". Além de ser palavra naturalizada pela sociedade brasileira, ela é presença cativa no vocabulário dos apresentadores, jornalistas e repórteres da emissora global. A palavra de origem espanhola vem de "mula" ou "mulo": aquilo que é híbrido, originário do cruzamento entre espécies. Mulas são animais nascidos do cruzamento dos jumentos com éguas ou dos cavalos com jumentas. Em outra acepção, são resultado da cópula do animal considerado nobre (*Equus caballus*) com o animal tido de segunda classe (*Equus africanus asinus*). Sendo assim, trata-se de uma palavra pejorativa que indica mestiçagem, impureza. Mistura imprópria que não deveria existir.

Empregado desde o período colonial, o termo era usado para designar negros de pele mais clara, frutos do estupro de escravas pelos senhores de engenho. Tal nomenclatura tem cunho machista e racista e foi transferido à personagem Globeleza, naturalizado. A adjetivação "mulata" é uma memória triste dos 354 anos (1534 a 1888) de escravidão negra no Brasil.

A mulher negra exposta como Globeleza segue, inclusive, um padrão de seleção estética próxima ao feito pelos senhores de engenho ao escolher as mulheres escravizadas que queriam perto

de si. As escravas consideradas "bonitas" eram escolhidas para trabalhar na casa-grande. Da mesma forma, eram selecionadas as futuras vítimas de assédio, intimidação e estupro. Mulheres negras submetidas ao jugo "dos donos". Era comum que as escravas de pele mais clara, com traços mais próximos do que a branquitude propaga como belo, assumissem esses postos de serviço. Os corpos dessas mulheres não eram vistos como propriedade delas, serviam apenas para ser explorados em trabalhos servis exaustivos além de servir como depósito constante de abuso sexual, humilhação, vexação e violência emocional.

Luiza Bairros tem uma frase muito interessante que explicita muito bem o lugar que a sociedade confere à mulher negra: *"nós carregamos a marca"*. Não importa onde estejamos, a marca é a exotização dos nossos corpos e a subalternidade. Desde o período colonial, mulheres negras são estereotipadas como sendo "quentes", naturalmente sensuais, sedutoras de homens. Essas classificações, vistas a partir do olhar do colonizador, romantizam o fato de que essas mulheres estavam na condição de escravas e, portanto, eram estupradas e violentadas, ou seja, sua vontade não existia perante seus "senhores". Veja só como isso é verdade: em 2015, a Globo trocou a Globeleza Nayara Justino, eleita por voto popular no programa *Fantástico*, por uma de pele mais clara, a atual Globeleza Érika Moura, escolhida internamente, já que a primeira *"não teria se alinhado à proposta"*, segundo eles. **Reafirmando "o paladar" eurocêntrico de escolher a mulher negra apta para ser exposta como objeto sexual.** Em outras palavras, pautados por racismo e machismo (de forma velada para alguns, para nós, muito evidente) selecionam quais padrões de negras vão explorar em suas vinhetas seguindo critérios de pele mais clara, traços considerados mais finos e corpo mais esbelto, porém voluptuoso e luxurioso "tipo exportação". **A mulher negra, nessa posição, perde novamente a**

Movimentos de Mulheres para além do Feminismo

autonomia sobre si mesma e o lugar que ela deve ocupar passa a ser definido por terceiros.

Um exemplo dos estigmas que estão colocados sobre os corpos das mulheres negras, e demonstra como funciona a imposição do lugar que devemos ocupar, é o caso da Vênus Hotentote. Seu nome original é Sarah Baartman. Nascida em 1789 na região da África do Sul, ela foi levada, no início do século 19, para a Europa. Sarah Baartman deu um corpo à teoria racista. Ela foi exibida em jaulas, salões e picadeiros por conta de sua anatomia considerada "grotesca, bárbara, exótica": nádegas volumosas e genitália com grandes lábios (uma característica presente nas mulheres do seu povo, os khoi-san). Seu corpo foi colocado entre a fronteira do que seria uma mulher negra anormal e uma mulher branca normal, a primeira considerada selvagem.

Por fim, o corpo de Baartman não recebeu nem um enterro digno. Após o falecimento, seu esqueleto, órgãos genitais e cérebro foram preservados e colocados em exposição em Paris, no Musée de l'Homme (Museu do Homem). Até depois de morta ela foi manejada e experimentada como espécime, peça de coleção a serviço da pesquisa e do cientificismo branco europeu. Somente em 2002 a pedido de Nelson Mandela seus restos mortais foram devolvidos à África do Sul. E para muitos, mais de 200 anos depois, ela não foi considerada gente. A história de Baartman se passou há séculos, mas esse estigma ainda hoje recai sobre nós, negras. Atualmente vemos um canal influente como a Rede Globo que, por quase 30 anos, expõe mulheres negras nuas a qualquer hora do dia ou da noite no período de Carnaval, negando-se a nos representar para além desse lugar de exploração dos nossos corpos no resto de todo o ano. Quantas mulheres negras vemos como atrizes, apresentadoras, repórteres nas grades das grandes emissoras? E quando vemos atrizes, quais são os papéis que estão desempenhando? Raramente vemos mulheres negras na grade da Globo apresentando programas ou sendo protagonistas, mas no período do carnaval, a emissora promove um "caça-mulatas" para eleger a nova Globeleza, que somente aparece nua e nessa época do ano.

É necessário entender o porquê de se criticar lugares como o da Globeleza. Não é pela nudez em si, tampouco por quem desempenha esse papel. É por conta do confinamento das mulheres negras a lugares específicos. Não temos problema algum com a sensualidade, o problema é somente nos confinar a esses lugares negando nossa humanidade, multiplicidade e complexidade. Quando reduzimos seres humanos somente a determinados papéis e lugares, se está retirando nossa humanidade e nos transformando em objetos.

Não somos protagonistas das novelas — não somos as mocinhas nem as vilãs, no máximo as empregadas que servem de mera ambientação, adereço (inclusive apto ao abuso) para a estória do núcleo familiar branco. Basta lembrar do último papel da grande atriz Zezé Motta na emissora, onde foi a empregada Sebastiana em *Boogie Oggie*. Em contrapartida, algumas atrizes como Taís Araujo e Camila Pitanga se destacam, mas não podemos fingir que isso não é por serem jovens e negras com pele mais clara. Mulheres como Ruth de Souza são esquecidas num meio que valoriza grandes nomes como Fernanda Montenegro. Isso não tem nada a ver com talento, já que tanto a primeira como a segunda têm versatilidade e técnica de sobra, mas, sim, com a cor da pele de cada uma e as oportunidades que lhes são dadas.

Qual será o destino das atuais atrizes negras brasileiras?

Ou das meninas negras que sonham estudar teatro e cinema? Há lugar para elas? Se há, que lugar é esse?

Talvez o mesmo das atrizes negras mais velhas e globelezas: o descarte e o esquecimento quando seus corpos não servem mais.

Movimentos de Mulheres para além do Feminismo

A verdade nua e crua é que a Globeleza, atualmente, só reforça um lugar fatalista, engessado, pré-estabelecido para a mulher negra numa sociedade brasileira racista e machista e esse lugar fixo precisa ser rompido, quebrado, começando com o fim desse símbolo/personagem. Não aceitamos ter nossa identidade e humanidade negadas por quem ainda acredita que nosso único lugar é aquele ligado ao entretenimento via exploração do nosso corpo. Não mais aceitaremos nosso corpo refém da preferência e da vontade de terceiros, para deleite de um público masculino e de uma audiência que se despoja do puritanismo hipócrita apenas no Carnaval. Não mais aceitaremos nosso corpo narrado segundo o ponto de vista do eurocentrismo estético, ético, cultural, pedagógico, histórico e religioso. Não mais aceitaremos os grilhões da mídia sobre nosso corpo!

É necessário sair do senso comum, romper com o mito da democracia racial que camufla o racismo latente dessa sociedade. Não podemos mais aceitar que mulheres negras sejam relegadas ao papel da exotização.

Esse Manifesto não só clama pelo fim da Globeleza como nasce da urgência e do grito (há muito abafado) pela abertura e incorporação de novos papéis e espaços para mulheres negras no meio artístico brasileiro. Um novo paradigma precisa despontar no horizonte dos artistas negros sempre tão talentosos, porém, ainda sem o abraço do reconhecimento.

O que falta para mulheres negras, como frisou a americana Viola Davis em seu discurso após ganhar o Globo de Ouro, são oportunidades. No Brasil, elas precisam ir além da ideologia propagada por atrações como "Sexo e as negas" e "Globeleza" (ambas da mesma emissora). O questionamento é sobre o fim desse lugar único para mulheres que são múltiplas.

A construção de novos espaços já vem sendo feita de forma árdua na sociedade real, nas classes pobres, nos coletivos organizados, na juventude periférica, estudantil e trabalhadora onde negras são maioria entre as adeptas de programas como Prouni, ou já são cotistas nas universidades. Entretanto, esse novo lugar ainda não é refletido na mídia, ao menos não da forma mais fidedigna e verossimilhante possível. Fica evidente que não há interesse em nos representar tal qual somos. Parecemos um incômodo e as poucas vozes negras de destaque são maquiadas, interrompidas ou roteirizadas a fim de amenizar nossa realidade e quando não, glamourizar a favela.

Não podemos mais naturalizar essas violências escamoteadas de cultura. A cultura é construída, portanto, os valores dela também o são. É preciso perceber o quanto a reificação desses papéis sulbalternos e exotificados para negras nega oportunidades para nós desempenharmos outros papéis e ocuparmos outros lugares. Não queremos protagonizar o imaginário do gringo que vem em busca de turismo sexual.

Basta! Já passou da hora! (destaques meus)

No ano seguinte, em 2017, a Globo decidiu inovar e, pela primeira vez em 26 anos, lançou a vinheta da Globeleza sem nudez.[31] Se minha memória não estiver me traindo, essa foi uma das situações recentes em que feministas – especificamente feministas negras – comemoraram a interrupção da nudez feminina e conservadores lamentaram o mesmo fato (eles entenderam, equivocada e lamentavelmente, como uma vitória do politicamente correto).

As feministas negras lançaram o manifesto pedindo o fim da Globeleza porque elas sabem uma coisa que talvez as feministas das demais vertentes não saibam ou não queiram aceitar: a nudez hipersexualiza e objetifica a mulher. Ainda que as feministas negras tenham

---

[31] Disponível em: https://glamour.globo.com/entretenimento/celebridades/noticia/2017/01/globeleza-surge-vestida-em-nova-vinheta-de-carnaval-e-movimenta-internet.ghtml. Acesso em: 28 out. 2023.

feito questão de destacar que aquele manifesto não se tratava de uma moralização da nudez ou da sensualidade, elas reconheceram que confinar a mulher negra nesse lugar só colabora para reforçar estereótipos sociais que colocam a exploração de corpos nus como entretenimento para o público masculino. De forma consciente ou não, os ideais sexuais do movimento feminista censuram a feminilidade das mulheres negras. Ouso fazer uma extrapolação: censuram a feminilidade da mulher trabalhadora de todos os grupos raciais. O feminismo tratou de destruir padrões tradicionais de feminilidade e os substituiu pelo questionamento dos papéis de gênero, divisão sexual do trabalho e autonomia corporal. Mas, como mostra Acciari (2021), as trabalhadoras são religiosas, sonham com casamento tradicional, valorizam o papel da mulher no lar e consideram pautas feministas como aborto e liberdade sexual *imorais*[32] porque talvez "(...) as mulheres pobres sabiam por experiência própria que o trabalho nem libertava nem trazia realização pessoal, mas (...) explorava e desumanizava" (hooks, 2019b, p. 149).

Acciari (2021) questiona:

> (...) como, no contexto atual, representar essas mulheres trabalhadoras que parecem se sentir mais contempladas pelo ideário cristão do que pelo projeto feminista? **Se o feminismo deveria ser, teoricamente, o lugar de emancipação das mulheres, por que não consegue convencer uma das maiores categorias profissionais de mulheres do país?** (p. 133, destaques meus)

Se isso é um questionamento para o feminismo, para as mulheres em geral não é. As mulheres, especialmente da classe trabalhadora e cristãs, se organizam em movimentos, institucionalizados ou não, sem se vincularem ao feminismo.

---

[32] Acciari, 2021, p. 138.

4.3. As mulheres não precisam ser feministas

"Você é feminista, mas não sabe!"
"Toda mulher é feminista, querendo ou não"

Sempre escutei essas frases. Nunca gostei. Considero um desrespeito à minha capacidade intelectual e à minha liberdade de filiação. Eu sou a única pessoa que pode definir o que eu sou. Em 2022, me deparei com o livro *Você já é feminista!*, de 2016, organizado pelas jornalistas Nana Queiroz e Helena Bertho, que traz diversos pequenos artigos de famosas. A afoiteza vista no título aparece também no interior da obra, especialmente na parte I. Na introdução, Nana Queiroz afirma:

> ou seja, ser mulher e não ser feminista seria um contrassenso sem tamanho. Seria como ser um cachorro e não ser a favor do movimento pelos direitos dos animais. Ou ser uma pessoa escravizada e se opor ao abolicionismo (p. 18).

Aparentemente, Queiroz nunca se deu ao trabalho de ler teóricas feministas de verdade e continua reproduzindo frases de efeito combinadas com emoção para fazer-se passar como intelectual ou autoridade militante. Comparar a situação da mulher contemporânea – qualquer que ela seja – com o que foi a situação do escravo é traçar um paralelo inadequado, irresponsável e desrespeitoso com a história dos negros no Brasil. Nessa hora, nós vemos que o cantor Emicida não estava errado ao dizer: "a dor dos judeus choca, a nossa gera piada"[33].

No livro, Queiroz, assim como a maioria das feministas, demonstra não fazer a menor ideia do que as teóricas feministas falam sobre feminismo. Também desconhece a história do movimento. Aliás, se

---

[33] Disponível em: https://www.letras.mus.br/emicida/bang/. Acesso em: 28 fev. 2024.

perguntarmos contra o que o feminismo luta, a jovem feminista não saberá responder; provavelmente entrará no *loop* de frases de efeito e distribuirá xingamentos ao interlocutor. Carrie Gress (2022) explica o processo que levou o feminismo contemporâneo a abandonar a lógica e os princípios de justiça e verdade para cair num anti-intelectualismo histérico e infantil:

> Ultimamente, o feminismo e suas metas parecem ser construídos sobre tendências, modinhas, caprichos e pose política, tudo vinculado ao dogma do aborto. Já não é uma filosofia convincente, mas simplesmente um outro grande negócio, onde bilhões são feitos, carreiras são construídas por poder e prestígio, e mulheres bebericam vinho Chardonnay e degustam uma saladinha, enquanto levianamente tomam decisões que afetarão milhares e milhares de vidas (e mortes) (p. 106).

As feministas contemporâneas descobriram que raciocínio rigoroso e lógica são menos potentes do que repetição automatizada de chavões tais como "pró-escolha" e "aborto seguro e legal". Os chavões, associados com emoções, conseguem obstruir qualquer debate sério.

A realidade que o ativismo feminista enfrenta é: boa parte de sua militância se engaja no movimento por necessidade emocional de adesão a grupos e por motivos puramente recreativos; dois motivos frágeis assim geram fraco ativismo e elevam a possibilidade de desmobilização. Em *Feminismo é bom para todo mundo: políticas arrebatadoras*, bell hooks (2021) argumenta que

> O feminismo como estilo de vida introduziu a ideia de que poderia haver tantas versões de feminismo quantas fossem as mulheres existentes. De repente, a política começou a ser aos poucos removida do feminismo. E **prevaleceu a hipótese de que não**

> importa o posicionamento político de uma mulher, seja ela conservadora ou liberal, ela também pode encaixar o feminismo em seu estilo de vida. Obviamente, essa maneira de pensar fez o feminismo ser mais aceitável, porque seu pressuposto subjacente é que mulheres podem ser feministas sem fundamentalmente desafiar e mudar a si mesmas ou à cultura. (...) não pode haver algo como "feminismo como poder", se a noção de poder suscitada for poder adquirido através da exploração e opressão de outras pessoas (p. 23, destaques meus).

Ao dizer imperativamente "você já é feminista", Nana Queiroz sugere que feminismo é compulsório a todas as mulheres; provavelmente, ela não leu o que bell hooks escreveu:

> Feministas são formadas, não nascem feministas. Uma pessoa se torna defensora de políticas feministas simplesmente por ter o privilégio de ter nascido do sexo feminino. Assim como a todas as posições políticas, uma pessoa adere às políticas feministas por **escolha e ação** (2021, p. 25, destaque meu).

Escolha e ação definem a adesão de uma mulher ao feminismo. O livro de Queiroz traz outro texto, igualmente pedante, de autoria da professora universitária Lola Aronovich, que diz: "E, para falar a verdade, nem sei se é uma escolha. Num mundo tão cheio de injustiças, ninguém pode se dar ao luxo de não ser feminista" (p. 24). Certamente, Aronovich nunca leu sobre o conceito de autodefinição de Patricia Hill Collins, que em *Pensamento feminista negro*, diz

> (...) quando nós, mulheres negras, nos autodefinimos, rejeitamos claramente o pressuposto de que aqueles em posição de autoridade para interpretar nossa realidade têm o direito de fazê-lo.

Independentemente do conteúdo real das autodefinições das mulheres negras, **o ato de insistir em nossa autodefinição valida nosso poder como sujeitos humanos** (2019, p. 206, destaque meu).

Ninguém tem autoridade de definir o que uma mulher é ou não é. O autoritarismo feminista teme que mulheres comuns não escolham o feminismo; por isso, as ativistas fazem de seu movimento algo compulsório.

Você já é feminista! é o tipo de livro que faz marketing do feminismo, sem fazer qualquer conexão honesta com o que é feminismo em nível teórico ou militante. O livro é presunçoso por achar que feminismo é compulsório a todas as mulheres apenas pelo fato de serem… mulheres! É ignorante por desconhecer que as mulheres ao redor do mundo se organizam de várias formas em nome de seus direitos e bem-estar sem precisar se filiar a um movimento excludente, pernicioso e subversivo como o feminismo. Pode não parecer, mas essas colocações autoritárias atrapalham o próprio feminismo. É desagradável sublinhar os equívocos das militantes que não terão cerimônia em me prejudicar, mas aqui vai: ao tornar a identificação com o feminismo um ato imperativo, o movimento feminista perde suas definições claras. Se qualquer coisa é feminismo, nada é feminismo. As feministas contemporâneas estão renunciando à busca pela verdade para empreenderem discussões vazias e simularem reações violentas contra outras mulheres. Essa postura desonra o ativismo sério de algumas feministas e de outras grandes mulheres do fim do século XIX e do início do século XX, que se empenharam para desfazer a equivocada crença de que mulheres são mais emocionais e menos intelectuais do que homens.

Por outro lado, eu consigo entender o que faz muitas feministas acreditarem que rejeitar o feminismo é sinônimo de rejeitar os direitos das mulheres. Ao ler o capítulo excelente assinado por Eliane Vasconcellos (1992), intitulado "Lima Barreto: misógino ou feminista?", consegui entender. Como apresentei no capítulo 1, Lima Barreto autodenominava-se textualmente antifeminista; escreveu várias crônicas com duras críticas ao feminismo, que eu considero completamente pertinentes (além de engraçadas!). Porém, Barreto também escrevia a favor do divórcio e da mulher no mercado de trabalho, e denunciava as distorções da instituição casamento e a violência doméstica. Para Vasconcellos (1992), isso era uma contradição e tipifica, de maneira muito equivocada, Barreto como misógino.[34] A palavra *misógino* significa: *Indivíduo que sente repulsa, horror ou aversão a mulheres. Quem tem repulsão pelo contato sexual com mulheres. Pessoa que sofre de misoginia, aversão patológica a mulheres.* Uma pessoa que escreve crônicas denunciando a violência doméstica contra as mulheres pode ser chamada de muitas coisas, menos de misógino.[35] Para nós, mulheres que não são feministas, não há qualquer contradição em ser contra a violência que nos atinge e não militarmos num movimento; é perfeitamente possível defender mulheres sem ser feministas. Segundo os pesquisadores Lucas Berlanza e Hiago Rebello (2022), Santo Tomás de Aquino defendia a igualdade da alma feminina para com a masculina, e essa defesa não indicava feminismo; indicava que estava sendo cristão, defendendo a ortodoxia da Igreja e sua tradição apostólica. No final do capítulo, Vasconcellos (1992) admite: "Apesar de se dizer antifeminista, podemos depreender da obra de Lima Barreto que **ele era principalmente contra o movimento feminista brasileiro, não contra as mulheres**" (p. 267, destaque meu).

Entender pessoas que não são feministas como opositoras das mulheres é incorreto, vil e perigoso para a democracia. Veja: a Secretaria Municipal da Mulher do Rio de Janeiro lançou, em 3 de setembro de 2023, a Resolução SPM-Rio n.º 3 para eleição dos representantes da sociedade civil no Conselho Municipal dos Direitos da Mulher

---

[34] Vasconcellos, 1992, p. 261.

[35] Disponível em: https://www.dicio.com.br/misogino/. Acesso em: 28 out. 2023.

(Codim-Rio) para a Gestão 2024-2027. O Codim-Rio tem por finalidade discutir e encaminhar políticas públicas, sob a ótica do gênero feminino, destinadas a garantir a igualdade de oportunidades e direitos entre homens e mulheres, de forma a assegurar à população feminina o pleno exercício de sua cidadania, na perspectiva de sua autonomia e emancipação.

Contudo, a Secretaria Municipal da Mulher do Rio de Janeiro colocou o seguinte requisito para ocupação das vagas de conselheiras: *ser feminista*. Ora, apenas feministas podem ocupar lugares na discussão estatal sobre mulheres? Por acaso, os impostos que sustentam o funcionamento da prefeitura do Rio não são pagos por todos que moram na cidade? Muitas mulheres, mesmo realizando excelente trabalho na comunidade feminina, certamente foram excluídas por não serem feministas. Para mim, além de corroborar o caráter elitista do feminismo, isso demonstra que feministas temem que mulheres comuns não as aceitem; por isso precisam fazer reserva de mercado.

Elitismo, racismo, rompimento de solidariedade entre homens e mulheres, censura à feminilidade e hipersexualização. Esses são os pontos que eu elenquei para justificar o não alinhamento com o feminismo. Não sou a primeira mulher negra – e estou certa de que não serei a última – que não é feminista. A ativista camaronesa Elma Akob concedeu, em 13 de maio de 2022, uma palestra para o *TEDx*[36] na África do Sul, intitulada "Os perigos do feminismo ocidental para a mulher africana". Akob, que recentemente iniciou seu doutorado em Business Management pela Universidade de Pretória (África do Sul), relata na palestra que ela não pode se conectar com o feminismo porque está lutando por uma coisa completamente diferente; para ela, o feminismo luta por direitos de mulheres privilegiadas e não pelas necessidades de

---

[36] Disponível em em: https://www.youtube.com/watch?v=4EbiVAfoGmo. Acesso em: 28 out. 2023.

mulheres periféricas. Relatou que já tentou se vincular ao movimento feminista, mas sofreu muito por não corroborar integralmente sua pauta e, por vezes, tornou-se alvo de cancelamento por outras feministas; decidiu, então, denominar-se *"indivíduo consternado com as injustiças enfrentadas pelas mulheres que defende o empoderamento feminino e entende ou defende a igualdade de gênero".* Eu me somo à definição de Elma Akob.

Desafiando a ideia de que mulheres não eram pessoas capazes antes do advento do feminismo, Akob relata que suas avós – pessoas que as feministas caracterizam como mulheres sem instrução e sem consciência – eram matriarcas com grande importância dentro da comunidade negra (assim como várias outras mulheres na história do mundo), mas nunca se chamaram de feministas. Como argumentam Berlanza e Rebello (2022),

> Não é incomum (de fato, é uma regra) encontrarmos feministas confundindo feminismo com qualquer ideia, evento ou movimento que eleve a condição da mulher. Muitos não põem o feminismo em seu devido tempo e espaço, como fruto de uma cultura específica. Falta a alguns feministas considerarem que a História está para além do feminismo, de modo que movimentos e acontecimentos cruciais para uma justiça maior para as mulheres não necessariamente foram feministas (p. 212).

Muitas mulheres negras foram catalogadas como feministas. Como mostrei no capítulo 1, Sojourner Truth é o exemplo mais notório dessa prática:

> Os procustianos rotularam erroneamente ativistas Africana (como Sojourner Truth e outras mulheres Africana proeminentes que lutaram pela liberdade, como Harriet Tubman e Ida B. Wells), simplesmente porque eram mulheres. De fato, as principais

preocupações dessas mulheres não eram de natureza feminista, mas sim com o compromisso da centralidade na luta pela liberdade Africana-americana. Suas principais preocupações eram as situações ameaçadoras à vida dos Africana, homens e mulheres, nas mãos de um sistema racista. Denominá-las como feministas, eliminando os seus interesses, é uma abominação e um insulto direto ao seu nível de luta (Hudson-Weems, 2020, p. 55).

Elma Akob ainda lembra um aspecto importante: o epicentro ideológico do feminismo está assentado na cultura do *eu*, e a cultura africana está assentada no *nós*. O respeito nas vilas africanas era concedido segundo idade, não gênero; por essa razão, Akob acredita que o feminismo não é adequado para mulheres africanas.

É importante demarcar uma vez mais que, ao contrário do que o ativismo feminista contemporâneo propaga, **não é necessário ser feminista para se opor à violência contra as mulheres e defender seus direitos**. E as estudiosas feministas sabem disso; só não informaram amplamente à sua – por vezes violenta – militância. Na edição n.º 247 da revista *Cult*, publicada em julho de 2019, a entrevistadora pergunta a Djamila Ribeiro: "Algumas mulheres do movimento de mulheres negras dizem que feminismo não é para nós, e que deveríamos deixar essa discussão para mulheres brancas. Muitas delas dizem que a palavra negro colocada depois de feminismo reforça isso. O que você, como feminista negra, pensa disso?". Ribeiro responde:

> (...) **nem todo movimento de mulheres é feminista – e não precisa ser.** Se você tem outras correntes com as quais se identifica, tudo bem, é perda de tempo a gente ficar disputando. Lutar contra o machismo e o racismo que nos acomete é o que realmente interessa. Os movimentos negros também não são homogêneos. Tem os partidários, os totalmente antipartidários, os movimentos

que não concordam com pessoas negras em cargos institucionais...
(p. 232, destaque meu).

Corroborando o dito acima, as pesquisadoras Carmen Silva e Silvia Camurça (2013), em *Feminismo e movimento de mulheres*, explicam que há *os movimentos de mulheres* e há *o feminismo*:

> (...) há quem pense que todo movimento de mulheres é feminista, uma vez que as mulheres fazem luta por direitos para as mulheres. Entretanto, **nem todas as organizações do movimento de mulheres definem-se como parte do movimento feminista.** (...) Assim, embora, sejamos todas mulheres lutando pelas mulheres, o que nos faz a todas, em certo sentido, feministas, existem ainda muito desconhecimento, algumas desconfianças e posições antifeministas dentro do próprio movimento de mulheres. Por isto, tende-se a considerar o feminismo como parte do movimento de mulheres, mas não como sendo a mesma coisa. **São feministas aquelas mulheres e organizações que se definam assim** (p. 16, destaques meus).

Aqui vai um exemplo pessoal. Eu sou católica e realizo confissão e direção espiritual do Centro Cultural Itaporã,[37] no Rio de Janeiro. O Centro é uma entidade sem fins lucrativos, voltada para meninas e mulheres, fundada em 1988, e promove a formação integral das estudantes de ensinos médio e universitário e de jovens profissionais porque acredita que a habilitação global da pessoa é necessária para prepará-la para os desafios pessoais, familiares, sociais e profissionais com os quais se depara ao longo da vida.

---

[37] Disponível em: https://centroculturalitapora.org.br/residencia/. Acesso em: 28 out. 2023.

Através de atividades diversificadas – como mentorias, palestras culturais, mutirão de estudo, simpósios, *workshops* profissionais, etc. –, as estudantes desenvolvem suas próprias capacidades e adquirem uma preparação humana completa. Já tive o prazer de palestrar para as jovens mulheres do Centro sobre a história do feminismo, ocasião em que fiquei muito honrada, pois foi a primeira vez que palestrei para irmãs católicas, o que guarda um simbolismo especial para mim. Além disso, o Centro também tem residência para estudantes universitárias que querem viver e conviver em um ambiente familiar que propicie o estudo e a amizade.

No Centro, são oferecidas atividades de formação espiritual. A formação católica é organizada por fiéis da Opus Dei, uma instituição da Igreja Católica Apostólica Romana. Na concepção da maioria das feministas, o Centro não faz um trabalho válido junto à comunidade de mulheres, pois não é feminista. Só que agora é minha vez de parafrasear a máxima feminista: o Centro Cultural Itaporã é um movimento – muito potente, por sinal – de mulheres, queira o feminismo ou não. No cristianismo protestante, há movimentos similares, e não reconhecer a autonomia de organização de mulheres, independentemente de suas filiações políticas, ideológicas e religiosas, é paternalismo autoritário do melhor estilo "só existe aquilo que nasceu no paradigma feminista".

Considerando isso, eu gostaria de falar, brevemente, sobre dois exemplos de movimentos não religiosos de mulheres que provam que não é necessário se associar ao feminismo: a) Movimento de Mulheres Indígenas; b) Mulherismo Africana.

4.4. Movimento de mulheres indígenas

Em *Por um feminismo afro-latino-americano*, a intelectual feminista brasileira Lélia Gonzalez (1935-1994) apresenta, através de uma coletânea de textos, seu pensamento sobre os movimentos antirracista e feminista. Por uma perspectiva decolonial, interseccional e psicanalítica, a autora tece críticas à colonialidade epistêmica e ao viés eurocêntrico do feminismo no Ocidente:

> Destacando a ênfase colocada na dimensão racial (quando se trata da percepção e compreensão da situação das mulheres no continente), tentarei mostrar que, dentro do movimento de mulheres, as negras e indígenas são o testemunho vivo dessa exclusão (...) (2020, p. 139).

Gonzalez destaca que tanto o racismo como o sexismo utilizam características biológicas para se estabelecerem e questiona a omissão do movimento feminista em relação ao racismo:

> Surge, portanto, a pergunta: como podemos explicar esse "esquecimento" por parte do feminismo? A resposta, em nossa opinião, está no que alguns cientistas sociais caracterizam como racismo por omissão e cujas raízes, dizemos, estão em uma visão de mundo eurocêntrica e neocolonialista (2020, p. 141).

Destacando o racismo por omissão do movimento feminista, a escritora americana Koa Beck (2021) aponta que quatro em cada cinco mulheres indígenas dos Estados Unidos foram vítimas de violência. A autora alega que a situação dessas mulheres não é levada em consideração por iniciativas feministas na hora de construir plataformas sobre reivindicações das mulheres:

> (...) Seja para elas mesmas, suas empresas, seus empreendimentos comerciais ou suas famílias, a disposição do feminismo branco de adotar uma compreensão 'conquistadora' de seus direitos e poder, especificamente de forma inconsciente, ressalta **o vasto**

espaço ideológico entre a ideologia feminista branca e aquilo contra o que mulheres indígenas (...) têm se organizado há séculos (BECK, 2021, p. 78, destaque meu).

Sobre a violência sofrida pelas mulheres indígenas[38], a situação no Brasil não é muito diferente. Violência sexual contra meninas e mulheres indígenas tem presença recorrente nas manchetes de jornais no Brasil. O relatório apresentado pela Hutukara Associação Yanomami[39] em 2022 traz depoimentos aterrorizantes. Mulheres yanomani foram assediadas e violentadas por garimpeiros:

> (...) outros não atendem os Yanomami, rebatendo apenas: "Eu não tenho comida!". Após falarem assim, os [garimpeiros] pedem, para as mulheres adultas, suas filhas e também pedem, para os homens velhos, suas filhas. Eles falam assim para os Yanomami: "Se você tiver uma filha e a der para mim, eu vou fazer aterrizar uma grande quantidade de comida que você irá comer! Você se alimentará!" (p. 85).

O relatório é cheio de depoimentos como esse. Ao lê-lo, uma curiosidade ocorreu: entre tantas vertentes, por que não ouvimos falar em "feminismo indígena"? De acordo com Juliana Dutra e Claudia Mayorga (2019),

---

[38] Ro'Otsitsina Xavante afirma que mulheres indígenas estão organizadas em seus movimentos e enfrentam o machismo em suas aldeias. Disponível em: https://brasil. elpais.com/brasil/2019/04/26/politica/1556294406_680039.html. Acesso em: 01 out. 2023.

[39] Disponível em: https://acervo.socioambiental.org/acervo/documentos/yanomami-sob-ataque-garimpo-ilegal-na-terra-indigena-yanomami-e-propostas-para. Acesso em: 28 out. 2023.

Mulheres que o Feminismo não Vê

As duas primeiras organizações brasileiras exclusivas de mulheres indígenas surgiram na década de 1980. As pioneiras foram a Associação de Mulheres Indígenas do Alto Rio Negro (AMARN) e a Associação de Mulheres Indígenas do Distrito de Taracuá, Rio Uaupés e Tiguié (AMITRUT). As demais organizações de mulheres indígenas ou departamentos de mulheres dentro de organizações indígenas foram se constituindo a partir da década de 1990, criando-se em 2002, na ocasião de um primeiro encontro de mulheres indígenas amazônicas, um Departamento de Mulheres Indígenas dentro da Coordenação das Organizações Indígenas da Amazônia Brasileira Coiab. Deste, surgiu a União de Mulheres Indígenas da Amazônia Brasileira (UMIAB) em 2009 (p. 122).

A coordenadora da Articulação das Mulheres Indígenas no Ceará (Amice), Juliana Alves,[40] afirma que os indígenas têm demandas específicas relacionadas ao direito à terra que não são contempladas pelo feminismo:

Entendemos que **temos a mesma luta dos parentes do gênero masculino**. É uma luta conjunta, que difere de outros movimentos sociais e que nos atravessa diariamente (destaque meu).

Em um texto[41] publicado no portal Geledés em 2 de maio de 2019, a estudante de Ciências Sociais Laís dos Santos, da etnia Maxakali (MG), afirmou:

---

[40] Disponível em: https://www.institutoclaro.org.br/cidadania/nossas-novidades/reportagens/mulheres-indigenas-debatem-participacao-politica-e-se-existe-um-feminismo-indigena/. Acesso em: 28 out. 2023.

[41] Disponível em: https://www.geledes.org.br/existe-feminismo-indigena-seis-mulheres-dizem-pelo-que-lutam/. Acesso em: 30 out. 2023.

> **Eu não me identifico como feminista indígena. O movimento é de luta das mulheres indígenas. O feminismo não contempla as nossas pautas, dificilmente somos colocadas em debate.** Nossa luta pelas mulheres indígenas é bem estabelecida. **Acho que teria que ocorrer uma descolonização e ressignificação do feminismo muito grande para atrair os olhos em larga escala para nós. (...)** "tem a questão da violência contra a mulher indígena e de como isso se atrela ao racismo por causa da hipersexualização e do estereótipo. (...) Em relação à violência doméstica, a gente destaca como a Lei Maria da Penha não elabora um diálogo com as nossas especificidades. É difícil contemplar e dialogar com nossos contextos dentro das aldeias. Hoje, há cartilhas sobre a Lei Maria da Penha traduzidas para a língua materna dos povos porque, além de não contemplar as nossas especificidades, ela não chegava às aldeias porque não havia tradução (destaques meus).

O posicionamento de Laís é completamente compreensível e justo; e mostra, de uma vez por todas, que as mulheres conseguem se organizar politicamente sem se submeterem ao paradigma feminista.

4.5. Mulherismo Africana

Mulherismo Africana é uma proposta política cunhada no final da década de 1980 pela professora americana Clenora Hudson-Weems, que faz uma investigação epistemológica de como as mulheres africanas se organizavam antes do período colonial. O adjetivo "Africana" remete a indivíduos de ascendência africana, homens e mulheres; não é uma indicação de feminino, mas sim de pluralidade. Indica, assim, uma pluralidade de experiências.[42]

---

[42] Araujo, 2021, p. 71.

Diferentemente do conceito de "mulherismo", cunhado por Alice Walker, o Mulherismo Africana, como teoria, considera a experiência das mulheres Africana única e diferente da de outras mulheres, principalmente das mulheres brancas. Em seu livro intitulado *Mulherismo Africana: recuperando a nós mesmos*, publicado originalmente em 1987, Hudson-Weems (2020) explica por que é necessária uma epistemologia fora do feminismo:

> Por que não feminismo para mulheres Africana? Para começar **a verdadeira história do feminismo, suas origens e a de suas adeptas, revela o seu fundo racista, estabelecendo a sua incompatibilidade com as mulheres Africana** (2020, p. 40, destaque meu).

Para Hudson-Weems (2020), "o apelo inicial do feminismo foi e continua sendo em grande parte para mulheres brancas educadas e de classe média e não para mulheres pretas ou da classe trabalhadora" (p. 28). Argumenta que

> (...) muitas mulheres Africana que se tornam feministas negras (ou que estão mais inclinadas a essa direção) baseiam suas decisões ou na ingenuidade sobre a história e as ramificações do feminismo ou por terem experiências negativas com os homens Africana (2020, p. 47).

Hudson-Weems (2020) também argumenta que mulheres negras que se juntam ao feminismo, a despeito de todo histórico de racismo e elitismo, são motivadas por uma necessidade de adesão a grupos. Para a autora, as feministas negras desejam receber o reconhecimento das feministas como "arautos do feminismo"[43] e representantes da comunidade negra perante o movimento feminista:

---

[43] Hudson-Weems, 2020, p. 46.

Movimentos de Mulheres para além do Feminismo

(...) mulheres Africana que adotaram alguma forma de feminismo e fazem isso pela teoria e metodologia que legitimam o feminismo na academia, apenas pelo desejo de fazer parte de uma comunidade acadêmica.** Além disso, adotam o feminismo devido à ausência de uma estrutura adequada às suas necessidades individuais como mulheres Africana. Mas, enquanto algumas têm aceitado o rótulo, cada vez mais mulheres Africana hoje, na academia e na comunidade, estão reavaliando as realidades históricas e a agenda do movimento feminista. Essas mulheres estão concluindo que a terminologia feminista não reflete com exatidão sua realidade ou sua luta. Assim, **o feminismo, e mais especificamente o feminismo negro, que se relaciona às mulheres Africana-americanas em particular, é extremamente problemático como rótulo para a verdadeira mulher Africana** e abre a muitos debates e controvérsias entre os estudiosos de hoje e as mulheres em geral (Hudson-Weems, 2020, p. 38, destaques meus).

De maneira categórica, Hudson-Weems (2020) afirma que a comunidade negra não aceita as mulheres negras como feministas, pois percebe o feminismo como um "(...) movimento da mulher branca por duas razões: primeiro, a mulher Africana não vê o homem Africana como seu principal inimigo, como a feminista branca, que está travando uma batalha milenar com o seu parceiro (...)" (p. 45). A segunda razão é "(...) as mulheres Africana rejeitam o movimento feminista por causa de sua apreensão e desconfiança das organizações brancas (...)"(p. 45). A pesquisadora Ayni Estevão de Araujo (2021), em sua tese de doutorado intitulada *Peço licença às minhas mais velhas: mulheres negras, agência política e ancestralidade, em São Paulo*, esclarece que

o feminismo é um termo que carrega uma história, e, ainda que esteja em constante movimentação e mudança – mesmo porque estamos nos referindo não apenas a teorias, mas a práticas políticas –, possui um ponto de partida temporal e espacial, cujas sujeitas são mulheres brancas, da classe dominante (pp. 71-72).

De acordo com Araujo (2020),

Da perspectiva mulherista africana, ainda podemos notar que, em grande medida, as referências de independência, agência política e insubordinação aos homens, que foram construídas historicamente pelos feminismos ocidentais, remetem a experiências de mulheres africanas em tempos muito anteriores aos movimentos que tomam força no século XIX, na Europa. **Uma vez que o continente africano fora marcado fortemente pela presença de sociedades matriarcais, é possível encontrar os registros de mulheres que governaram reinos e exércitos, exercendo funções de comando e liderança política já no século XV a.E.C (antes da Era Comum).** Exemplos disso foram líderes histórias como Candace, na Etiópia, rainha e general superior do exército, que lutou contra as tropas de César Augusto (Roma) no deserto da Núbia. Ela se tornara referência a ponto de suas sucessoras adotarem o mesmo nome. Ora, as Candaces, bem como Hatshepsut (rainha-faraó; primeira mulher a reinar sozinha na história da humanidade, de 1479 a 1458 a.E.C); Cleópatra (a última governante do Reino Ptolemaico do Egito) e Rainha de Sabá (cerca de 1000 a.E.C) são personagens históricas que ratificam o lugar e a agência da mulher nas sociedades matriarcais (DIOP, 2014). Enquanto na Antiguidade greco-romana, por exemplo, era impensável a participação da mulher em qualquer deliberação pública; em África, no mesmo momento, mulheres usufruíam de uma liberdade igual à do homem, totalmente hábil a ocupar funções políticas. A essas mulheres era possível ocupar funções públicas, de liderança e estratégia; nem o enclausuramento à vida doméstica, nem a violência sistemática lhes era uma realidade nessas sociedades, tal como acontece nas culturas patriarcais, já em seus primórdios (p. 74, destaque meu).

O Mulherismo Africana defende que a segurança e a harmonia das mulheres são a base da sociedade. Em *Sobreviventes e guerreiras*, a historiadora Mary del Priore (2020), apoiando-se no trabalho do antropólogo senegalês Cheikh Anta Diop, argumenta que nas sociedades africanas as mulheres tinham poder político, econômico e religioso: "Entre bantos, da região do Congo, era a mãe que dava identidade étnica e social aos filhos. Ela era a base e a garantia da sociedade" (p. 16). Por isso, o Mulherismo Africana defende uma luta inteira e autêntica em conjunto com os homens em prol da comunidade.

Hudson-Weems argumenta que

> o Mulherismo Africana – mais do que o feminismo, o feminismo negro, o feminismo africano ou o mulherismo – é uma alternativa viável para a mulher Africana em sua luta coletiva, em conjunto com toda a comunidade, aumentando as possibilidades para a dignidade do povo Africana e para a humanidade de todos. **Em resumo, a recuperação da mulher Africana através da identificação de nossa própria luta coletiva e da atuação dela é um passo fundamental para a harmonia e a sobrevivência humana** (2020, p. 51, destaque meu).

A coletividade e a centralidade familiar são as principais bases do Mulherismo Africana, que foi desenvolvido para operacionalizar as dimensões de raça, classe e gênero. A mulher Africana não percebe o homem Africana como opressor, mas como aliado. No Mulherismo Africana, o orgulho familiar e a solidariedade são abraçados calorosamente. O que Betty Friedan tipificou como "tarefas para meninas débeis mentais e crianças de oito anos" em *A mística feminina*, no Mulherismo Africana é "base para uma criação bem-sucedida dos filhos" (Hudson-Weems, 2020, p. 176).

Araujo (2021) destaca que o Mulherismo Africana possui dezoito princípios, a saber: 1) terminologia própria; 2) autodefinição; 3) centralidade na família; 4) genuína irmandade no feminino; 5) fortaleza; 6) colaboração com os homens na luta de emancipação; 7) unidade; 8) autenticidade; 9) flexibilidade de papéis; 10) respeito; 11) reconhecimento pelo outro; 12) espiritualidade; 13) compatibilidade com o homem; 14) respeito pelos mais velhos; 15) adaptabilidade; 16) ambição; 17) maternidade; 18) sustento dos filhos.

Como o Mulherismo Africana não tem pretensão de atingir universalidade, os princípios supracitados não devem ser entendidos como prescrições teóricas para prática política:

> (...) trata-se do apontamento de aspectos característicos das vivências e, em grande medida, dos fazeres políticos dessas mulheres; isto é, diz respeito tanto a suas formas de existência – modos de ser e estar no mundo; de compreender a si e o meio circundante advindos de suas heranças ancestrais africanas, que diferem, em essência, dos modos ocidentecêntricos de existir –, como de resistência, pensada sempre no contexto de suas comunidades (Araujo, 2021, p. 74).

Com esses exemplos, evidencia-se que é desnecessário filiar-se ao feminismo para lutar contra a violência que ainda, infelizmente, vitima muitas mulheres. O movimento feminista não está em defesa das mulheres; defende o conjunto de interesses de um determinado perfil de mulher. As diferenças oriundas das dimensões de raça e classe são evidentes dentro do feminismo e não podem ser ignoradas por todos aqueles que se dedicam aos estudos sobre o movimento.

Neste livro, além de mostrar as bases do feminismo e exemplos de movimentos de mulheres, sumarizei os principais pontos em que o feminismo foi racista e elitista. Um livro apenas não esgota o tema, mas é um importante início.

Conclusão

*Há sujeitos que nascem, envelhecem e morrem sem ter
jamais ousado um raciocínio próprio.*
(*Nelson Rodrigues, em* Só os profetas enxergam o óbvio)

*Eu não estava destinada a estar sozinha
e sem você, que compreende.*
(*Barbara Smith, em* The Little Black Feminists)

Este livro ofereceu uma análise sobre a história do movimento feminista, rejeitando a premissa de que o feminismo, em qualquer uma das suas ondas, foi um movimento igualitário e inclusivo. Em vez disso, argumentei que o feminismo foi desde seu início moldado pelos turbulentos debates e conflitos sobre raça e classe. O desenvolvimento do feminismo esteve intrinsecamente ligado a contextos específicos de luta e transformação social: escravidão, emancipação, evangelicalismo, expansionismo e imigração.

Quando o racismo e o elitismo do feminismo são enquadrados como uma questão de inclusão, ou o fracasso das feministas brancas em incluir as experiências das mulheres negras e de outras mulheres não brancas, a história do feminismo como um movimento pela liberdade e libertação das mulheres em todo o mundo permanece intacta. Nesta perspectiva, os objetivos políticos do feminismo não eram *incorretos* ou *maliciosos*, *apenas não inclusivos e incompletos*. Porém, quando o feminismo é interpretado como uma dinâmica histórica que se opôs, direta ou indiretamente, aos direitos civis dos negros (mulheres e homens), apoiou a esterilização compulsória de mulheres de cor e estimulou o desenvolvimento e instalação de clínicas de aborto em bairros de população negra, a análise toma outra forma.

Focar no racismo e no elitismo dentro do feminismo pode ser incômodo para muitas pessoas, eu sei. A minha esperança, porém, é que esta abordagem possa nos dar mais informações sobre como e por que os legados do feminismo continuam a perdurar e talvez possa até nos ajudar a imaginar novos pontos de partida. Embora seja perturbador olhar para o passado dessa forma, é fundamental reconhecer a herança que veio com o legado. O feminismo contemporâneo parece postular que negar o passado e promover um comportamento não racista (não sexista, não elitista) é o melhor encaminhamento, mesmo quando as consequências disso continuem a levar à manutenção de práticas que discriminam.

A aliança do feminismo com o daltonismo social e racial e com a insistência de foco exclusivo na dimensão de sexo é uma estratégia fundamentalmente errada de abordar os efeitos discursivos reais das hierarquias sociais intrinsecamente organizadas ao longo dos múltiplos eixos de raça, classe e sexo. Para quem nunca foi vítima de racismo ou não sofreu nenhuma restrição em razão da situação econômica, é muito mais fácil focar apenas em sexo. E é nessa esteira que o feminismo contemporâneo se perde: ao olhar apenas para sexo, a jovem ativista tende a crer que a situação desagradável que sofreu com um colega na universidade exemplifica as opressões das mulheres do mundo todo! Olhar apenas para sexo é instalar-se numa bolha e reclamar que é mal compreendido pelo mundo... e isso é um problema recorrente no feminismo. bell hooks (2019b) destaca que até mesmo feministas de orientação socialista tendem a negligenciar o problema racial.

Conclusão

A história do racismo e do elitismo do feminismo revela um programa insidioso de controle social e desvio político que inibiu os direitos civis e humanos de negros e das mulheres pobres brancas e não brancas. Apesar dessa história, intelectuais e ativistas feministas procedem como se o feminismo fosse largamente compatível com os objetivos da igualdade racial, da igualdade social e do progresso democrático. Mais pesquisas são necessárias para avaliar o impacto que a retórica e as teorias feministas tiveram no desenvolvimento econômico, político e cultural dos homens.

Apesar do escandaloso histórico racista e elitista do feminismo, ainda vemos mulheres negras e pobres se identificando como feministas. Muitas pessoas me perguntam o porquê. Costumo falar em tom de brincadeira que bell hooks deveria ter criado o *bellismo* antes de nos deixar. É uma brincadeira, mas esconde um desejo. bell hooks produziu as mais fundamentadas, ácidas e pertinentes críticas ao feminismo e desenvolveu um entendimento heterodoxo sobre as relações humanas: ela lia de Santa Teresa D'Ávila a Nathaniel Branden, tratando todos os escritos com dignidade e respeito, sem se deixar ceder à tentação de ridicularizar o divergente. Seu ativismo intelectual me inspira como acadêmica que postula o título de intelectual, mas sua insistência de permanecer filiada ao feminismo e sua defesa intransigente para que outras mulheres negras também se juntem ao movimento me desconcertam. bell hooks poderia criar um movimento de mulheres independente, sem precisar emprestar sua potência ao feminismo.

Ao tentar compreender o que leva mulheres negras ao feminismo, Clenora Hudson-Weems (2020) percebeu que essas mulheres negras se filiam ao movimento feminista por necessidade de pertencimento a comunidades acadêmicas. Subscrevo esse entendimento, mas não acho que seja a única razão. As feministas negras formaram a vertente mais substantiva do feminismo – o feminismo negro – por não se desconectarem das dimensões de raça e classe e serem capazes de produzir críticas ao movimento. O trabalho empreendido por essas mulheres poderia ser aplicado em um novo movimento, fora do feminismo, com outro nome e outras fundações, como Hudson-Weems (2020) fez ao desenvolver a teoria do Mulherismo Africana. Por vezes, penso que feministas negras, ao insistirem no feminismo, estão construindo um palacete num pântano. Mas uma característica comum às feministas, de qualquer vertente, impede esse avanço: a mentalidade progressista.

Quando criticamos o feminismo para feministas, elas apontam o potencial do feminismo e, erroneamente, tendem a compreender o potencial como situação real. Você ouvirá muitas orações começando como "o feminismo pode ser isso ou aquilo". O fato de que o feminismo *pode ser* isso ou aquilo *não* significa que *ele é* ou que *ele foi*. Acreditar em potencial é demonstração de fé de uma postura dogmática, e, dogma por dogma, eu já estou vinculada – assim como a maioria das mulheres negras brasileiras[1] – a um infinitamente superior, conhecido como cristianismo. A minha mentalidade conservadora me faz olhar para o passado e para o presente visando tomar uma decisão. Se, ao olhar o passado e o presente do feminismo, encontro racismo e elitismo, isso indica que não há razões para apostar que no futuro o feminismo poderá ser diferente. Se o presente parece o passado, com o que o futuro se parece? Essa pergunta foi feita por Alice Walker em um ensaio no qual ela apresenta o termo colorismo e acho muito pertinente para a discussão que levanto aqui. Mas a mentalidade progressista investe no *potencial* do que parece uma boa ideia, como o feminismo:

> (...) para progressistas e revolucionários, o passado é mácula a ser apagada e o presente é apenas o interregno transitório a ser superado a partir de um trabalho de "limpeza" histórica, cultural e

---

[1] Disponível em: https://www.cartacapital.com.br/sociedade/mulheres-negras-sao-maioria-entre-evangelicos-aponta-datafolha/. Acesso em: 28 out. 2023.

política no presente para a construção de um futuro glorioso (...) (Garschagen, 2023, p. 97).

No geral, as feministas trabalham orientadas pela crítica baseada na dicotomia "tradicional e antigo: mau"[2] e "progresso e novo: bom".[3] Ao se esquecerem de que a história é feita de momentos de progresso, retrocesso e estagnação, as feministas se tornam "escravas do amanhã".[4]

O que o futuro reserva ao feminismo depende de aprendizagem e vontade para desfazer a cumplicidade histórica do movimento com o racismo e o elitismo, olhando para o passado com honestidade e mostrando abertura para a alteridade; nem todas as mulheres querem ser feministas, e isso não implica que elas não se organizam politicamente em seus meios.

Ao contrário do que podem pensar, não escrevi este livro com críticas sobre o feminismo para atingir as feministas. Este livro é produto do meu ativismo intelectual, que é inquieto demais para aceitar que não se pode pensar diferente. Faz-se necessário reconhecer, de forma definitiva, que as mulheres e os negros fazem parte de uma coletividade heterogênea. O negro homogêneo e a mulher homogênea são categorias coloniais que menosprezam a diversidade da existência humana. Assim como Lima Barreto, meu maior medo é silenciar-me, omitir-me; um escritor deve se ocupar com a questões de sua época, tomando partido, emitindo opinião.[5] Patricia Hill Collins (2019) adverte sobre a importância de desenvolvimento da autovalorização para as mulheres negras e a importância da diversidade na intelectualidade: "(...) Vozes femininas negras vindas de fontes diversas refletem essa demanda por respeito" (p. 207).

---

[2] Berlanza; Rebello, 2022.

[3] *Ibidem.*

[4] Berlanza; Rebello, 2022.

[5] Vasconcellos, 1992, p. 256

Escrevi este livro pensando em outras mulheres negras e brancas pobres que não desejam ser feministas, mas recebem toda sorte de horrorosos predicados por não se identificarem com o movimento. É meu desejo mostrar que elas não estão sozinhas. Há uma frase da Barbara Smith, de *Little Black Feminists*, que aparece nos livros de Audre Lorde e de bell hooks e que sintetiza muito o porquê do meu desejo insistente em mostrar a outras mulheres como eu que elas não estão sozinhas: *"Eu não estava destinada a estar sozinha e sem você, que compreende"*.

O tema trabalhado neste livro me move. Gosto de estudar relações humanas a partir das dimensões raça, classe . Esse gostar é sincero e, nos últimos anos, me levou a conhecer outras pessoas que também compartilham esse interesse. Todo o processo tem sido desafiador e, certa de que receberei de mulheres feministas o pior tratamento possível, encerro este livro com profunda desesperança sobre meu futuro profissional. Por outro lado, todo o processo também tem sido encantador, e espero ter a oportunidade de empreender intelectualmente com a comunidade espontânea que estou ajudando a formar. Como disse Santa Teresa D'Ávila[6], *"quem ama faz sempre comunidade, nunca fica sozinho"*.

---

[6] Disponível em: https://formacao.cancaonova.com/igreja/santos/frases-de-santa-teresa-de-avila/ – :~:text=Santa%20Teresa%20D'Avila%2C%20Doutora,mais%20verdadeira%20 realiza%C3%A7%C3%A3o%20da%20pessoa.%E2%80%9D. Acesso em: 28 fev. 2024.

Referências

ACCIARI, Louisa. "Enquanto elas manifestam, quem cuida de seus filhos?" (Des) Encontros entre movimentos feministas e sindicatos de trabalhadoras domésticas no Brasil. In: MORAES, Aparecida *et al* (Org.). **Diálogos feministas**: gerações, identidades, trabalho e direitos. Rio de Janeiro: EdUFRJ, 2021.

AHLQUIST, Dale. Prefácio. In: CHESTERTON, G. K. **Eugenia e outros males**. Campinas: Ecclesiae, 2023.

AHMED, Sara. **Living a feminist life**. Durham: Duke University Press, 2017.

ALVES, Branca Moreira; PITANGUY, Jacqueline. **O que é feminismo?** São Paulo: Brasiliense, 1985.

ARAUJO, Ayni Estevão de. **Peço licença às minhas mais velhas**: mulheres negras, agência política e ancestralidade, em São Paulo. 2021. Tese (Doutorado em Ciências Sociais) – Programa de Pós-graduação em Ciências Sociais, Universidade Estadual Paulista Júlio de Mesquita Filho, Araraquara, 2021.

ARONOVICH, Lola. Saia do armário e se assuma feminista. In: QUEIROZ, Nana. BERTHO, Helena (Orgs.). **Você já é feminista!** Abra este livro e descubra o porquê. São Paulo: Pólen, 2020.

ARRUZA, Cintia *et al*. **Feminismo para os 99%**: um manifesto. São Paulo: Boitempo, 2019.

BARRETO, Lima. **Toda crônica**. Rio de Janeiro: Agir, 2004. 2 vol.

BARRETO, Raquel. Entrevista de Djamila Ribeiro. **Revista Cult**, n. 247, jul. 2019.

BECK, Koa. **Feminismo branco**: das sufragistas às influenciadoras e quem elas deixam para trás. Rio de Janeiro: HarperCollins, 2021.

Benatar, David. **The Second Sexism**: Discrimination against Men and Boys. Malden: Wiley-Blackwell, 2012.

Berlanza, Lucas; Rabello, Hiago. **Escravos do amanhã**: as ilusões do progressismo. São Paulo: Edições 70, 2022.

Borges, Rosane. Feminismos negros e marxismo: quem deve a quem? In: Almeida, Silvio. **Marxismo e questão racial**. São Paulo: Boitempo, 2021.

Breines, Winifred. **The Trouble Between Us**: An Uneasy History of White and Black Women in the Feminist Movement. Nova York: Oxford University Press, 2006.

Campagnolo, Ana Caroline. **Feminismo**: perversão e subversão. Campinas: Vide Editorial, 2019.

Campagnolo, Ana Caroline (Org.). **Guia de bolso contra mentiras feministas**. Campinas: Vide Editorial, 2021.

Carneiro, Sueli. Enegrecer o feminismo: a situação da mulher negra na América Latina a partir de uma perspectiva de gênero. In: Holanda, Heloisa Buarque (Org.). **Pensamento feminista**: conceitos fundamentais. Rio de Janeiro: Bazar do Tempo, 2019.

Carvalho, Marília Pinto de. **Avaliação escolar, gênero e raça**. Campinas: Papirus, 2009.

Carvalho, Marília Pinto de. Quem são os meninos que fracassam na escola? **Cadernos de Pesquisa**, v. 34, n. 121, pp. 11-40, jan./abr. 2004.

Carvalho, Marília Pinto de; Toledo, Cinthia. Masculinidades e desempenho escolar: a construção de hierarquias entre pares. **Cadernos de Pesquisa**, v. 48, n. 169, pp. 1002-1023, jul/set. 2018.

Carvalho, Marília Pinto de; Rezende, Andreia. Meninos negros: múltiplas estratégias para lidar com o fracasso escolar. Sociologia da Educação. **Revista Luso-Brasileira**, n. 5, pp. 59-89, out. 2012.

Carvalho, Marília Pinto de; Rezende, Andreia. Mau aluno, boa aluna? Como as professoras avaliam meninos e meninas. **Estudos Feministas**, v. 9, n. 2, pp. 554-574, 2001.

Chesterton, G. K. **Eugenia e outros males**. Campinas: Ecclesiae, 2023.

CHESTERTON, G. K. **O que há de errado com o mundo**. Campinas: Ecclesiae, 2013.

COLLINS, Patricia Hill. **Pensamento feminista negro**. São Paulo: Boitempo, 2019.

COONTZ, Stephanie. **A Strange Stirring**: The Feminine Mystique and American Women at the Dawn of the 1960s. Nova York: Basic Books, 2011.

CREVELD, Martin van. **O sexo privilegiado**. Campinas: Vide Editorial, 2023.

CURRY, Tommy J. Feminism as Racist Backlash: How Racism Drove the Development of 19th and 20th Century Feminist Theory. In: DESHPANDE, A (Ed.). **Handbook on Economics of Discrimination and Affirmative Action**. Singapura: Springer, 2022. Disponível em: https://doi.org/10.1007/978-981-33- 4016-9_48-1. Acesso em: 26 nov. 2023.

CURRY, Tommy J. **The Man-Not**: Race, Class, Genre, and the Dilemas of Black Manhood. Filadélfia: Temple University Press, 2017.

DAMASCO, Mariana Santos; MAIO, Marcos Chor, MONTEIRO, Simone. Feminismo negro: raça, identidade e saúde reprodutiva no Brasil (1975-1993). **Revista Estudos Feministas**, v. 20, n. 1, pp. 133-151, 2012. Disponível em: https://www.redalyc.org/articulo.oa?id=38122296008. Acesso em: 21 ago. 2022.

DAVIS, Angela. **Mulheres, raça e classe**. São Paulo: Boitempo, 2016.

DEROSA, Marlon (Org.). **Precisamos falar sobre aborto**: mitos e verdades. Florianópolis: Estudos Nacionais, 2018.

DIWAN, Pietra. **Raça pura**: uma história da eugenia no Brasil e no mundo. São Paulo: Contexto, 2022.

DUDDEN, Faye E. **Fighting Chance**: The Struggle over Woman Suffrage and Black Suffrage in Reconstruction America. Nova York: Oxford University Press, 2011.

DUTRA, Juliana Cabral de Oliveira; MAYORGA, Claudia. Mulheres Indígenas em Movimentos: possíveis articulações entre gênero e política. **Psicologia**: **Ciência e Profissão**, v. 39, número especial, pp. 113-129, 2019.

ENGEL, Magali. Gênero e política em Lima Barreto. **Cadernos Pagu**, v. 32, pp. 365-388, jun. 2009. Disponível em: https://www.scielo.br/j/cpa/a/Tb7y6cgd7d MMMMGDGPQg7gB/?lang=pt. Acesso em: 21 ago. 2022.

ENGELS, Friedrich. **A origem da família, da propriedade privada e do Estado**. Rio de Janeiro: BestBolso, 2021.

FERNANDES, Camila. **Feminismo materno** – O que a profissional descobriu ao se tornar mãe. São Paulo: Pólen, 2019.

FIRESTONE, Shulamitah. **The Dialectic of Sex**: The Case for Feminist Revolution. Nova York : Bantam Books, 1971.

FLEURY, Bruce. **The Negro Project**: Margaret Sanger's Diabolical, Duplicitous, Dangerous, Disastrous and Deadly Plan for Black America. Pittsburgh: Dorrance, 2015.

FOUGEYROLLAS-SCHWEBEL, Dominique. Movimentos feministas. In: HIRATA, Helena; LABORIE, Françoise *et al*. **Dicionário crítico do feminismo**. São Paulo: EdUnesp, 2009.

FOX-GENOVESE, Elizabeth. **"Feminism Is Not the Story of My Life"**: How Today's Feminist Elite Has Lost Touch with the Real Concerns of Women. Nova York: Anchor Books, 1996.

FRIEDAN, Betty. **A mística feminina**. Rio de Janeiro: Rosa dos Tempos, 2021.

GARSCHAGEN, Bruno. **O mínimo sobre conservadorismo**. Campinas: O Mínimo, 2023.

GIFFIN, Karen. A inserção dos homens nos estudos de gênero: contribuições de um sujeito histórico. **Ciência & Saúde Coletiva**, v. 10, n. 1, pp. 47-57, 2005.

GILMAN, Charlotte Perkins. **Herland.** Project Gutenberg, 2008. Disponível em: https://www.gutenberg.org/ebooks/32. Acesso em: 26 nov. 2023.

GONZÁLEZ, Lélia. **Por um feminismo afro-latino-americano**. Rio de Janeiro: Zahar, 2020.

GREER, Germaine. **A mulher eunuco**. Rio de Janeiro: Artenova, 1971.

GRESS, Carrie. **Anti-Maria desmascarada**: resgatando a cultura do feminismo tóxico. Fundão: Cristo e Livros, 2022.

HALBERT, Debora. Shulamith Firestone: radical feminism and the visions of the information society. **Information, Communication & Society**, v. 7, n. 1, pp. 115-135, mar. 2004.

HAMAD, Ruby. **White Tears/Brown Scars**: How White Feminist Betrays Women of Color. Boston: Beacon Press, 2020.

hooks, bell. **Cultura fora da lei**. São Paulo: Elefante, 2023.

hooks, bell. **E eu não sou uma mulher?** Mulheres negras e feminismo. Rio de Janeiro: Rosa dos Tempos, 2022.

hooks, bell. **O feminismo é bom para todo mundo**: políticas arrebatadoras. Rio de Janeiro: Rosa dos Tempos, 2021.

hooks, bell. **Erguer a voz**: pensar como feminista, pensar como negra. São Paulo: Elefante, 2019a.

hooks, bell. **Teoria Feminista**: da margem ao centro. São Paulo: Perspectiva, 2019b.

hooks, bell. **The Will to Change**: Men, Masculinity, and Love. Nova York: Washington Square Press, 2004.

hooks, bell. **Where We Stand**: Class Matters. Nova York: Routledge, 2000.

HOROWITZ, Daniel. **Betty Friedan and the Making of The Feminine Mystique**: The American Left, The Cold War, and Modern Feminism. Amherst: University of Massachusetts Press, 1998.

HUDSON-WEEMS, Clenora. **Mulherismo Africana**: recuperando a nós mesmos. São Paulo: Anense, 2020.

HOROWITZ, Daniel. Rethinking Betty Friedan and the Feminine Mystique: Labor Union Radicalism and Feminism in Cold War. **American Quarterly**, v. 48, n. 1, pp. 1-42, mar. 1996.

IACONELLI, Vera. **Manifesto antimaternalista**: psicanálise e políticas da reprodução. Rio de Janeiro: Zahar, 2023.

JOHNSON, Allan G. **Dicionário de Sociologia**: Guia prático da linguagem sociológica. Rio de Janeiro: Zahar, 1997.

JONES, Eugene Michael. *Libido Dominandi*: libertação sexual e controle político. Tradução de Murilo Resende Ferreira. Campinas: Vide Editorial, 2019.

KENDALL, Mikki. **Feminismo na periferia**: comentários das mulheres que o movimento feminista esqueceu. Santo André: Rua do Sabão, 2022.

KOLLONTAI, Alexandra. **Revolução Sexual e a revolução socialista**. São João Del-Rei: Estudos Vermelhos, 2014.

KUBY, Gabrielle. **A revolução sexual global**: a destruição da liberdade em nome da liberdade. São Paulo: Quadrante, 2021.

LEONARD, Thomas C. **Illiberal Reformers**: Race, Eugenics, and American Economics in the Progressive Era. Princeton: Princeton University Press, 2017.

LIMA, Nathália Diórgenes Ferreira; CORDEIRO, Rosineide de Lourdes Meira. Aborto, Racismo e Violência: Reflexões a partir do Feminismo Negro. Revista Em Pauta: teoria social e realidade contemporânea, [S. l.], v. 18, n. 46, 2020. Disponível em: https://www.e-publicacoes.uerj.br/revistaem-pauta/article/view/52010. Acesso em: 11 abr. 2024.

LOMBARDO, Paul A. **Three Generations, No Imbeciles**: Eugenics, the Supreme Court, and Buck v. Bell. Baltimore: The Johns Hopkins University Press, 2008.

LOPES, Maria Margaret. Proeminência na mídia, reputação em ciências: a construção de uma feminista paradigmática e cientista normal no Museu Nacional do Rio de Janeiro. **História, Ciências, Saúde** – Manguinhos, v. 15, supl., pp. 73-95, jun. 2008.

LORDE, Audre. **Irmã** *Outsider*. Belo Horizonte: Autêntica, 2020.

MANDELLI, Bruno. A construção das masculinidades dos trabalhadores das minas de carvão em Santa Catarina (1940-1970). Florianópolis, **Mundos do Trabalho**, v. 14, pp. 1-19, 2022.

MARTINS, Nathalia Batschauer D'Avila. **O grande dilema**: direito à vida *versus* aborto. São Paulo: Dialética, 2022.

MCCULLEY, Carolyn. **Feminilidade radical**: fé feminina em um mundo feminista. São José dos Campos: Fiel, 2017.

MILLETT, Kate. **Sexual Politics**. Chicago: University of Illinois Press, 2000.

NADKARNI, Asha. **Eugenic Feminism**: Reproductive Nationalism in the United States and India. Minneapolis: University of Minnesota Press, 2014.

NEUSHUL, Peter. Marie C. Stopes and the Popularization of Birth Control Technology. **Technology and Culture**, v. 39, n. 2, pp. 245-272, 1998. Disponível em: https://doi.org/10.2307/3107046. Acesso em: 18 set. 2023.

NEWMAN, Louise Michelle. **White Women's Rights**: The Racial Origins of Feminism in the United States. Nova York/Oxford: Oxford University Press, 1999.

NOGUEIRA, Maria Alice. A construção da excelência escolar: um estudo de trajetórias feito com estudantes universitários provenientes das camadas médias intelectualizadas. In: NOGUEIRA, Maria Alice. ROMANELLI, Geraldo, ZAGO, Nadir (orgs). Família e Escola: Trajetórias de escolarização em camadas médias e populares. Petrópolis/RJ: Vozes, 2003, p.127-154.

NOGUERA, Pedro. The trouble with black boys: the role and influence of environmental and cultural factors on the academic performance of African American males. **Urban Education**, vol. 38, n. 4, p. 431-459, julho 2003.

NOGUEIRA, Claudia. Divisão sociossexual do trabalho: a esfera da produção e da reprodução. Revista **Cult**, n. 282 , jun. 2022.

NUNES, Maria José Rosado. Freiras no Brasil. In: PRIORE, Mary del (Org.). **História das mulheres no Brasil**. São Paulo: Contexto, 2022.

O LIVRO do Feminismo. São Paulo: Globo Livros, 2019.

O LIVRO da Sociologia. São Paulo: Globo Livros, 2015.

OUTHWAITE, William; BOTTOMORE, Tom (Eds.). **Dicionário do pensamento social do século XX**. Rio de Janeiro: Zahar, 1996.

PAGLIA, Camille. **Personas sexuais**: arte e decadência de Nefertiti a Emily Dickinson. Campinas: Vide Editorial, 2023.

PAINTER, Nell Irvin. **Sojourner Truth**: a Life, a Symbol. Nova York: W. W. Norton & Company, 1996.

PLUCKROSE, Helen; LINDSAY, James. **(In)justiça social**: desmontando mentiras e teorias absurdas sobre raça, gênero e identidade – os males autoritários do politicamente correto. São Paulo: Faro Editorial, 2022.

PRIORE, Mary Del. **Sobreviventes e guerreiras**: uma breve história da mulher no Brasil de 1500 a 2000. São Paulo: Planeta, 2020.

QUEIROZ, Nana. Introdução. Você já é feminista! Duvida? In: QUEIROZ, Nana; BERTHO, Helena (Orgs.). **Você já é feminista!** Abra este livro e descubra o porquê. São Paulo: Pólen, 2020.

Ratcliffe, Donald. The Right to Vote and the Rise of Democracy, 1787-1828. **Journal of Early Republic**, n. 33, 2013. Disponível em: https://www.jstor.org/stable/24768843. Acesso em: 30 set. 2023.

Razzo, Francisco. **Contra o aborto**. Rio de Janeiro: Record, 2021.

Re, Alisa del. Aborto e contracepção. In: Hirata, Helena; Laborie, Françoise *et al*. **Dicionário crítico do feminismo**. São Paulo: EdUnesp, 2009.

Ribeiro, Djamila. **Cartas para minha avó**. São Paulo: Companhia das Letras, 2021.

Ribeiro, Djamila. **Lugar de fala**. Belo Horizonte: Letramento, 2017.

Roccella; Eugenia; Scaraffia, Lucetta. **Contra o cristianismo, a ONU e a União Europeia como nova ideologia**. Campinas: Ecclesiae, 2014.

Rodrigues, Nelson. **Só os profetas enxergam o óbvio**. Rio de Janeiro: Nova Fronteira, 2020.

Roth, Benita. **Separate Roads to Feminism**: Black, Chicana, and White Feminist Movements in America's Second Wave. Cambridge: Cambridge University Press, 2010.

Saffioti, Helleieth. **A mulher na sociedade de classe**. São Paulo: Expressão Popular, 2013.

Scala, Jorge. **IPPF**: a multinacional da morte. Anápolis: Multigráfica, 2004.

Schlafly, Phyllis. Venker, Suzane. O outro lado do feminismo. Santos: Editora Simonsen, 2015.

Schuller, Kyla. **The Trouble with White Women**: a Counterhistory of Feminism. Nova York: Bold Type Books, 2021.

Schuyler, George. Quantity or Quality. **The Birth Control Review**, jun. 1932.

Silva, Carmen; Camurça, Silvia. **Feminismo e movimento de mulheres**. Recife: Instituto Feminista para a Democracia, 2013.

Silva, Daiana. Luciano, Christiane dos Santos. Antonieta de Barros e a educação como estratégia antirracista. In: Lutas Sociais, São Paulo, vol. 26 n. 49, p. 284-296, jul./dez. 2022

Silva, Patrícia. O anticapitalismo como rota para o antirracismo contemporâneo e o feminismo. In: Lopes, Gustavo. **Guerra cultural na prática**: como combater as estratégias da esquerda que estão destruindo o Ocidente. São Paulo: Avis Rara, 2023.

SOMMERS, CHRISTINA HOFF.. **Who Stole Feminism?**: How Women Have Betrayed Women. Nova York: Simon and Schuster, 1994.

STERN, Alexandra Minna. Eugenics, Sterilization, and Historical Memory in the United States. **História, Ciências, Saúde – Manguinhos**, Rio de Janeiro, v. 23, supl., pp. 195-212, dez. 2016.

STODDARD, Lothrop. **The Revolt against Civilization:** The Menace of the Under Man. Nova York: Charles Scriber's Son, 1922.

STODDARD, Lothrop. **The Rising Tide of Color against White World- -Supremacy**. Nova York: Charles Scriber's Son, 1920.

TELLES, Norma. Escritoras, escritas, escrituras. In: PRIORE, Mary del (Org.). **História das mulheres no Brasil**. São Paulo: Contexto, 2022.

TORRE, Bruna *et al.* Por que o feminismo precisa ser marxista. Revista **Cult**, n. 282, jun. 2022.

TOSTE, Verônica; SORJ, Bila (Orgs.). **Clássicas do pensamento social:** mulheres e feminismos no século XIX. Rio de Janeiro: Rosa dos Tempos, 2021.

VAINSENCHER, Semira Adler. **Celina Guimarães Viana**. Pesquisa Escolar Online. Recife: Fundação Joaquim Nabuco, 2008. Disponível em: https:// pesquisaescolar.fundaj.gov.br/pt-br/artigo/celina-guimaraes-viana/. Acesso em: 1 out. 2023.

VASCONCELLOS, Eliane. Lima Barreto: misógino ou feminista? Uma leitura de suas crônicas. In: CANDIDO, Antonio e outros. **A crônica:** o gênero, sua fixação e suas transformações no Brasil. Campinas: EdUnicamp; Rio de Janeiro: Fundação Casa de Rui Barbosa, 1992.

XAVIER, Giovana. **História social da beleza negra**. Rio de Janeiro: Rosa dos Tempos, 2021.

WALKER, Alice. **Em busca dos jardins de nossas mães**: prosa mulherista. Rio de Janeiro: Bazar do Tempo, 2021.

WEBB, Simon. **Suffragette Fascists**: Emmeline Pankhurst and Her Right- Wing Followers. Londres: Pen and Sword History, 2020.

WILLIAMS, Daniel K. Defenders of the Unborn: The Pro-Life Movement before Roe v. Wade. Nova York: Oxford University Press, 2016.

WOLF, Alison. **The XX Factor**: How the Rise of Working Women has Created a Far Less Equal World. Nova York: Skyhorse Publishing, 2017.